문원도서관

기증

2018. 3. 21

저자 한남수

MIT공대로
보내기까지

공교육의 힘으로 희망을 말하다

MIT공대로 보내기까지

차갑수 에세이

건강신문사
www.kksm.co.kr

책머리에

MIT 공대로 보내기까지를 책으로 엮으면서

나는 한때 남편의 보호 속에서 자식바보로 살았다. 꿈을 모른 채 꿈속처럼 살던 시절이 있었다. 그리 살던 내게, 진짜 꿈이란 것에 발동 걸린 건 내가 가장이 된 후 부터였다. 한 친척분이 나에게 이런 말을 했다. 사십 대 중반의 어정쩡한 나이라며 자식도 많아서 재혼도 어렵겠다는 아리송한 말을 던졌다. 그날 영혼이 흔들렸다. 가까운 사람한테 받은 마음의 상처로 인해 뭔가를 곰곰 생각하게 했다. 아무것도 할 수 없는 나이 앞에 충격이 컸다.

나를 향한 선의의 오기가 생겼다. 그동안은 남편이라는 기둥이 드리워 준 그 그늘에서 숨을 쉰 존재였다면, 이제부턴 나도, 나다운 인생을 한번 살아내 보자는 다짐이었다. 돌이켜보니 어이없는 일 아닌가. 내가 얼마나 무지몽매한 사람이었는가를 스스로 깨닫고 인정했다.

여자는 남자에 의해서만 존재하는 것인가? 이때 처음 진정한 양성평등에 대한 고민을 겪으며 자각의 늪에 빠졌다. 홀로 세상 짐을 떠맡는 일이 무섭고 두려웠다. 그러나 친척의 비하적인 그 말을 자극제 삼아 스스로를 압박하는 한편, 어떤 막연한 분노와 오기 같은 것이 불끈 일었다.
  내가 개척해야 하는 새로운 세상과 부닥칠 때마다 그 친척이 고마웠다.
  잠자고 있던 의식을 한 번의 방망이로 깨워 주었으니까. 그처럼 솔직한 말을 들어본 적이 없었기 때문이었다.

  계속 고통만 느낄 것인가, 무엇을 할 것인가로 고민하였다. 무엇으로 나의 정체를 캐어내야 할 것인가. 어디서부터 인생의 문제와 답을 풀어나가야 할지 막막했다. 나를 뒷받침할 만한 결정적 존재감의 근원을 어디서 찾아내지?
  남편과의 동고동락, 그 아늑함이 얼마나 좋은 시간이었나를 남편을 떠나보내고 난 후에야 깊이 뉘우쳤다. 왕비로 군림했던 어제의 비단옷을 훌훌 벗는 작업부터 시작하기로 했다. 그리고 늘 생각하였다. 나 자신에게 어떤 변화를 요구할 것인가에 대한 가닥이 오리무중이었으나, 어딘가 나에게 알맞은 일감이 있을 것이라는 희망을 가졌다.

  '나' 자신으로 회귀하라는 어떤 계시 같은 환상에 이끌렸었다. 연필과 하얀 종이가 나를 받아 주어 나를 열어 보일 곳이 생겨 기쁨이 스며들었다.
  남편을 잃은 불행을 극복하면서 조금씩 행복해질 수 있다는 입증을 하고 싶었다.

그 행복이란 조건이 내가 만들어갈 내 몫의 운명이었던 것이다. 남편 부재라는 현실은 다섯 식구에게 하나에서 열까지 가난을 암시했었다.

생활의 고통을 선물로 받아들이자는 말이 이때 맴돌았다. 난관이지만 현실을 뚫고 나가면 될 일 아닌가.

우선 아이들과의 생활 속에서 일어나는 일기를 쓰기 시작했다. 그래야겠구나. 자식들과 생존하기도 벅찬데 시간과 돈을 들여 스승 찾아 공부할 처지가 아니었다. 짧은 글부터 읽으며 낙서에 몰입했다. 아이들 방에서 새벽까지 불빛이 새어 나오는 걸 확인하며, 방송국에 보낼 편지글, 생활글, 백일장, 문학상 공모 등 잡다한 글로 나를 발굴할 수 있는 요소를 만들어 가기로 했다. 여전히 의구심은 맴돌았지만 자식과 나, 두 마리 토끼를 잡자고 매일같이 다짐했다.

다짐하면서, 여전히 의심이 맴돌았다. 한바탕의 꿈을 내걸고 굿판 같은 생활의 무대를 질주해 지금 여기까지 왔다. 오직 자신의 감성 하나 믿고 신호등 없는 길을 뛰다 걷다 달리다 그렇게 왔다.

이런 나의 작은 변화 속에서 사 남매는 꿋꿋하게 자랐다. 딸들은 의지력이 강하고 예의범절을 지킬 줄 아는 야무진 현대 여성들로 성숙하였다. 아들은 대한의 이름을 널리 떨치는 청년으로 우뚝 섰다. 정직하고 씩씩하고, 자신의 일에 성심을 다하는 남자로 자리를 굳혀 나갔다. 가정 경제로 보면 가장 힘든 시기에 위기를 만났었다.

개척 정신 하나로 생활을 끌어올리며 자신감이라는 값진 재산을 구축하였다. 의지와 생각으로 얼마든지 바꾸어 갈 수 있었다.

대개의 사람들은 내가 아이들을 지켜냈다고 말하는데 그건 틀린 말이다. 나는 아이들에게 얼마만큼 정신적 영향력을 행사하였는지 잘 모른다. 다만 지금 확실하고 신념 있게 대답할 수 있는 것은, 아이들은 사회의 당당한 일꾼으로 일어섰다는 사실이다. 딸들은 약사와 교사들로, 그리고 아들은 미래의 박사 예비생으로 현재 미국 MIT공대 석·박사 과정에 유학 중이다. 컴퓨터 사이언스 전공인데 경쟁률이 치열했다는 얘기를 듣고 감회가 깊었다. 그렇다, 청소년의 시기를 꿈과 이상으로 열정을 태워 나간다면 누구나 이룰 수 있지 않을까. 나와 가족들을 내세우기 위하여 이런 말을 하는 게 아니다. 조국의 미래를 짊어질 청년다운 청년은 많아서 나쁠 것이 없다.

자식의 진로가 첫째 중요한 희망이었고 나의 정체성은 두 번째 목표였다. 가정을 반듯하게 일으켜 세우는 일, 없는 것을 있는 것으로 변화시키는 일, 전업주부에서 작가로의 변신을 시도했다. 글 한 편 한 편 발표하고 검증받으며 신은 나를 거부하지 않았다. 하나씩 증명하게 했다. 집안에 우환이 닥쳐 돈이 궁할 때의 절박함은 당해 본 사람만이 아는 가장 큰 힘듦이다. 세상에서 가장 높고 험한 산은 바로 생활, 그것이었다.
나날이 곡예 같은 일상의 길을 걸으며, 문학상 공모가 재미를 불어 넣었다. 때때로 삶이 오묘하고 짜릿함을 안겨주었다. 자식이 위대한 이유는, 자식이란 등짐이 고통을 희망으로 변화시킨다는 것이다. 안으로 거느린 가족들 이야기를 주구장창 썼다. 자식을 팔아 글을 썼다. 자식들 덕을 톡톡히 누렸다. 우리 환경에 과외공부는 일단 사치였으니 오직 공교육에만 매달리게 했다. 방송국 자녀교육 프로그램에서 수상하는 일도 벌어졌다. 크고 작은 수상경력을 쌓은 데는 자식들의 기여도가 가장 컸다. 다섯 식구 지지고 볶으며 살기 위한 몸부림의 실체를, 글자라는 표현의 수단을 빌려 세상 밖으로 드러냈다. 그렇게 나의 스토리를 밝히며 문학이라는 길을 걸어왔다. 대한민국 최초 오백만 원 내 집 마련 체험 수기에서 상금을 타고, 잡지사에서 공모한 원고 15매로 자동차를 상품으로 받았던 기억은 되돌아볼수록 짜릿하다.

가장의 역할을 톡톡히 해낸 기쁨이 이루 말할 수 없었다. 딸의 병원비도 해결되고 그 간의 쌓인 신경쇠약을 여행 한 방으로 날릴 수 있었다. 인간이 왜 여행을 해야 하는지 그 의미를 그때 비로소 처음 알게 되었다. 마이카 시대에 온 가족이 자동차를 처음 탔던 날, 아이들이 "엄마, 우리도 여행을 하네, 참 좋다"라고 했던 기억이 난다. 그때 나는 울 뻔했었다. 글이라는 강물에 흠뻑 빠진 후 수면으로 나와 보니 호흡되었다.

이렇듯 자신의 감성을 주무르며 생존의 의지를 굽히지 않았다. 나답게 살아가자, 의욕이 솔솔 바람을 일으켜, 남편 없는 생활을 구김 없이 영위해 왔다. 자신을 입증해낸 흔적들, 어느 것 하나도 감사하지 않을 수 없다.

여자 나이 사십 대를 통념상 완숙의 시기라고 말한다. 가슴이나 육체의 문을 닫고 사랑을 외면하기로 한이 많았다. 유별나게 눈물이 많고 감성적인 나의 성품으로 그 쓸쓸함을 견디기가 힘들었지만, 안으로 삭히는 것도 나의 몫이었다. 베갯잇 적시기를 한두 번이었겠는가. 잠이 들면 그대로 땅속으로 꺼져 들어가 영원히 잠들고 싶었던 적도 있었다.

현실은 나의 가장 큰 스승이었다. 팽개칠 수 없는 삶이라는 것, 사랑하는 아이들, 다시 주워 담고 싶은 자신의 정체성, 그 욕망이 나를 오뚝이로 일으켜 세웠다. 바보가 신념을 가지면 무섭다는 말이 있다.

마흔일곱과 쉰아홉 사이의 징검다리를 이렇게나마 변신시키며 왔다. 이제는 누구에게도 말할 수 있다. 내 나이 앞에서 당당할 수 있는 여유로움이 생겼다고. 세상을 향해 어떤 이야기도 풀어낼 수 있다고. 제일 두렵고 무서운 적은 자신이 진부해지는 것이었다. 세상은 어떤 각도로 바라보느냐에 따라 행과 불행을 넘나들었고, 또한 모든 것이 꿈 그 자체였다. 부자는 가진 게 넘쳐 꿈을 외면하지만 가난은 꿈을 품게 하는 이유와 동기를 주기 때문에 과정일 뿐 결국 목표도달 지점에서의 성취감을 이루 말할 수 없이 크다 할 수 있었다.

'가장 훌륭하면서도 가장 배우기 어려운 기술은 세상을 살아가는 기술이다'라 했다. 지금 앉은 자리가 꽃자리임을 보듬을 것이다. 내가 살아온 방식이 헛되지 않았음에 앞으로도 이러한 마음의 자세로 살아갈 것이다.

어느 영화 속에서 본 장면이 생각난다. 작가의 인생은 생각과 움직임이 바로 작품이라고 하였다. 용기를 내어 삶의 흔적을 바깥세상 쪽으로 띄워 내보내고 싶다. 삶의 맛이 얼마나 짜릿하고, 희열이고, 황홀한가를….

누구나 나와 같은 보람과 참맛을 느꼈으면 좋겠다. 특히 청소년과 세상의 아버지와 어머니가 이 책을 읽어주기를 바라는 마음이 간절하다.

2002년 11월
저자 차갑수

『MIT공대로 보내기까지』 그리고 그 이후

아들 이야기를 다시 쓰려니 많은 생각들이 요동친다. 『MIT공대로 보내기까지』를 출간한 후 아들 이야기를 함부로 하지 않았다. 왜냐면 고학력 시대에 청년 실업이 너무나 심각하기 때문이다. 자칫 아들 이야기가 반감을 사지 않을까. 아들 이야기를 통해 독자들에게 무엇이 어떻게 닿게 될까. 이런저런 걱정이 앞서지만 어머니로서의 경험을 쓰기로 했다.

아들은 MIT공대에서 석, 박사 기간을 늦춤 없이 6년으로 마침표를 찍었다. 현재 한국인으로 세계의 중심, 미국 IBM 회사에 근무 중이다. 어미의 소견으로 MIT 졸업과 동시에 유학생활을 접고 돌아올 줄로 손꼽아 기다렸다. 그런데 그건 구시대적 사고였음을 알아차렸다.

세상은 스마트폰 하나로 세계를 훤히 들여다 볼 만큼 크고 넓게 발전했다. 손가락만 움직이면 온갖 지식이 검색되고, 궁금함과 편리함이 동시에 해결되는데, 물리적 거리가 멀다는 이유로 아들을 한국으로 불러들인다는 것이 언감생심 코미디 아니겠는가. 아들이 어디에 둥지를 틀든 독립적 세상을 열어가야 하고, 어미가 방해해선 안 되지 않겠는가.

한국이든 미국이든 무슨 상관인가. 부모자식 그냥 둥글둥글 무소식을 희소식으로 돌려 생각하면 될 일이다. 헤어질 때 아쉽고 만나서 즐거운 가족이면 충분하리라. 마음의 움직임을 그리움으로 삭히면 될 일이다. 자식뿐 아니라 부모도 독립적 생활을 해야 하는 시대가 성큼 다가왔다. 홀어미가 아들 붙잡으려 애면글면, 그것도 꼴불견이다. 가슴의 아들로 내 생각을 접는 게 상책이고, 각자의 자리에서 잘 살면 그만이다. 내가 만약에 서양 하늘을 바라보며 기린목이 되어간다면, 아들인들 엄마라는 등짐이 얼마나 무겁겠는가.

사람은 탄생부터 자신의 운명의 몫을 짊어지고 태어난다고 했다. 우리 모자도 예외는 아니다. '친어머니'라는 단어의 '친親'자를 보면 어미가 나무 위에 올라서서 아들이 오는 먼 길을 바라본다는 의미가 담겨있다. 아들의 몸이 비록 K2 산꼭대기에 있다 한들 자식의 성정이 달아나지 않는 법, 자식은 떠나고, 어머니는 기다리고, 태고이래로 영원불변의 진리였을까.

나의 현실이 그렇다는 이야기다. 천륜이 절단되지 않는 법, 자식 사랑을 취하되, 취하는 것에 집착함이 없어야 한다는 뜻이다.

기다림은 기다려 본 자만의 정情으로, 그 가슴 조임도 느껴본 자者라야 알 수 있다.

2017년 사월 중순에
저자 차갑수

차 례

MIT 공대로 보내기까지를 책으로 엮으면서   4

『MIT공대로 보내기까지』 그리고 그 이후   10

제 1부 MIT로부터의 편지

MIT로부터의 편지	19
아들의 편지	25
엄마에게 쓰는 편지	35
큰누나가 느끼는 동생의 소중함	37
엄마의 모든 것이 자랑스럽기만 합니다	41
십삼 년을 돌아보며	45
엄마를 닮고 싶어 하는 딸들이 셋씩이나	51
막내딸이 그리운 아빠께 들려드리는, 우리 가족 이야기	55

제 2부 아들의 가능성 그리고 집중력

아들 이야기를 엮으면서	67
아버지와 아들	73
조립식 장난감으로 하루를	78
제 1회 서울시 중학생 수학 올림피아드 대상	83

날갯짓 큼직한 한 마리 새가 되기를	87
한국 수학 올림피아드 대표	91
운동화	95
소년의 가슴앓이	99
대한의 건아들아	101
마로니에 공원에서 서울과학고교를 향하여	105

제 3부 어머니의 고민

수험생 나의 아들아!	111
대학생이 되면 절반은 사회인이다	116
자전거	118
청소년에게 하고 싶은 말	124
젊은 어머니들에게	127
어디로, 어디로 가고 있는가. '나'는 또 누구인가?	130
아들의 불합격, 자신을 돌아보는 계기	133
아들에게	136
아들의 고민	141
희망이 하는 일에 절망은 없다	144

제 4부 아들의 야망과 자유

해외 유학생 장학 시험 준비   152
한국고등교육 재단 장학생 선발시험 발표날   155
아들의 이상, MIT로 보내기까지   162
아들의 눈물   168
꿈과 아들 그리고 반지   172
아버지의 동창회   178
어느 고인의 장학 정신   181
청년은 자유를 위하여 꿈을 꾼다   187
천국에서 사색을   191
하면 되는 것보다 안 하면 안 되는 것이 있다   195

제 5부 모자의 환희

정신력과 체력의 싸움이다   203
비자 서류 도착하던 날   205
파이팅 코리아!   208
아들은 열두 번째 선수, 태극전사다   214
16강의 환희, 감격, 열광   221
유학생활을 준비하면서   225
화려한 출발   230

인사人事, 만사형통萬事亨通	234
어머니와 아들	240
아버지와 아들	243
MIT공대로 띄우는 첫 편지	246

제 6부 나의 편이던 당신, 지금도 나의 편입니다

기억 저편의 그 곳	253
스승의 날과 어떤 제자	259
추억의 보너스	263
가정방문	267
술친구, 당신이여	271
나의 딸들	282
나도 사임당 할까?	291

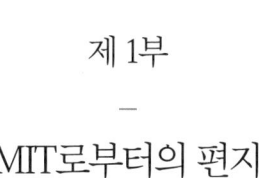

제 1부

MIT로부터의 편지

MIT로부터의 편지
- 원하는 한 가지를 얻기 위해서는 그 열 배에 해당하는 노력이 필요

어머니,

요즘 서울 날씨가 무척이나 쌀쌀해졌다는 소식을 접하곤 하는데 어디 불편한 데는 없이 잘 지내시는지요. 어머니가 그동안 보여주셨던 활기찬 생활 모습에 대한 기억 덕분에 다소 걱정이 덜하긴 하지만 그래도 옆에서 아들 된 도리도 못하는 것에 항상 죄송한 마음뿐입니다.

여기 보스턴에 온지도 벌써 석 달이 훌쩍 넘었습니다. 찌는 듯한 날씨에 묵직한 이민 가방 두 개에 짐을 싣고 비행기를 타던 기억이 생생한데 벌써 겨울의 문턱에 접어들어서 두터운 외투가 필요한 계절이 온 것 같습니다. 낯설기만 하던 이곳이 요즘은 가끔씩 집처럼 편안하게 느껴질 때가 있는 것을 보면 이곳 생활도 슬슬 적응이 되기 시작한 듯합니다.

저도 이제 여기 나이로 벌써 26세가 되었습니다. 살아온 과정이 어떻든, 누구의 영향을 많이 받았던 간에 이제는 앞으로의 인생에 스스로 책

임을 저야하는 나이가 된 것 같은데요. 혼자서 밤늦게 실험실에서 일 마치고 돌아갈 때면 문득 문득 '내가 어떻게 해서 비행기로도 14시간이나 걸리는 이 먼 곳까지 와서 살고 있을까' 하는 생각이 들기도 합니다. 인생에는 참 수많은 갈래의 길들이 있고 저에게도 돌이켜 보면 여러 가지 선택의 순간들이 참 많았었는데 선택에 선택을 거듭하여 결국 이곳까지 오게 되는 길을 가게 된 것이 한편으론 참 신기하게 느껴질 때가 많습니다.

그럴 때면 주마등처럼 스쳐가는 어린 시절의 여러 가지 기억들이 참 많지요. 초등학교 2~3학년 때 누나 자연 책을 보면서 전자석을 만들어 본다고 못을 연탄불에 달구다가 손을 데었던 그 시절부터 중학생 시절 아버지가 하시던 여러 말씀들, 잊지 못할 과학고등학교에서의 기억들…. 이런 생각들이 이어질 때면 결국 지금 뜻하는 인생을 살 수 있도록 이끌어 준 많은 사람들에 대한 간절한 고마움과 함께 더욱 책임감 있는 인생을 살아야겠다는 생각이 들곤 합니다.

MIT란 곳에 대한 첫 느낌은 글쎄요. 굳이 겉모습을 우선 따진다면 '공대'의 냄새가 물씬 풍기는 곳이란 것이 첫인상이 될 수 있을 것 같습니다. 전통의 도시인 보스턴의 강가에 자리잡고 있어서인지 상상했던 현대적인 이미지와는 다소 거리가 있는 것 같습니다.

다만 이 학교가 가지고 있는 힘은 공부를 하게 될수록 느낄 수 있을 것 같은데요. 제가 자리하고 있는 연구소의 층에서만 해도 잡지나 서적을 통해서나 볼 수 있었던 각 분야들의 대가인 교수님들과 원하면 언제든지 편안하게 점심을 먹으면서 이야기를 나눌 수 있는 기회가 있다는 사실이 참

놀랍습니다. 그런 엄청난 교수님들과 제가 가진 생각에 대해 진지하게 혹은 가볍게 이야기를 할 수 있다는 사실이 흥미로운 것 같습니다.

세계 최대 규모의 연구 활동에 참여할 수도 있고 혹은 나만의 생각을 가지고 그 연구 가치를 설득시킬 수만 있다면 그것을 실현시켜 보는 데에 있어서 부족함 없는 지원을 받을 수도 있다는 사실 또한 놀랍습니다. 실제로 여기서 혼자서 연구 그룹을 새롭게 만들어서 자기만의 연구를 수행 중인 친구들도 여럿 보았습니다. '가능성'에 대한 투자를 받을 수 있고 그렇기에 수많은 업적들이 나오는 것이 가능했겠지요.

같이 일하는 동료들의 놀라운 연구 능력들 또한 인상적인 것이었습니다. 이는 저도 앞으로 경험을 쌓고 깊이를 늘려서 누군가에게 줄 수 있도록 노력해야 하는 것이겠지요. 전 세계의 거의 모든 국가에서 공학 분야의 최고 중 하나인 학생들이 모여서 같은 언어로 같은 주제에 대한 여러 생각을 나누는 일은 정말 흥미로운 일인 것 같습니다.

캠퍼스에서 느껴지는 다소 '공대'스러운 칙칙함은 시간이 지날수록 이런 여러 가지 강렬한 인상들에 묻혀서 오히려 편안함으로 다가오기 시작하는 것 같습니다.

제가 선택한 공학이라는 분야…. 요즘 들어서 특히나 이공학 분야에 대한 기피 현상 때문에 참 말이 많지요. 일명 '사이언스 키드 드림의 희생자'라 하여 어린 시절 꿈꿔왔던 공학도와 현실간의 괴리 사이에서 많은 갈등이 야기되고 있는 것이 요즘의 현실인 것 같습니다. 여기 미국의 상황도 정도의 차이는 있지만 크게 다르진 않더군요. 저나 다른 과학고등학교 친구들 사이에서도 가끔씩 이에 대한 우려의 목소리가 불거져 나올 때면 결론이 없는 공허한 논쟁이 이어지곤 합니다.

그럴 때면 '당신은 무엇을 위해 공학을 공부하는가'란 물음에 결국 도달하곤 하는데요. 저는 결국 이것이 '당신은 무엇을 할 때 가장 행복한가'란 물음과 크게 다르지 않다고 생각합니다. 그리고 자신에게 가장 매력적으로 와 닿는 것을 하고 있을 때 행복을 느끼는 것은 당연한 일이겠지요.

세상 수많은 분야의 직업들이 존재하지만 공학이란 분야만이 가지고 있는 매력은 바로 '가능성'에 있다고 생각합니다. 바로 세상을 바꿀 수 있는 힘을 말하는 것이지요. 바퀴의 발명이 인류의 삶을 바꿔놓았고 가까운 시일 내에는 40년대에 쓰여졌던 디지털 통신에 대한 논문들이 근래에 들어서 휴대폰과 인터넷이란 삶의 형태를 뒤바꿔놓을 수 있는 하나의 문화를 만들어 놓은 것처럼 공학적 발견과 현실화가 미치는 파장은 다른 어떤 분야에서도 찾아보기 힘든 것이라 생각됩니다.

물론 이제 한 사람의 힘으로 과거처럼 큰 업적을 이루는 것은 거의 불가능에 가까운 시기가 온 건 사실입니다. 어떤 분야에서건 이전까지 이루어져 온 일들을 이해하는 것만 해도 한사람의 인생으로는 부족함이 있을 정도로 깊고 넓게 발전되어 온 것이지요. 이는 한편으로는 그만큼 흥미롭게 공부할 수 있는 사실들이 바다처럼 넓고 깊게 존재한다는 뜻이기도 하겠지요. 그리고 그것을 이해해보는 일은 그 자체로도 의미 있는 일일뿐 아니라 현실에 적용할 수 있는 수많은 길 중에 자신만의 길을 찾을 수 있다면 더욱 의미 있는 일이 될 수 있을 거라 생각합니다. 더욱이 그 분야에 스스로 기여할 수 있는 바를 찾아낼 수 있다면 그만큼 가치 있는 일은 많지 않을 것 같다는 생각이 듭니다.

어머니, 새로운 환경에 더구나 우리나라가 아닌 타지에 적응해 나가는 일은 기대했던 이상으로 쉬운 일은 아니었던 것 같습니다. 그리고 아직도 배워야 할 것들이 끝이 없어 보이기도 하구요. 하지만 또 한 가지는 지낼수록 기대했던 것 이상의 흥미로운 사실들을 발견해가고 있다는 사실이 무척이나 즐거운 일인 것 같습니다. 물론 이곳에서도 치열한 경쟁이 존재하고 많은 스트레스를 받기도 하지만 배움의 과정에서 당연히 있어야 하는 자극이라 생각하구요.

그리고 제가 지금껏 살면서 배워오고 지녀온 인생에 대한 철학들이 이곳의 삶에도 그대로 적용할 수 있다는 사실도 매우 흥미롭습니다. 사람을 대하는 일이나 일과 인생에 대한 태도 같은 면에서 언제나 긍정적인 태도를 잃지 않기 위해 노력을 하는 것이 이곳에서의 삶에서 큰 힘이 되는 것 같습니다.

어머니, 저는 아직도 돌아가신 아버지에 대한 생각이 날 때면 생전에 하시던 여러 가지 말씀들이 기억이 나는데요, 세상을 조금씩 알아갈 때면 아버지가 하셨던 그 말씀들의 소중함을 참 많이 느낍니다. "세상에 보탬이 될 수 있는 사람이 되어야 한다"라고 늘 말씀하셨는데요. 나 혼자만을 위해 살아가는 것도 상당히 힘겨운 세상에 어리석은 교만에서 나오는 말이 아니라 진정으로 제가 세상을 위해 할 수 있는 무언가를 찾아야 한다는 생각을 하게 만들고 지금 공부하는 이곳에 그 길이 있다는 믿음을 잃지 않고 살고자 합니다.

　여기 와서 처음으로 노트에 큼지막하게 "항상 배우는 마음으로 최선을 다하자"라는 글귀를 썼습니다. 언제나 배움의 자세를 유지하는 것. 당연스러워 보이면서도 실천하기란 참 쉽지 않은 것 같습니다. 세상일은 원하는 한 가지를 얻기 위해선 그 열 배에 해당하는 노력이 필요한 것이라 저는 생각하는데요. 친구에게 우정을 기대한다면 먼저 그에게 그 열 배의 우정을 베풀었나를 스스로 생각해야 하고 뭔가 뜻하는 바가 있다면 그것을 얻을만한 노력을 했는가를 먼저 생각해야 할 것이라 생각합니다. 여기에서의 생활 또한 조급하게 결과를 먼저 기대하기보다는 많은 노력으로 차츰 하나씩 배워가는 과정으로 생각한다면 머지않아 뜻하는 결과를 얻고 또 다른 꿈을 이뤄 나가는 소중한 시간으로 믿을 수 있을 것이란 생각을 해봅니다.

　어머니, 부디 건강하셔서 어머니 하시는 여러 가지 일들에 활기찬 모습 계속 유지하실 수 있길 빕니다. 저 또한 열심히 해서 뜻하는 바를 이루고자 노력하겠습니다. 좋은 소식 또 자주 보내도록 하겠습니다.

2002. 11. 26
MIT에서 대현 올림

아들의 편지

- 힘들었던 긴 시간들 속에서 보여주셨던 어머니의
강하고 슬기롭고 의연한 모습들 감사하고 사랑합니다.

엄마,

2002년에 새로운 생활에 대한 설렘으로 가득차서 유학 나오던 때가 아직 생생한데 벌써 14년이란 시간이 흘렀네요. 그동안 저는 6년간의 석박사 대학원 생활 마치고 취직하고 가정을 이루어 두 아이의 부모가 되었네요. 돌이켜 보면 인생은 참 앞을 예측할 수 없는 긴 여정인 것 같아요. 처음에는 무엇 하나 정해진 게 없었던 시작뿐이었는데요, 한 조각 한 조각씩 맞추다 보니 지금의 제 모습이 된 것 같아요. 그 당시 그렸던 미래의 제 모습과 얼마나 가까운지는 솔직히 잘 모르겠어요. 6년간의 대학원 생활은 설렘, 좌절, 희망, 고민, 사색 등 여러 감정이 뒤섞여 있었던 기간이었지만 한편으로 제 인생에서 가장 큰 영향을 주었던 시간 중 큰 부분의 하나가 아니었나 하는 생각이 드네요.

유학을 나오기 전 당시 저를 돌이켜 보면 대학을 졸업하고 병역을 마치고 나이는 적지 않았지만 그래도 아직 어머니께 많은 것을 의지하면서 살았던 것 같아요. 중1 때 아버지가 돌아가시고, 스스로는 이제 제 일은 물론이고 어머니께 의지가 될 수 있는 아들이 되고자 노력했다고 생각했지만, 사실 돌아보면 저야 학교나 다니고 공부나 할 줄 알았지, 나머지 모든 생활에 대해서는 어머니께 전적으로 의지하면서 살았었다는 생각이 드네요.

그런 면에서 유학생활은 처음으로 모든 면에서 완전히 혼자가 되는 특별한 경험이었습니다. 학교에서 수업을 듣고 연구를 하는 것도 중요했지만 또 기본적으로 삶에 필요한 것들을 스스로 찾아서 해결 하는 과정에서 느끼고 배우는 것들이 많았습니다. 사람이 온전하게 성장하는 데에 있어서 얼마나 많은 다른 이들의 도움이 필요한지도 알게 되었어요. 미국에서 제가 처음으로 제 삶을 혼자서 만들어가면서, 한국에서 얼마나 많은 부분을 어머니께 기대어 살았었는지 느끼고 감사하는 마음을 다시금 가지게 된 시간이었습니다.

대학원 생활이 처음에는 한국에서 배웠던 것들과의 차이점이 너무 많아서 한동안 무척 막막했던 기억이 있네요. 한국에서는 늘 눈앞에 목표가 있었고, 그것이 누가 정해준 것이든 스스로 세운 것이든 크게 중요치 않았으며, 그저 목표를 향해 성실히 가는 것이 가장 중요한 일이라고 생각했었거든요. 늘 주변에 비슷한 길을 가는 친구들이나 그 길을 먼저 간 선배님들이 있었기에, 제가 크게 벗어난 길을 가고 있지 않다는 확신도 있었고요.

그런데 이 곳 대학원에서는 그 목표도 제가 스스로 설정을 해야 하고, 지도 교수님은 옆에서 제가 원하면 도와주는 정도의 역할을 해주신다는 사실을 알게 되면서 처음 느끼는 막막함을 느꼈던 기억이 나네요. 정해진 문제에 대해서는 누구보다 열심히 잘할 수 있게 훈련 되어있다고 생각했었는데, 막상 그 목표를 정하는 일은 한 번도 해본 적이 없었던 걸 알게 되었지요.

한편으로는 처음으로 인생에서 제 맘대로 쓸 수 있는 많은 시간이 주어졌습니다. 학부 시절엔 학교 다니고, 시험공부하고, 빈 시간은 보통 아르바이트를 하고, 사람들을 만나고 하면서 늘 정신없이 바빴던 것 같은데 석사 시작할 때 처음으로 온전히 저 혼자 쓸 수 있는 많은 시간 앞에서 무척 어색한 느낌이었어요.

그 주어진 시간 동안 정말 여러 가지 생각들을 해보고 사람들을 만나서 이야기를 나누고, 빈둥거리기도 하고, 모르는 부분은 수업을 찾아서 듣고 배우고, 쓸모없어 보이는 문제에도 깊은 생각을 해보면서 자유로운 시간을 보냈었는데 돌이켜 보면 그렇게 의미 없이 방황하기만 하는 것 같던 시간들도 똑같이 저를 성장시키는 데 중요한 시간이었음을 깨닫게 되었던 것 같네요.

새로운 생활과 문화에 점점 적응하면서 또 한 가지 느낌은, 이곳은 원하는 것이 있으면 상대가 누구이건 적극적으로 정확하게 표현을 하고, 얻고자 노력을 기울이지 않으면 아무것도 얻을 수 없다는 것인 것 같아요.

한국에서 자라고 배우면서 저는 무척 수동적이었습니다. 사실 고등학교, 대학교 다닐 때는 수업시간에 적극적으로 질문을 하거나 하는 학생들도 많지 않았거든요. 반대되는 의견을 직접적으로 표현하는 건 예의에 어긋나는 일이라고 생각했고 그리고 묵묵히 무언가 열심히 하다보면 제 노력을 누군가 알아보고 제가 원하는 것 얻게 된다고 믿었었는데, 여기서는 가만히 있으면 얻어지는 것은 아무것도 없었어요.

대학원에서 연구주제를 정하고, 수없이 실험을 하고, 결과를 내는 일련의 과정을 속된 말로 '맨땅에 헤딩 한다'고 표현하기도 하는데요, 처음 문제의 분야를 고르는 것부터 시작해서 주변 지식들을 모으고, 아직 해결되지 않은 문제를 찾고 이해하고, 마지막에 아주 작게나마 내가 기여할 수 있는 부분을 찾아서 마무리 하는 과정에서 스스로 적극적으로 찾아 나서지 않으면, 아무런 진전도 이룰 수가 없었어요.

그걸 알기까지 사실 저에게는 좀 힘든 일이었고, 이곳 환경에서 살아온 사람들 보다 좀 더 많은 시간이 걸렸던 것 같아요. 그래도 좀 돌아오긴 했지만, 그래도 너무 늦지 않게 그걸 깨닫고 비교적 맞는 방향으로 노력해서, 마무리 할 수 있어 다행이었다고 생각되어지네요.

지금 생각해보면 학부를 졸업하던 당시에 제가 참 부끄러워져요. 제 전공분야에 대해 많은 걸 알고 있다고 착각하고 있었던 것 같아요. 무식하면 용감하다고 아주 작은 지식이라도 온전히 제 것이 되기까지는 많은 노력이 필요했어요. 그걸 깨닫기 전에는 제가 가진 이 분야에 대한 지식을 과대평가 하고 있었던 것 같아요.

대학원에 와서 여러 사람들을 만나고 더 깊게 공부를 하다 보니 하면

할수록 느껴지는 것은 제가 아는 건 정말 시험 문제에 나올 정도로 잘 정리가 되어있는 극히 작은 일부분 뿐이라는 걸 알게 되었습니다. 거기서 더 공부를 하면서는 사람들이 오랜 시간 많은 연구들을 해왔고 거대한 양의 지식을 쌓아 올렸지만 또 한편으로 아직도 모르는 부분들이 많다는 것도 깨닫게 되었지요.

인류가 쌓아온 방대한 연구의 양에 겸손한 생각이 들고, 제가 기여할 수 있는 부분이 아예 없거나 매우 미미하다는 사실에 좌절 비슷한 느낌도 들었지만, 또 한편으로 연구를 통한 발전이라는 게 그렇게 시간이 많이 걸리고 작은 걸음이 모여서 큰 변화를 만들어 낸다는 사실을 알게 되었어요.

물론 주변에 정말 큰 재능을 가지고 짧은 시간 안에 큰 기여를 하는, 소위 말하는 천재들도 만나보고 가끔은 그들과의 차이가 좌절로 느껴지기도 했지만, 더 많은 시간을 보낸 후에는 남들과의 비교를 통해 스트레스를 받을 이유는 없다는 것도 알게 되었답니다. 결국 돌고 돌아가는 세상 속에서, 돌아가고 천천히 가더라도 맞는 방향으로만 간다면, 저도 기여할 수 있는 부분들이 있고, 그런 많은 인생들과 노력이 모여서 사람 사는 꿈의 세상으로 발전을 이루고 있다는 것도 알게 되었지요.

남들과의 비교라는 점에서 또 하나 생각나는 점은 한국에서 자라고 대학을 나오면서 저에게 가장 큰 동기부여가 되었던 부분은, 솔직히는 경쟁을 통해서였다는 걸 부정하기 어렵네요. 무엇을 하든지 늘 경쟁이 있었고 열심히 하면 등수로 결과가 확연히 나타난다는 사실이, 저에겐 강한 동기부여가 되었고 그래서 더 열심히 하게 되었던 것 같아요. 특히나 아버지가 또래들 보다 일찍 돌아가신 이후로는, 제가 열심히 해서 더 남들보다 잘하는 모습을 어머니께 보여드리는 것이 제가 당시 잘할 수 있는 유일한 일이라고 생각했었지요.

이곳에서 공부하면서 느꼈던 점은 물론 경쟁을 통한 동기 부여가 대단히 큰 효과가 있지만 연구라는 작업은 단거리 경주가 아닌 꽤 길고 긴 장거리 경주라는 것과 또 다른 많은 것들이 필요하다는 것이었어요. 세상은 참 넓고 너무나 많은 사람들이 다양한 재능과 관심으로 일을 하면서 살아가고 있고, 그래서 남들보다 앞서고 싶다는 생각은 어느 시점부터는 크게 의미가 없어지더라구요.

오히려 비교는 스트레스만을 가져 올 뿐, 진정한 동기 부여가 되지 않더라는 걸, 결국 자기가 하는 일을 정말 좋아서 스스로에게 동기를 부여할 수 있고, 동료를 경쟁자가 아닌 함께 같은 문제에 대해서 고민하는 동반자로 생각할 수 있어야만 진정 좋아하는 일을 오래 할 수 있게 된다는 걸 깨닫게 되었던 것 같네요.

물론 언제 어디서나 늘 경쟁이 존재하고 살아남기 위해서는 다른 사람보다 더 나은 능력을 보여야 하는 건 어쩔 수 없는 사실인데요, 그래도 늘 내가 이 일을 하고 있는 진짜 이유가 남들을 이기기 위해서가 아니라, 내 인생의 소중한 시간을 의미 있는 일을 하기 위함이라는 걸 잊지 않는 게 중요하다는 생각이 들었어요.

졸업을 하고 회사에 와서 일을 하면서 배운 점도 많은데, 그중 가장 중요한 점을 꼽으라면 타인과 동료에 대한 존중과, 그에 따른 책임감이라고 말할 수 있을 것 같네요. 저는 회사에서 컴퓨터 내부에서 고속으로 신호를 전달하는 역할을 하는, 반도체를 설계하는 일을 하는데요. 설계 규모가 크고 고려해야할 사항이 많아서 굉장히 많은 사람들이 각자의 역할을 하면서 전체를 완성하고 있어요.

일로 인해 모이긴 했지만 사는 곳이 세계 전역에 흩어져 있고 각자의 다른 삶이 있기 때문에, 회사에서 다 같이 회의를 하는 시간을 제외 하고는, 시간적으로나 일하는 환경에 있어서는, 최대한 자율성을 보장해 주는 편인데요. 그래서 상당수의 직원들이 대부분의 시간을 홈 오피스에서 근무하기도 하는 환경이에요.

자칫 잘못하면 게을러지거나 나태해지기 쉬운 환경일 수도 있는데, 제가 일하는 방식을 존중 받기 위해서는 저도 늘 책임감 있는 자세로 일을 해야 하고 또 다른 동료들의 방식도 존중하면서 일해야만 유지가 될 수 있는 시스템인 것 같아요.

긴 글을 두서없이 썼습니다. 이제 지금 하고 있는 커리어에서는 절반쯤 왔다는 생각이 들어서인지, 가끔씩 뒤를 돌아보기도 해요. 흔히 하는 이야기지만 삶에 정답은 없는 것 같아요. 그리고 또 어떤 길이 다른 길 보다 더 낫다고 하기도 어려운 것 같습니다.

엄마도 아시다시피 제가 어렸을 때 전자제품 장난감 만지고 정확히는 늘 부수고, 코일 감아서 전자석도 만들며 노는 것을 참 좋아했던 기억이 나요. 항상 순탄하지만은 않았지만, 결국 지금도 전자 공학 일을 계속 하고 있는 걸 보면 그래도 여태까지는 어릴 적 꿈을 이루며 살아온 운 좋은 삶이었던 것 같아요.

그리고 앞서 말씀드렸다시피 그중 사실 저 혼자의 노력으로 가능했던 점은 극히 일부일 뿐이랍니다. 돌아가신 아버지가 어렸을 때 남겨주신 말씀과 행동으로 보여주셨던 교훈들, 아버지가 세상을 떠나신 이후 어머니가 그 모든 면에서의 막막함 속에서 저희 사 남매를 이끌고 가정 꾸려나가시며 보여주신 강인한 모습들, 스스로 자신의 길을 잘 개척하면서, 흐트러짐 없이 나아가서 늘 귀감이 되었던 누나들, 무엇보다 어려움을 함께 이겨낸 가족의 사랑이 있었기에 제가 많은 걸 보고 배우면서 여기까지 올 수 있었던 게 아닌가 싶네요. 엄마는 항상 이렇게 말씀하셨어요.

"우리 가족은 각자가 자기 일은 알아서 잘하자."

이 말씀은 "커서 뭐가 될래?"라는 흔한 물음표 한 번 없이, 인생의 해답 같은 지침이었습니다.

그런 면에서 저는 누군가에게 조언을 꼭 해야 한다면 '내가 이렇게 노력해서 이만큼 왔으니 당신도 열심히 하라'고 말하고 싶진 않아요. 저는 스스로를 돌이켜볼 때 가족과 훌륭한 선생님들, 그리고 또 다른 참 많은 것을 가졌기에 지금까지 올 수 있었던 사람이라고 생각하고 있어요. 대신에 제가 시행착오를 겪으며 느꼈던 점들, 저 스스로에 대한 깊은 생각 없이 그냥 무작정 스트레스 받으면서 달리기만 하면서 멀리 돌아온 길들을 돌이켜 보면서 바쁘더라도 가능한 일찍 스스로에 대해 가장 잘 알게 되는 시간을 가지는 것이 참 중요하다는 말을 하고 싶어요.

그 시간을 통해 내가 못 가진 것에 대한 불만보다 이미 가지고 있는 것들에 대한 감사한 마음을 찾을 수 있게 되고, 내가 무언가를 열심히 하는 동기는, 무엇인가를 알게 되면 더 빨리 즐기면서 열심히 할 수 있게 될 수 있을 거라 믿어요. 어떤 분야건 커리어는 상당히 긴 마라톤인 것 같아요, 초반에 앞서 나가는 사람을 보면 조바심이 나는 건 사실이지만, 결국은 누군가에게 이끌려서 가는 사람보다, 스스로 즐기면서 가는 사람이 더 원하는 곳에 도착할 가능성이 높아지는 게 아닐까요.

그리고 덤으로 제가 적지 않은 시간 동안 했던 일이 전자공학, 그중 반도체 분야인데 참 재미있는 분야인 것 같아요. 이 트렌지스터라는 물건이 발명된 건 벌써 70년 전 일인데 사람들이 그동안 수많은 사람들의 무수히 많은 노력으로 어마어마하게 작고 빨라지고 있어요. 그리고 그걸 직접 만들지 않아도 미리 어떻게 동작하는지 알 수 있는 환경들을 만들어 놓아서 우리가 반도체를 바탕으로 만들어진 수많은 전자 제품들이 주는 편리함을 누리고 사는 거거든요.

비록 예전처럼 하루가 다르게 발전하는 시기는 이제 좀 지나긴 했는데, 그래도 여전히 발전할 부분들이 많고, 학문적으로도 매우 깊고 무엇보다 실제로 그걸 바탕으로 인간의 생활을 바꾸는, 실제 물건들이 만들어진다는 게 참 재미있는 분야인 것 같아요.

제가 석사 학위 때 연구했던 반도체를 이용한 보안 관련 내용이 있었는데, 박사 졸업하고 5년쯤 지난 후 지도교수님으로부터 이런 소식이 왔어요. 소니SONY에서 만든 카메라 제품에 그 기술이 들어가게 되었다고 기사를 보내 주셨는데 연구한 내용이 실제로 쓰일 때 느껴지는 공학자로서의 희열은 무척 의미있는 경험이었어요. 전자공학이 어떤 학문인지 궁금해 하는 사람이 있다면, 선택해서 열심히 즐겁게 하면 후회 없이 좋은 경력을 쌓아갈 수 있는 분야라고 추천을 해주고 싶어요.

　엄마, 유학 생활에 대한 이야기가 주된 내용이라 대부분 거기에 대해 쓰긴 했지만 사실 더 많은 걸 보고 느끼게 된 건 저 스스로가 부모가 되면서 부터가 아닌가 싶네요. 인간이 태어나서 온전하게 먹고, 숨쉬고, 성장하기까지 얼마나 많은 정성과 노력과 걱정의 나날들이 필요한 것인지는 직접 부모가 되기 전까지는 알 수 없는 것 같아요.
　사 남매를 키우시면서 엄마가 감당하셨어야 했을 육체적, 정신적으로 힘들었던 시간의 양을 제가 헤아리기 어렵고 그래서 그만큼 말로 다 표현하기 어려운 감사의 마음이 드는 것도 사실입니다. 저도 제 아이들을 어머니가 키우셨던 것만큼 잘 키울 수 있을지 솔직히 자신은 없지만 열심히 해보려고 하고 있네요.

　제가 아버지, 어머니를 보면서 느꼈던 건 백 마디의 가르침보다 직접 실천하시는 모습을 보고 배우는 게 가장 컸던 것 같아요. 저희 가족 힘들었던 긴 시간들 속에서 보여주셨던 어머니의 강하고 슬기롭고 의연한 모습들에서 배웠던 것들을, 저도 제 아이들에게 보여 줄 수 있었으면 좋겠네요. 늘 감사하고 사랑합니다.

2016년 8월 27일
엄마 사랑하는 아들 올림

엄마에게 쓰는 편지
- 나를 인도해 주는 폴라리스는 바로 엄마

엄마!

남다른 의미를 우리에게 선사한 2002년을 보내며 엄마의 세 번째 책 출판을 진심으로 축하드려요.

세상 대부분의 엄마들이저를 포함하여 자식을 잘 키우려고 오늘 이 시간에도 노력하고 있지만, 과연 제대로 하고 있는 것인지 아마도 끊임없이 자신에게 질문을 던지고 있을 거예요. 그런 엄마들에게 이 책은 진실하고 소중한 경험담이 될 것이라는 확신이 드네요.

많은 여성들이 철없던 시절에 흔히들 그렇게 말하지요. 난 절대로 엄마처럼 살지 않을 거라고 말입니다. 하지만 큰딸은 그 말에 쉽게 동의하지 않았어요. 기억할 수 있을 만큼의 어린 시절부터 세상을 열심히 살아가시는 엄마의 모습을 보아오며 엄마를 제 인생의 모델로 정했으니까요.

삼십 몇 해를 훌쩍 넘기고 두 아이의 엄마가 된 지금, 엄마가 우리를 키우실 때 강조하셨던 것들이 어느덧 내 아이들 교육의 교과서가 되어 있음을 발견하게 됩니다.

소수의 천재들이 이뤄낸 노력의 열매가 다수의 평범한 사람들의 삶을 더욱 빠르게 변화시켜가고 있습니다. 그런 소수가 모이는 곳, 전 세계 공학 기술 발전의 리더인 MIT에서 엄마의 아들, 우리 대현이가 지금 새로운 세상을 만들고 있습니다. 이런 아들을 길러내신 장한 어머니, 우리 엄마….

엄마의 경험담이 모두 모여 있는 이 책을 펼쳐드는 순간, 이 땅의 많은 젊은 엄마들이 좀 더 바르게 아이들을 기를 수 있는 소중한 가르침을 얻게 될 거에요.

MIT 석사 유학이 아직 성공의 정점이 아님을 다행스럽게 여기는 조심스러운 마음으로 대현이의 더욱 빛나는 앞날과 우리 가족 모두의 행복을 소망하며 큰딸의 편지를 이만 줄이려 합니다.

엄마 잊지 마세요.

해를 더해갈수록 의문으로 다가오는 인생살이에 나를 인도해 주는 폴라리스는 바로 엄마라는 것을….

건강하세요.

2002. 11. 17
큰딸 수정 올림

큰누나가 느끼는 동생의 소중함

사랑하는 동생아,

큰누나가 매형의 직장 근무로 인해 독일에서 지내게 되었다. 예전에 온가족이 함께 미국에서 지냈던 3년까지 합친다면 6년간 글로벌한 시간을 보내게 된 셈이다. 미국은 나라도 워낙 넓었고, 우리가 지냈던 곳은 대도시가 아니다보니 한적한 생활을 할 수밖에 없었지만, 독일에선 수도 베를린에서 살게 되어 매일이 여행을 온 듯 유럽의 정취를 만끽하며 지낼 수 있었다. 그리고 서울이 얼마나 규모가 큰 도시인지를 알게 되었어. 수많은 차량과 인파로 가득한 우리나라 수도 서울과는 다르게 대부분의 건물들은 옛 모습을 간직한 듯 그리 높지 않았고 복잡하지 않았다.

대현아, MIT공대로 유학 간 후 미국에서 지낸지도 어언 15년이네. 사남매 중 막내 동생을 생각하면 뭐라 표현하지 못하는 감격에 젖는단다.

제 길을 찾아 꾸준히 노력하던 동생의 모습은 지금 한창 학업에 정신없는 조카들에게 크게 귀감이 되곤 하거든. 동생의 청소년시절 이야기를, 불평 없이 공부하던 자랑스러운 모습을 조카들에게 들려주곤 한단다.

큰누나가 독일 생활에서 좋았던 게 무엇이었냐고 물어본다면, 인간에게 끊임없는 불행을 가져다주는 '타인과의 비교'에서 잠시나마 벗어날 수 있었던 점이라고 대답할 수 있을 것 같다. 문밖에 나가면 독일인들만 보이고, 베를린에 온 수많은 여행자들과 뒤섞여 거리를 걷다보니 어느덧 '나'를 직접적인 경쟁이나 비교대상에 포함시키지 않는 그런 환경이 주는 새로운 편안함을 느낄 수 있었어.

한국에 있을 때 동질적인 외모와 언어의 사람들 안에서 살아갈 때는 느끼지 못했던, 인간의 다양함이 뚜렷이 인식되었다. 나도 모르는 사이 장시간 동안 주입되었던 외모에 대한 기준, 특정 인종이나 성소수자들에 대한 고정관념 등을 깨닫게 되었고, 과연 무엇이 바람직한 것인지 생각해 볼 수 있는 사치스런 여유까지 누리는 경험을 하게 되었다.

처음엔 몰랐는데 얼마쯤 시간이 지나고 가족이 함께 여행을 다니는데, 한국 사람들은 그렇지 않다는 것이었다. 나를 포함해서 우리나라 사람들은 여행을 가면 유명 장소, 맛집 등을 가봐야 하고, 그 앞에서 인증샷을 찍어야한다는 생각에 여행지에서도 매우 바빠 보이는데 유럽 사람들은 노천카페에 여유롭게 앉아 커피를 마시거나 이야기를 나누는 모습을 많이 볼 수 있었어.

어찌 보면 그들에게 여행이란 멋진 장소에 가보는 것도 중요하지만, 가족이 함께 한다는 것에 더 큰 의미를 두는 것 같다. 가족과 함께라면 굳이 바쁘게 돌아다니지 않아도 낯선 여행지의 어느 멋진 카페에 같이 앉아 있는 시간마저도 소중하게 여기는 게 보인다고나 할까.

그런 모습을 지켜보다 보니 가족 모두가 독일이란 멋진 나라에 와서 하루하루 함께 시간을 보낸다는 게 얼마나 특별한 경험인지, 또 다시 돌아갈 한국에 있는 그리운 가족들에 대한 절실한 소중함까지 그들이 나에게 가르쳐 주고 있었단다.

얼마 전에 베를린 트럭 테러가 일어났던 곳은 2차 대전의 폭격 흔적이 남아있는 카이저 빌헬름 메모리얼 교회 앞 광장이었는데 시내에서도 가장 중심지이고, 언제나 많은 여행자들과 시민들로 붐비는 곳이었어. 크리스마스 마켓까지 열린 시즌이라 만약 베를린에 남아 있었다면 우리 가족 역시 분명히 방문했을 거야. 누나와 조카들보다 늦게 귀국한 매형이 베를린을 떠난 지 불과 넉 달 밖에 지나지 않아 테러가 발생했다는 사실에 가슴을 쓸어내렸단다. 더불어 그 참사로 가족을 잃고 엄청난 슬픔에 잠겨 있을 분들에게 깊은 애도의 시간을 갖기도 했어.

인생은 멀리서 보면 희극이고 가까이서 보면 비극이란 말이 있듯이, 한 발짝 벗어나 지켜보며 마치 삶의 애환에서 벗어난 듯 했던 타국에서의 삶은 이젠 이미 지나간 시간 속으로 묻혀가는구나. 현재는 내 나라에서 나 자신이 포함되어 있는 리얼한 삶을 치열하게 살아야할 시간을 맞이했고 또다시 한국적으로 열심히 뛰어갈 자신감으로 가득하단다.

대현아, 귀국하자마자 큰아들의 대학 입시라는 거대한 파도를 온몸으로 겪어내는 혹독한 시간을 보내다보니 내 머리 속에서 독일의 추억이 많이 떠나 버린 것 같아 아쉽기도 했어. 하지만 오늘 지금 이 순간도 서로에게 힘이 되어주는 가족들과 함께라면 그것으로 충분하다는 생각은 달라지지 않아.

너무 일찍 우리 곁을 떠난 아빠를 그리워하며 각자 자신의 다짐과 각오로 힘든 시간을 견뎌낸 우리 가족들, 우리는 그동안 서로에게 의지가 되어주며 잘 해왔다고 생각한다. 한국에 있는 가족들과 미국에 있는 동생네와 소중한 조카들이 앞으로 행복한 꽃길을 걸어 나가길 바란단다.
오늘도 가족들이 있어서 살아갈 든든한 힘을 얻는다.

2016년 8월 25일
큰누나가

엄마의 모든 것이 자랑스럽기만 합니다

내 나이 서른, 아기를 낳았습니다. 친정에서 한 달 동안 엄마의 보살핌을 받다가 집으로 돌아와 짐을 정리하고 아기를 재운 후, 저도 깜빡 잠이 들었습니다. 시간이 얼마나 흘렀을까, 문득 눈을 떠보니, 엄마가 안 계신 것이었습니다. 그것은 당연한 일이었죠. 그곳은 친정이 아닌 내가 사는 집이었으니까요.

하지만 엄마가 곁에 없다는 사실을 깨닫는 순간, 저는 두려움에 눈물을 흘렸습니다. 그것은 참으로 낯설고 이상한 일이었죠. 엄마를 떠나왔다는 사실에 가슴이 두근거리고 눈물이 흐르는 두려움을 느꼈다는 것은… 옆을 돌아보니 엄마가 없는 대신 아주 작은 갓난아기가 곤히 잠을 자고 있었습니다. 그렇습니다. 나는 이제 엄마가 되어 있던 것입니다.

내 엄마의 곁을 떠나왔다는 사실과 이제 나는 누군가의 자식이기에 앞서 누군가의 엄마가 되었다는 사실, 나이를 서른이나 먹고 나서야 비로소

'엄마'라는 이름의 존재감을 뼈저리게 느끼게 되었던 것입니다.

내가 기억하고 있는 엄마의 모습을 천천히 떠올려 봅니다. 저절로 큰 줄만 알았던 학창시절, 집에 오면 엄마는 항상 맛난 먹거리를 준비해놓고 당연히 그래야 하는 것처럼 집에서 저를 반겨주셨습니다. 친구와 놀기가 더 좋아 공부가 뒷전일 때면 무서운 회초리로 정신 차리게 해주셨고, 학력고사는 물론이고 체육 실기시험, 음악 가창시험, 하다못해 사소한 쪽지 시험이라도 항상 최선을 다하라고 격려해주시고, 칭찬해 주셨습니다.

대학 1학년 때 아빠가 돌아가시고 난 후의 엄마는 종이와 펜, 그리고 책을 항상 곁에 두고 무언가를 골똘히 생각하고, 옮겨 적고, 연필로 쓱쓱 긋고 다시 적는, 그런 모습이었습니다. 아빠가 사라져 버린 빈 가슴, 그 고통과 외로움을 글쓰기로 단련시켜온 엄마의 얼굴에 어느새 단단하면서도 지혜로운, 그리고 무언가를 성취한 자만이 가질 수 있는 행복함이 묻어나고 있었습니다.

그러다가 4년의 세월이 흘러 내가 대학을 졸업하고 나서였죠. 임용고시를 준비하던 중 갑자기 허리가 아프기 시작했습니다. 정말 어느 날, 갑자기 너무 아파서 움직일 수도 없었죠. 꼼짝도 할 수 없는 나를 데리고 잘 고친다는 병원마다 다니며 엄마는 내 앞에서 한 번도 울지 않으셨습니다. 큰 수술을 받고 고통스러운 마취에서 깨어나던 새벽에도 엄마는 내 손을 잡고 계셨고, 깨끗이 나을 수 있으니 걱정 말라고 웃어주셨습니다. 엄마가 의사도 아닌데 나는 의사선생님 말씀보다 엄마의 말씀을 더 굳게 믿었습니다. 그리고 몇 년 후 저는 정말로 깨끗이 나았습니다.

아팠던 탓인지 아니면 자신감이 부족했던 탓인지, 졸업 후 몇 년 동안 진로를 결정하지 못하다가 결국 임용고시 공부를 다시 하기로 결심했을 때입니다. 늦게 시작한 공부가 힘겨울 때도, 미래에 대한 생각에 불안할 때도, 엄마는 항상 곁에 있는 든든한 응원군이었습니다. 도시락을 싸주시고, 용돈도 챙겨주시고, 내가 어디에 있던 멀다 않고 달려와 근심과 걱정을 덜어내고 그 자리에 희망과 용기를 불어넣어 주셨습니다. 그렇게 공부를 마치고 이제는 교사가 되어 예전에 아빠가 그랬던 것처럼 열심히 아이들을 가르치고 있습니다.

이제 제가 엄마의 자리에 서보니 엄마가 수십 년 동안 자기 자신을 비워내며 자식에게 바쳐온 그 많은 시간과 인내와 전적인 희생이 얼마나 값진 것인지 조금씩 느껴져요. 이제 막 돌이 된 초보엄마인 저로서는 상상도 할 수 없는 엄청난 것이겠지만요.

철없이 고민하고 방황하며 아파하던 시절. 지금의 내 모습을 만들기 위해 엄마가 끊임없이 불어넣었던 희망의 암시들….

윤대야, 넌 해낼 수 있어. 자신감을 가져.
윤대야, 지금은 힘들어도 반드시 이겨낼 수 있을 거야.
윤대야, 넌 틀림없이 건강해질 거야. 걱정하지 마.
윤대야, 넌 훌륭한 선생님이 될 거야.
윤대야, 어느 순간에도 용기를 잃지 마. 엄마가 있잖니.
윤대야, 이젠 훌륭한 부모가 될 수 있을 거야.

그 희망의 암시들이 현실로 다가와 게을러지고 힘겨워하는 나를 다시 일으키고, 미래의 나에게도 큰 힘이 되어줄 것을 믿어 의심치 않습니다. 또한 한 아이를 키우면서 뜻하지 않은 시련에 부딪친다 해도 그때마다 제겐 성경 같은 엄마의 말씀을 가슴속 깊이 새기며 끝까지 희망을 품고 웃으며 이겨낼 수 있을 것 같아요.

평생을 두고 간직해야 할 정신의 중심을 바르게 심어주신 엄마, 고맙습니다.

엄마의 모든 것이 자랑스럽기만 합니다.

2002. 11. 15
둘째 딸 윤대 올림

십삼 년을 돌아보며
- 저의 엄마가 되어 주셔서 고맙습니다.

　연일 폭염주의보에 최고 기온을 경신하던 2016년의 여름이 이제 살포시 접히고 있습니다. 올여름, 무척 더운 날씨에 힘겹기도 하였지만 뜻밖의 소식에 줄곧 마음 한 켠이 흐뭇했습니다. 엄마의 새로운 저서 출판과 더불어 『MIT공대로 보내기까지』를 재출간하게 되었다는 소식이었죠.
　반가운 마음에 다시 책을 펼쳐보았을 때 만난 저의 글에는 2001년 아기를 낳고 느꼈던 설렘과 두려움을 시작으로 삼십 년 넘게 자리매김 되어있었던 '나의 엄마'에게 느꼈던 막중한 존재감이 담겨있었습니다. 2003년 1월 첫 출간 이후 13년이라는 세월이 흐른 지금, 첫 출간을 할 때처럼 시작하는 글을 여러 가족이 함께 써보는 것이 어떻겠냐는 출판사 대표님의 말씀에 사뭇 긴장되었습니다. 십삼 년, 그동안 엄마 그리고 우리 가족들에게는 어떤 일들이 있었을까요.
　그간의 일들이 시간의 순서대로 차르륵 정리되어 펼쳐지진 않지만, 저절로 미소 짓게 만드는 행복했던 일들, 가슴을 쓸어내릴 만큼 힘들었던 일들, 인생의 모멘트로 기억될 감동스러운 일 등이 마치 어느 한 순간 가치 있게 쓰이길 기다렸던 것처럼 앞 다투어 되살아나면서 각자의 크기로 다가옵니다. 이제 기억의 문을 열고 수많은 과거 중 어느 한 순간을 방문해봅니다.

　태어나서 처음 타보는 낯선 버스에 앉은 채 오르막길을 가고 있네요. 아침도 아닌 이른 새벽의 시간, 버스는 이내 한 중학교의 운동장으로 들어섭니다. 울음을 그치고 창밖을 보니 그제야 그곳은 익숙한 장소임을, 이곳에 온 이유가 무엇임을 깨닫고는 잠시 울음을 그친 채 마음속으로 아빠를 불러봅니다.
　그랬죠, 아빠가 마지막으로 근무하셨던 학교의 운동장이었습니다. 사랑하는 아이들을 가르치고, 마음 아파하는 아이들을 다독이시며 기꺼이 함께 하셨던 그곳을, 아이들이 단 한 명도 없을 시각에 마지막으로 한 바퀴 둘러보기 위해 갔던 것입니다. 천직처럼 평생을 학생들과 함께 하셨던 분이었기에 학교와의 작별도 필요했으리라, 망자에 대한 최소한의 예의였습니다.
　그렇게 슬픈 추억으로 남은 아빠가 떠나온 교단에서 이제는 엄마가 수업을 하고 계신답니다. 무슨 수업을, 어떻게 하고 계시냐구요? 대부분의 의사소통이 스마트폰으로 이루어지고 있으며 편지를 거의 쓰지도 받지도 않는 요즘이지만 엄마는 편지 쓰기 강좌를 통해 많은 학생들을 만나고, 편지로 자신의 마음을 잘 전달할 수 있도록 도와주는 수업을 하고 계신답니다.

요즘 아이들에게는 카카오톡, 페이스북, 인스타그램 등 SNS를 통한 단문의, 즉각적이며, 이미지 중심의, 타인의 호응도 및 반응의 속도가 중요한 의사소통이 큰 부분을 차지하고 있습니다. 이런 아이들에게 긴 생각의 호흡과 편지를 읽는 상대를 배려한 마음을 전달하는 편지는 쓰기의 어려움을 떠나서 필요성조차 인식하기 힘든 형식일 수도 있습니다.

그런데 엄마는 편지 쓰기 수업을 통해 편지란 무엇인지부터 시작하여 편지를 쓰면 어떤 점이 좋은지, 편지의 종류, 편지를 잘 쓰는 법, 편지의 구성, 편지 쓸 때 주의할 점, 그리고 편지봉투를 쓰는 방법까지 하나하나 천천히 가르쳐 주시구요, 마지막에는 정말 열심히 편지를 쓴 학생들의 사진을 찍어 나만의 우표까지 만들어 선물해주고 계신답니다.

처음에는 학교에서 편지 쓰기 행사가 많은 5월 즈음에 단기간 진행되는 강좌인 줄 알았어요. 그런데 봄을 지나 가을에도 계속되더니 해를 거듭해서 몇 년 동안 지속되고 있으며, 지역도 서울뿐만 아니라 경기, 강원, 충청까지 확장되더니, 학교급도 초등, 중등, 고등학교에 이어 심지어 이제 막 취업한 우정국 신입 공무원들을 대상으로 한 편지쓰기 강좌에서도 활동하고 계십니다.

이렇게 좋은 수업이다 보니 제가 근무하는 초등학교에서도 진행하게 되었답니다. 편지 쓰기 수업을 원하는 담임 선생님들께서 강좌를 신청하시면 날짜별로 수업을 배치해서 공문을 발송하고, 이에 맞게 강사님들께서 학교로 오셔서 수업을 진행해주셨죠.

제가 담임을 맡고 있는 4학년 5반은 엄마가 수업을 해주셨어요. 강좌명이 적힌 아담한 현수막을 칠판에 부착하시고 능숙한 솜씨로 파워포인트 파일을 켜신 후 수업을 시작하셨죠. 호기심 가득한 아이들의 눈망울과 만날 때면 웃어주시고, 어려운 단어는 쉬운 말로 바꿔 설명해주시고, 중간 중간 질문도 잘 받아주시고, 맞춤법이 서툰 학생들에게는 조심스럽게 그러나 정확하게 알려주셨고, 누구에게 어떤 마음을 전달해야할지 잘 모르는 학생들에게는 적절한 예를 들어 설명해 주셨습니다.

편지 쓰기가 끝난 후 심사 및 우수작 선정, 상장과 나만의 우표를 만들어 전달해주시면서 수업이 마무리 되었는데요, 아이들은 그새 편지선생님과 정이 들었는지 다 같이 사진을 찍고 싶어 했고, 담임 선생님과 편지 선생님이 닮았다고 말해준 아이도 있었으며, 나만의 우표를 받은 학생은 너무나 신기해서 자랑스러워하기까지 했답니다.

비록 두 시간 동안 이루어진 짧은 수업이었지만 아이들은 편지를 쓰는 기쁨, 편지를 기다릴 때의 설렘, 받는 순간의 행복함, 마음을 주고받는 소중한 기억을 조금은 알게 된 눈치였습니다. 담임교사인 저 또한 예상치 못한 선물을 받았는데요, 엄마가 진행해주신 편지쓰기 수업이 아니었다면 모르고 있었을 우리 반 학생들의 마음을 편지로 받고나서 참으로 감동스러웠답니다.

이제 과거를 방문했던 기억의 문을 닫고 다시 현재로 돌아옵니다. 엄마는 편지 쓰기 수업을 마치신 날이면 종종 이렇게 말씀하십니다, 일찍 돌아가셔서 정년을 채우실 수 없었던 아빠의 교단에 대신 설 수 있게 되어서 무척 행복하다고. 엄마는 어떻게 교실이라는 공간에서 아이들과 만나 가르침과 배움이 일어나는 수업을 진행하며 교사의 역할을 하실 수 있었을까요.

스티브잡스는 스탠포드 대학 졸업 연설에서 '나중에 되돌아보니 점dots처럼 찍어왔던 그 경험들이 하나의 선line으로 연결되어 있었습니다. 미래를 내다보며 점들을 이을 수는 없습니다. 그러므로 당신은 이 경험의 점들이 미래를 연결해줄 것이라는 믿음을 가져야합니다. 이 믿음이 아무리 험한 길이라 하더라도 열정을 따라 살아갈 자신감을 줄 것이기 때문입니다. 그리고 그것이 인생의 모든 차이를 빚어냅니다.'는 말을 남깁니다. 현재의 상황에서 최선을 다해 만들어낸 경험의 점 하나하나가 연결되면서 미래의 모습을 만든다는 의미였습니다.

아빠가 떠나신 후 올해로 26년, 그 시간과 공간을 엄마는 공백으로 비워두지 않고 끊임없이 많은 노력과 경험의 점들로 채워 왔습니다. 네 명의 자식들을 철통같은 책임으로 키워내는 일뿐만 아니라 지속적으로 수필을 쓰고, 편지를 쓰면서 각종 글쓰기 공모전에 도전하고, 여행과 템플스테이를 다녀온 후에도 사진으로만 추억을 남기는 것이 아닌 항상 기행문으로 세밀한 기록을 해오셨습니다.

한시도 멈추지 않았던 글쓰기 활동뿐만 아니라 맥심커피 동서문학회, 한국편지가족 서울 및 경인지회, 예술시대작가회, 과천문인협회, 국사편찬위원회 고서 정리 봉사, 어린이집 책 읽어주기 봉사, 복지관 합창 단원, 과천시니어코칭 동아리활동까지 그야말로 쉴 새 없이 삶을 기획하고 실천하면서 만들어 온 수많은 점들이 선으로 연결되었기에 지금의 모습과 차이가 만들어진 것입니다.

『MIT공대로 보내기까지』의 재출간은 이러한 삶의 연결과정이 있었기에 가능한 일이라고 생각됩니다. 단기간에 인위적인 목표설정으로 이루기는 힘든, 오랜 시간의 힘찬 삶이 누적된 가치로운 일이라 여겨집니다. 그러므로 자식 된 입장에서는 참으로 자랑스럽고, 아이를 키우는 같은 엄마라는 입장에서는 무척 존경스러울 따름입니다.

십삼 년 전에 글을 쓸 때나 지금이나 한결같은 마음으로 글을 쓸 수 있다는 것에 새삼 고마움이 샘솟습니다. 항상 흔들림 없이 올곧은 지표가 되어주셨음을, 그리고 자손들의 삶이 더욱 나은 방향을 향해 갈 수 있도록 평생 동안 가르쳐 주셨음에 대해 고개 숙여 깊이 감사드립니다. 감히 바라건대 엄마의 신체적 강녕함뿐 아니라 건강한 노년의 지속적인 성장과 변화의 모습으로 롤모델이 되어주시길 부탁드리며 글을 마치려 합니다.

제가 태어날 때부터 다른 누구의 엄마가 아닌 저의 엄마가 되어주셔서 고맙습니다. 사랑합니다.

2016년 8월 28일
엄마의 딸 둘째 올림

엄마를 닮고 싶어 하는 딸들이 셋씩이나

2002년 10월 12일 토요일
오늘은 효도일기를 쓰는 날이다.
오늘도 엄마께 어떤 효도를 할까 되게 고민을 많이 했다.
우리 선생님께서 나의 마음을 담은 정성어린 편지 한 장도 엄마한테는 큰 효도가 될 수 있다고 말씀해주신 것이 생각나 엄마께 편지를 써드렸다. 되게 짧게 쓴 편지인데 우리 엄마는 너무 기뻐하시며 나를 꼭 끌어안아 주셨다. 효도는 이렇게 쉬운 건데 괜히 고민했나 보다.

후후후… 우리반 아이의 일기를 읽고 절로 웃음이 나왔어요.
토요일마다 효도일기를 쓰라고 했더니 어떤 효도를 해야 하나 아이들 딴에는 굉장히 고민이 되나 봐요.
아이들도 이렇게 쉽게 생각하는 효도를 내 자신은 얼마나 하고 지내나 생각해 보게 되고, 직장에 다니느라, 아이 키우느라, 시어머님을 모시고 사느라 바빠서 엄마께 그동안 너무 소홀하진 않았나 반성해 보게 되네요.

우리 엄마….

중학교 선생님이셨던 아빠께서 제 나이 17살에 돌아가셨기 때문에 그 이후의 가정의 대소사는 모두 엄마의 몫이었죠.

여자 혼자의 몸으로 사 남매를 거둔다는 것, 한 가정을 이끌어 간다는 것은 정말 힘들고 벅찬 일이었을 텐데. 한 번도 그런 내색 안 하시고 늘 우리에게 용기와 희망을 북돋아 주신 우리 엄마….

제가 중학교 3학년 때였던가요? 우리 집은 그야말로 수험생 집안이었죠. 재수 생활하는 큰언니, 고3인 작은언니, 연합고시를 보던 때였으므로 저까지 수험생이라고 치면 우리 집엔 수험생이 셋이나 되었죠. 그때는 학교 급식도 이루어지지 않아서 개개인이 도시락을 싸가지고 다니던 때라 엄마는 아침, 아니 새벽부터 도시락 싸는 일로 하루를 시작하셨어요.

아빠 것 한 개, 큰언니의 점심·저녁 2개, 작은언니 2개, 그리고 대현이와 제 것까지 한 개씩…. 모두 7개나 되는 도시락을 매일매일 싸는 것이 엄마 일과의 시작이었어요. 말이 일곱 개지 그 많은 것을 한마디 불평 없이 어떻게 매일 해낼 수 있었을까. 그건 우리 엄마이기 때문에 가능했던 일 같아요.

아빠 혼자 벌어서 여섯 식구 생활하기도 빠듯한 살림살이…

생활비, 교육비, 저축으로 돈을 쪼개고 나면 남는 것은 아마도 별로 아니 하나도 없었을 거에요. 제가 교직 생활을 몇 년 하다 보니 엄마가 더 대단해 보여요 하지만 딸들이 셋씩이나 되다보니 옷을 안 사줄 수 없고, 매일 매일 똑같은 옷을 입혀 보내긴 엄마 마음이 안 좋을 테고….

엄마는 작은 옷은 크게 늘리고, 재미없이 밋밋한 옷은 생기 있게, 칙칙한 옷은 환하게 만드는 재주를 가지고 계셨어요.

때론 아빠 옷이 우리 옷이 되기도 하고, 엄마의 옛날 옷이 우리 옷이 되기도 하고 자유자재로 변신을 했었지요. 그 당시 유행하던 기성복은 아니었지만 우리만의 옷이 있다는 것에 저희 세 딸들은 너무 기뻤었어요. 그런 엄마의 절약 정신 덕분에 세 딸들은 멋진 옷을 입을 수 있었어요.

엄마는 강한 정신의 소유자이셨어요.

아빠의 힘든 병수발도 혼자 힘으로 감당하셨고, 10시간에 달하는 작은 언니의 대수술 동안에도 굳은 믿음으로 이겨내셨어요. 남편 없이 거친 인부들을 상대하면서 집을 지어내셨고, 아빠가 안 계시는 우리 사 남매를 어디 내놓아도 부끄럽지 않게 키우시고 가르치셨어요.

이런 엄마의 희생과 정성이 있었기에 지금의 제가 떳떳한 모습으로 아이들 앞에 서 있을 수 있는 거라고 생각해요.

지금도 가끔씩 삶이 힘겹게 느껴질 때마다 엄마의 인생이 담긴 엄마의 책을 읽곤 해요. 모두가 제가 경험하고 지내온 것들인데도 볼 때마다 새롭고, 지친 나를 위로 해주며 새로운 희망을 꿈꾸게 해요.

그리고 생각하죠. 그 속에 나의 미래의 모습이 있고, 내 인생의 목표가 있다고….

해를 넘길수록 더욱더 인생에 대해 자신감을 갖고 사시는 엄마를 보면서 저 모습이 나의 20년, 30년 후의 모습이라고 생각하니 기운이 절로 나는 듯해요.

엄마! 앞으론 지금보다 더 열심히 사서야겠어요.

엄마를 닮고 싶어 하는 딸들이 셋씩이나 있으니까요.

2002. 11. 14

영원히 엄마를 닮고픈 셋째 딸 윤성 올림

막내딸이 그리운 아빠께 들려드리는, 우리 가족 이야기

시댁에 다녀오는 길….

오늘도 어김없이 과천 집으로 올라가는 길에 고향 선산으로 아빠를 뵈러 갑니다. 어느덧 세월이 흘러 아빠를 가슴에 품고 지낸 세월이 아빠와 함께 살았던 시간보다 길어졌는데도, 저는 고속도로에서 익산… 왕궁… 이정표만 나오면 여전히 가슴이 싸해져요.

아빠의 흙집에 심은 초록빛 금송과 측백나무가 마치 아빠처럼 저희 가족을 반겨주네요. 아빠, 막내사위 참 궁금하시지요? 김 서방이 따라 올리는 한 잔 술, 아빠께 조르륵 조르륵 부으며, 아빠가 애타 하실 요즘 우리 가족들 이야기를 전하겠습니다.

아빠! 참 오랜만이죠. 잘 계셨어요. 올해 여름은 유난히 더워요. 그곳에선 저희들 바람대로 아프지 않고 잘 지내고 계시죠? 혹시 막내딸이 우리 아빠를 섭섭하게 하지는 않았을까요. 보성은 시댁이고, 왕궁은 친정 선산 길목이에요. 시댁 집안 행사가 있을 때면 아빠 집을 그냥 지나치지 못해요.

제가 어릴 적에 막내딸은 어린이를 좋아한다며 초등학교 선생님이 제격이라며 꿈을 주셨잖아요. 아빠의 말씀처럼 저는 인생의 기초교육을 담당하는 초등교사가 되었습니다. 아빠가 선물해주신 꿈의 선물을, 그 기억을 잊지 못해요. 이렇게 내려갈 때나 올라 올 때, 따로 시간 내지 않아도 저는 아빠를 미팅하는데요, 어쩌면 저만 특별히 누리는 행복이구요, 효도처럼 느껴져요. 그래서 참 좋아요.

오늘은 그동안 쌓인 우리 가족들 근황을 하나씩 소상히 밝혀 전해드릴 테니 아빠, 막내딸 안아주실 거지요.

아빠!

딸이 셋인데 아직 본 적 없는 사위들 보고 싶으시지요. 매사에 모범생이던 큰 언니는 대학 첫 미팅에서 지금의 큰 형부를 만났어요. 아마 아빠도 보셨으면 무척 기뻐하실 거예요. 대학 재학 중에 재경행정고시에 합격한 훌륭한 공무원이랍니다. 나랏일에 동분서주 바쁘게 잘 지내고 있어요. 물론 큰언니도 약사가 되었어요.

큰언니는 미국으로, 독일로, 형부의 근무발령으로 조카들 데리고 외국에서 살다가 얼마 전 귀국했어요. 시간이 정말 훌쩍 지나갔네요. 어리던 조카들이 성큼 청년으로 의젓하게 자라서 왔어요. 그리고 큰 외손자의 따끈한 소식요, 수시 전형에서 성균관대와 고려대에 합격, 그리고 서울대

면접을 기다리고 있는 중이에요. 큰 형부는 집안의 맏이로, 말수는 적어도 때때로 아빠 자리의 대리인 같은 느낌을 받곤 해요. 그만큼 의지처가 되어 주고 있어요.

아빠의 너그러운 성품을 많이 닮은 작은 언니는 요즘 매우 분주해요. 조카의 고교진학 입시 문제로 엄청 집중하고 있답니다. 아빠께서 교사하실 적에 중3은 웬만큼 공부하고 적당히 놀아도 고교진학에 별 문제가 없었다고 엄마한테 들었는데요, 요즘 중3은 아빠시절의 고3만큼이나 입시 문제로 고민이 많답니다.

작은 형부께서는 회사원이세요. 형부의 착한 성품이 언니 짝꿍으로 참 근사하고, 잘 어울려요. 만약에 아빠가 보셨다면 정말 함박웃음이 빵 터지시려나? 훤칠한 키에 얼굴이 미남이거든요. 부부가 나란히 서면 크나큰 나무에 매미 붙은 격일 수 있어요. 아빠 지금 웃으시는 거 맞지요. 재미있죠?

작은언니를 말하자면 얘기가 너무 길어질 것 같아 생략해 올리겠습니다. 작은언니의 넉넉한 품성은 아빠를 닮았다 하네요, 엄마께서요. 그래서인지 엄마를 향한 성정이 아빠 못지않아요. 그런 언니 덕분에 곁에서 저도 때때로 효도를 덤으로 얹어드리곤 해요. 언니를 보며 많이 배우고 있어요, 아빠.

그리고 아빠의 하나밖에 없는 아들, 동생이야기 하려니 가슴이 먹먹하고 벅차네요. 어린 동생이 굴건 쓰고 상주 노릇하며 아빠를 하늘나라로 보내드렸잖아요. 기특하고 대견하게 참 잘 컸어요. 아빠 대신 엄마를 허그

해드리곤 해요. 어찌나 그 맘이 지극한지 몰라요. 다섯 조카들 로망으로 우뚝 선 동생이 한없이 자랑스럽답니다.

아빠의 아들은 세계 랭킹 1위 학교로 진학했구요, 한국청소년들 꿈의 대상이 되었어요. 아빠가 교육현장에 계실 때 주구장창 외치던 그 꿈나무로 훌쩍, 한국의 자랑스런 세계인으로 우뚝 섰답니다. 아들의 본분과 책임에 대하여 어찌나 철두철미한지요. 동생의 존재만으로도 저는 친정이 만만군처럼 여간 든든하지 않아요.

미국으로 유학 간 후 학위를 마쳤어요. 그리고 같은 대학교 후배를 사귀며 예쁜 사랑을 했어요. 결혼식은 귀국하여 모교에서 조촐하게 치렀습니다. 지금은 두 딸의 아빠가 되었어요. 재택 근무하며 틈틈이 아이들을 키우는데요, 제가 깜짝 깜짝 놀라고 있어요. 영원한 막내인줄로만 알았는데 가장으로 의젓하거든요. 지금 아빠가 계셨다면 참 대견해 하실 것 같습니다. 영특한 올케는 동생의 반려자로 백점 만점이랍니다. 이만하면 흡족하시죠, 아빠.

아! 드디어 제 차례네요.

저는 날마다 그렇듯, 대한민국 초등교육 현장에서 열심히 뛰고 있습니다. 아빠의 외손자들의 엄마로, 사위의 아내로, 시어른의 며느리로 잘하고자 애쓰는 중이에요. '김서방 하는 짓이 아빠를 닮은 데가 많다'며 엄마가 참 좋아하세요. 딸 편보다 김서방 편으로 더 기울어 질투날 적이 있어요. 그래도 아빠, 요즘 이승시대가 장서 갈등 시대라고 하네요. 이런 시대에 남편과 엄마가 돈독히 지내는 모습 지켜보며 저는 마냥 즐겁고 행복해요.

　김서방은 막걸리가 생각나면 슬쩍 엄마를 핑계로 고기를 굽거든요. 고기 한 점만 봐도 장모님께 전화를 해요. 좀 웃기죠? 봉사는 제가 하는데 점수는 김서방이 가져가요, 아빠. 그래도 아빠, 저는 그런 남편의 모습이 여간 귀여워요. 엄마 성향이 좀 독특하잖아요. 아빠 성향을 닮았다는 이유, 그 점 하나로 김서방은 그냥 점수 먹고 살아요. 저는 마냥 두 분을 응원만 하면 되요. 둘 다 사랑하니까요. 그런데 어쨌든 뭐니 뭐니 해도 저는 그 사람의 옆지기로, 남편과 여편네 놀이로 즐겁게 살고 있습니다. 아빠가 곁에 계셨다면 날마다 껄껄껄 하셨을 것만 같아요.

　이제 엄마는요… 사실 엄마 얘기는 언제 하려나 조마조마하셨죠?
　엄마는 저희들보다도 더 바쁜 칠십대를 누리고 계세요. 아빠 곁에서는 안방마님이었는데요, 180도 변신 팔색조세요. 작가로, 편지 강사로, 동화 구연가로, 치매어른 봉사자로, 합창 재능 기부자로… 참 다양하게 사십니다.
　요즘 들은 가장 뜨거운 소식인데요, 엄마가 단원으로 활동 중이신 복지관 합창단이 KBS 방송에 출연한대요. '사람과 사람'이라는 프로그램인데요, 아빠도 하늘에서 보신다면 힘찬 박수 보내주실 거죠? 수필가, 선생님, 때로는 교수님 호칭으로 불리며 재능 기부하는 모습을 지켜보며 우리 사남매는 열심히 응원하고 있어요.
　금년 3월 KBS에서 진행하는 프로그램 '무엇이든 물어보세요' PD로부터 편지 청탁과 토크 청탁이 왔어요. 기적의 편지 주인공으로 토크 출연하셨어요, 우리 집의 영광이었어요. 아빠가 계셨더라면 엄마자랑으로 입이 귀에 걸리셨을 텐데요. 역시나 편지 내용의 주인공으로는 작은언니가 낙점되었지요.

또, 일주일에 두 번 어린이집 꼬맹이들에게 동화책을 읽어주는 이야기 할머니로 활동하십니다. 동화 구연 연습하시는 걸 제가 옆에서 슬쩍 봤는데, 정말 맛깔나게 하세요. 제가 학교에서 이야기를 해주면 저희반 아이들이 재미나게 듣고 있는데 아무래도 그건 아빠께서 물려준 재능인가 봐요.

이건 엄마한테 들은 이야긴데요, 제가 학교에서나 친구들이나 친척들이 모이면 좀 웃기거든요. 그럴 때 마다 엄마께서 이렇게 말씀 하세요.

"우리 막내딸 유머감각은 제 아빠를 꼭 닮았어, 복사판이야."

아빠, 고맙습니다. 좋은 재능을 저한테만 주셔서요. 제가 사람들에게 웃음을 줄 때면 그 순간은 정말 좋아요. 모두 근심 걱정을 언제 털어냈는지 환하게 웃거든요. 웃는 얼굴에 평화가 보여서 저도 그런 순간이 행복해요. 저는 그런 가족들 학생들 친구를 대하는 순간을 사랑해요, 아빠.

어제는 엄마께서 건대의료원 환우들 위로 잔치에 희망의 노래 합창기부를 하고 오셨대요. 아빠는 엄마의 노래를 들어 보신 적이 없으시지요. 예전, 그러니까 아빠 생전엔 노래 부른 적 없었잖아요. 집안의 기둥 되시고 매사를 긍정적으로 실행하시는데요, 그 때 보다 정말 훨씬 활동적이세요. 나중에 엄마 만나시거든 노래 한 자락 불러달라고 옆구리 찌르는 것 잊지 마시기를….

엄마 스케줄 이 정도로 줄이겠습니다. 가끔 엄마네 들러 달력에 메모를 보면 우리 엄마 참 동분서주, 잘 사시는구나 라고 안도의 숨을 쉬게 되어요. 적막 같은 외로움을 근사하게 승화시키고 계세요. 나이가 들어도 생각을 생각으로 멈추지 않고 반드시 행동으로 적극적으로 몸으로 닦는 행동파랍니다. 엄마는 청년 노인이 맞아요. 덩달아 저도 엄마 곁에서 게으를 수가 없네요. 열심히 엄마 사는 모습을 보면서 삶의 매력을 배우고 있답니다.

생각해 보면 아빠를 피안으로 보내드리던 우리 엄마의 40대는 너무 힘드셨을 것만 같아요. 이제야 철이 들어 그 맘을 헤아리게 되네요. 그래서 색다른 나물 한 가지에도 엄마가 생각나요. 투병 중인 아빠, 초중고생 4남매… 얼마나 무거우셨을까요. 넉넉하지 않은 집안 살림 꾸리면서 한 번도 가난하단 말씀을 하신 적이 없어요. 밝고 명랑하세요.

어느 쪽을 둘러봐도 편히 숨 쉴 곳 하나 없었을 텐데, 엄마는 그 힘든 시기를 어떻게 이겨 내셨을까요…. 제가 사십 대가 되어서야 엄마를 다시 돌아보게 되었으니 제가 무심한 딸이었을까요?

언젠가 엄마께서 이런 말씀을 하셨어요. 그래서 글을, 낙서를, 노래를 부른다고요. 힘들면 힘든 대로 그 고통을 글로, 낙서로 풀어 가셨다고요. 솔직하게 한 줄 한 줄 써 내려가면 엄마 자신이 고요해진다는, 어떤 격이 와 닿는다고 하셨어요. 그렇게 써 내려간 글에 위로도 받고, 때로는 백일장 공모에 상을 받게 되었다고 하셨어요. 취미에 재미가 생겨나 견뎌지더라는 말씀을 하셨는데, 그 말씀을 듣던 저는 그만 눈물을 쏟고 말았답니다.

40세는 불혹의 나이라는데 정말 작은 일 하나도 쉽게 결정하지 못하고 흔들리며 지내는 요즘의 저를 보면서, 엄마의 40대는 무섭고 두려운, 공포 같은 현실이었을 텐데 의연하게 이겨내셨어요. 저라면 엄마와 같은 판단력이 섰을까요. 그러면서 또 다짐해요. 엄마의 본으로 나도 할 수 있다고… 그렇게 자신감과 용기라는 장점을 닮으려고 노력하고 있습니다, 아빠.

엄마는 이제까지 지혜롭게 사셨어요. 앞으로도 그렇게 엄마의 노후생활을 꾸려 나가실테니, 그 모습을 기억해 놨다가 저도 엄마처럼 그렇게 살아가려고 단단히 마음의 준비를 쌓게 됩니다.

오늘 외출하고 오는 길에 오랜만에 감자 옹심이를 해서 엄마랑 같이 맛있게 먹었어요. 엄마는 제가 해드리는 음식은 뭐든 맛나게 잡수서요. 그러니 아빠, 엄마의 걱정은 이제 놓으세요. 아들 딸 사 남매와 하늘같은 선물 사위 셋에 똑똑한 며느리가 떡하니 지켜드리고 있으니까요. 과실나무의 달콤한 즙 같은 귀염둥이 손주가 일곱인데 웃음이 자지러지세요.

세상에서 제일 사랑하는 우리 아빠, 엄마!
늘 바쁜 우리 엄마를, 아빠도 나중에 만나시려면 꼭 선약을 하셔야 할 걸요. 아빠 살아계실 때처럼 엄마는 여전히 엄격함과 자애로움을 적당히 밀고 당기는 인생의 고수십니다.
늘 제 가슴속에 살아 계시는 아빠!
요즘 여름 날씨가 무척 더워요. 이만 왕궁에서 출발해야겠어요. 과천 집으로 돌아갈게요. 또다시 일상에 순응하면서 활력 있게 가족들 살피며 열심히 살겠습니다. 다음에 올 땐 아빠가 사랑하는 고향의 황금빛 벌판이

출렁거릴 추석 때쯤일 것 같아요. 그 때는 사랑스런 손자들의 대입, 고입 합격 소식을 전할 수 있었으면 좋겠어요. 우리 손자들에게 공부는 즐겁게 하는 거라고 힘내라고, 천상에서 응원해 주실 거죠!

아빠, 사랑해요♡

2016년 8월
염천에 막내딸 올림

제 2부

아들의 가능성 그리고 집중력

아들 이야기를 엮으면서

언젠가 꼭 아들의 이야기를 책으로 펴내고자 오래 전부터 뜻을 품어 왔었다. 처음엔 아주 작은 소망에서부터 출발하였다. 희망이란 그릇에 물을 뿌리고, 움을 틔워 꽃을 피우며 열매를 맺기까지 기쁨과 눈물, 회초리의 아픔을 수반하였다. 사랑의 거름을 주며 미래에 대한 건강한 싹의 움직임을 감지하였다. 잘 키우면 큰 그릇이 되겠구나 하는 어떤 가능성을 점치면서 나는 나대로 인고의 세월을 다독여 왔다.

사람이 사람을 만들어감에 조심스럽지 않을 수 없다. 징검다리 건너듯 한 해 두 해 옮겨 갈 때마다 고행이 따르지 않을 수 없었다. 가슴에 희망아들을 담고, 꿈을 조금씩 부풀리며 내일로 가는 길목에서 서성대 왔다. 겉으로는 그저 밥이나 빨래나 해주는 단순한 어머니로 보일지 몰라도 내면으로는 끊임없이 고민하면서 북적댔다. 그것조차 없이 성공이라는 보람이 어찌 내 것이 될 수 있기를 바랐겠는가.

최고가 된다는 것은 남과 같이 놀아서는 될 수 없다는 것이다. 최고가 된다는 것은 남모르는 땀방울의 수고가 동반되어야 한다는 것이다. 최고가 된다는 것은 안으로 감춘 의지력을 진행시킬 줄 알아야 한다는 것이다. 최고가 된다는 것은 소리 없이 고지로 다가설 줄 알아야 한다는 것이다. 최고가 된다는 것은 계획한 목표의 실천을 위해 고뇌해야 한다는 것이다. 최고가 된다는 것은 끝이 없는 선의의 경쟁이다. 최고가 된다는 것은 열정을 품어야 한다는 것이다.

　최고가 되기 위해선 한 발 한 발 자신의 내면을 다져가야 한다는 것이다. 최고가 되기 위해선 체력을 기를 줄 알아야 한다는 것이다. 최고가 되기 위해선 엉덩이 땀띠조차 의식하지 못해야 한다는 것이다. 몸이 약하면 무엇도 존재할 수 없음을 빨리 인식해야 한다. 무조건 공부만 한다고 체력이 저절로 뒷받침해주지 않는다. 발바닥에 잡히는 물집을 터뜨려 본 자만이 체력과 운동의 묘미를 알게 된다. 숨차게 뛰어 보면 알 수 있다. 튼튼한 체력이 뒷받침된 건강한 지성과 감성, 얼마나 매력적인가. 당당하고 자신감 넘치는 행복감이 무엇인지를 알게 된다. 인생을 멋스럽게 연출해 갈 줄 알아야 한다. 젊음을 노래할 줄 알아야 한다는 것이다. 음악도, 춤도, 시대의 변화와 함께 부응할 줄 알아야 한다는 것이다. 내적인 정서 문화를 소화시킬 줄 알아야 한다는 것이다.

　최고가 된다는 것은 고독하지 않고서는 이룰 수 없다. 고독해 보면 누구의 도움도 필요치 않다는 것을 깨닫게 된다. 오직 자기와의 투쟁, 혼자가 아니면 안 된다는 것이다. 이상의 잣대를 스스로 재면서 인생을 책임져야 한다는 이야기다. 최고가 된다는 것은 자신의 두 주먹에 힘줄을 세울 줄 알아야 한다는 것이다. 최고가 된다는 것은 지智, 덕德, 체體를 고루 닦을 줄 알아야 한다는 것이다. 최고가 된다는 것은 정의正義에 앞설 줄 알아야 한다는 것이다. 최고가 된다는 것은 불의와 타협해선 안 된다는 것이다.

최고가 된다는 것은 부모님과 스승님을 존경할 줄 알아야 한다는 것이다. 최고가 된다는 것은 친구의 우정을 소중히 여길 줄 알아야 한다는 것이다. 최고가 된다는 것은 형제와 우애를 돈독히 쌓을 줄 알아야 한다는 것이다. 최고가 된다는 것은 주변 사람들을 차별 없이 감쌀 줄 알아야 한다는 것이다. 최고가 된다는 것은 자기를 사랑하기 위한 자기 수련이다. 최고가 된다는 것은 마음먹기에 달렸다는 것이다. 최고가 된다는 것은 분명 자기 확인이다.

아들은 먼 훗날 아들과 같은 후배를 길러내기 위하여 MIT 대학으로 유학길에 오른다. '상도商道'라는 책에 보면 사람만이 남는 장사라고 하였다. 최고가 되기 위하여 바쳤던 아들의 노력을 나 혼자 속에 감추어 두기는 아까운 것들이어서 감히 세상 밖으로 공개할 생각을 하였다. 다함께 공유한다면 우리 사회에 더 큰 이익을 가져다주지 않겠는가.

청소년들에게 꿈의 불을 지피게 하고 싶다. 인재를 창출해 낼 수 있고 과학이 발전하면 나라가 부강해질 수 있다는 판단이다. 개인의 영달은 물론이고 국가의 재목으로 쓰여야 한다. 특히 청소년들에게 귀감이 되었으면 하는 바람이 크다. 좋은 정보나 지식, 지혜, 경험과 같은 존경받을 수 있는 귀한 재산을 혼자만 갖는 것은 죄악이고 욕심이다. 좋은 것일수록 나누고 널리 알리는 홍익인간의 뜻을 펼쳐야 할 줄로 안다. 아들과 같은 한국인을 더 많이 배출할 수 있다면 내가 가진 교육관이나 장점들을 기꺼이 이 글로 쓰는 일에 온 힘을 바쳐야 한다.

아들에게 아버지가 없다 함은 정신적 구심점과 경제적 지원자가 빈약하다는 말과 상통한다. 내가 아버지의 정신적 그 자리를 채워 주기에는 많이 모자란다. 그러나 남편의 목숨이 끊기는 그 순간, 아들에게 최선을 다하겠다는 각오와 맹세를 했었다. 모성이 신의 힘을 뛰어넘는 기氣의 존재라는 것을 확인시킬 필요를 절실히 느꼈다. 비록 여성으로는 약하지만 어머니라는 이름이 얼마나 강하고 빛나는 자리인지를 모든 사람들에게 알릴 필요도 느꼈다.

나에게 언제나 좋은 날만 있는 건 아니었다. 한때는 사는 일이 가시밭길을 맨발로 밟고 가는 심정이었다. 그 길목을 헤쳐 오는 동안 피울음을 토하고픈 가슴앓이도 있었다. 힘겨울 때마다 남편이 너무 보고 싶어 그대로 잠자리에서 두 눈을 감아 버리고 싶은 충동적 죽음도 생각했었다. 이런 나를 지킬 수 있었던 것은 속울음으로 삼켜 내며 내 곁에서 나를 지켜주던 아들의 착한 심성의 덕분이다. 가족들 간의 보이지 않는 사랑의 전달이 없었다면 아들의 오늘은 불가능일 수도 있다. 서로가 각자의 정신적 할당, 생활의 몫에 대하여 성실하게 정진하였던 점이 주효하였다. 꿈결 같은 꿈을 현실화하였으니까.

성품이 남편을 아주 많이 닮은 아들, 그 아들이 아버지 없는 역경을 헤치며 당당한 엘리트로 최고가 되었다.

대한민국 땅에 계신 모든 어머니와 청소년들이 이 책을 통하여 귀를 기울이고 꿈을 키워 나와 같은 어머니의 위상에 높이 나앉기를 바라 마지않는다. 그리고 아들 같은 청소년들이 끊임없이 줄을 이어 갔으면 하는 바람이다. 개인의 영광과 더불어 조국의 힘을 만방에 떨칠 수 있는 기회를 붙드는 길이다. 개인의 고급스런 사상이 나라의 힘이다. 한 사람의 지적 능력으로 충분히 해낼 수 있다는 것이다. 아들이 국력이고, 사람만이 국력이고, 대한의 모든 청소년들이 국력이다.

가정은 사회의 가장 기초적 조직이고, 가족은 국민 전체 인구의 기본적 구성단위다. 지구촌이라는 거대한 땅 위의 유색 인종들 속에서 우리 한국인도, 분명 함께 숨을 쉰다. 한 목소리로 생존이란 벽을 뚫어 나가면서 인간적 삶을 누려야 한다. 그러기 위하여 질서와 규범을 가르치고 배우는 것이다. 학교라는 공교육을 통하여 깨닫기도 하지만 가정에서 깨우쳐 줘야 하는 지혜의 몫이 어쩌면 더 광범위하다는 숙제를 안았었다. 가정이란 울타리 안에서 이상을 꿈꾸며 현실을 바로 볼 줄 알아야 한다. 숫자로는 열거할 수 없는 지구촌 인구 중의 내 아들은 오직 한 사람뿐이다. 그 아들이 세계 속의 한국인으로 우뚝 설 수 있기를 날마다 기도하였다.

아들은 공부에만 치우치는 인생을 살지 않을 것이다. 다방면으로 자신을 키워 나갈 줄도 아는 현대인이다. 멀고 긴 인생의 항해를 생각한다면 젊어서 기꺼이 땀방울을 쏟아야 한다는 것도 안다. 멋지고 아름다운 인생을 가꾸기 위해서는 게으름을 피울 시간이 없다. 틈틈이 체력을 기르며 농구나 야구, 당구 등을 즐긴다. 열심표 아들의 공식은 이렇다.

[몸 튼튼 + 마음 튼튼 = 만사형통]

인생이란 단 한 번뿐이다. 지나간 순간은 다시 오지 않는다. 순간을 영원처럼 느낄 수 있는 그 행복감을 맛보기 위하여 모든 사람들은 오늘도 세상 속을 걸어간다. 바친 노력 없이 대가를 바라는 것은 허황된 욕심이다.

아버지와 아들

일주일의 종합검진을 마치고 남편은 초조하게 결과를 기다렸다. 담당 의사와는 친분이 있는 사이여서 숨길 것도 없이 털어놓는다. 간암 선고. 6개월 시한부 생명. 마른 하늘에 날벼락처럼 남편의 건강에 쐐기가 박혔다. 정신을 추스르고 사물과 세상일을 바로 보게 된 것은, 그로부터 두 달쯤 지난 뒤였다. 남편은 둘레에 널려 있는 삶의 조각들을 차분히 정리하기 시작하였다. 몸담고 있는 직장에서부터 멀리 있는 친척 관계, 친구들과의 우정까지도.

그 다음이 가족들 몫이 되었다. 남편에게는 세 딸을 낳고 난 후 늦게 얻은 막내 아들이 있다. 초등학교 6학년, 그 아들을 바라보는 남편의 눈에는 늘 연민이 가득했다. 천방지축 철없는 아들을 저대로 남겨두고서 살아온 생애를 마감한다는 것은 참으로 억울하기 그지없는 노릇이었다.

어느 날 남편은 내게 이렇게 속살거렸다. 사 남매를 당신에게만 짐을 지게 해서 진심으로 미안하다고. 당신이 용서해주지 않으면 편히 눈을 감을 수가 없다고. 갈가리 찢기는 가슴 속, 피멍든 통곡. 기가 막힌 상황은 남편이나 나나 마찬가지였다. 그러나 남편은 사는 날까지 아들에게 최선을 다하겠노라고 맹세를 했고, 우리 부부는 감사의 기도를 하고 손가락을 걸었다. 그날은 모처럼 활짝 웃었다. 남편은 아들에게 어떤 모습을 남길 것인가?

병명이 내려졌다고 해서 당장 직장을 그만둔 것은 아니다. 움직일 수 있는 한 활동하고자 했다. 일주일에 두세 번 병원에 다니고, 특별한 일이 아니면 가족들과 함께 시간을 가졌다. 내 눈에 띄도록 달라진 것은 남편이 아들의 방에 있는 시간이 많아졌고, 들락거리는 횟수가 잦아졌다는 것이다. 부자지간에 어떤 대화를 나누는지 나는 알 수가 없다. 문틈으로 간간이 새어나오는 아들의 대답소리만 들릴 뿐이다. 무엇인가를 알아들은 건지 연신 "네, 아버지"라는.

아들이 중학교 입학할 무렵이 되었다. 배정 받은 학교를 미리 둘러보기 위해 카메라를 메고 아버지와 아들이 나서는 모습이 보기에 좋았다. 두 사람의 추억 만들기 예행 연습 같기도 해 내 가슴에 울컥 슬픔이 고였다.

희망을 향해 가는 아들, 절망을 딛고 일어서려는 아버지. 이런 순간을 마주할 때마다 피가 멈추는 듯 온몸에 소름이 돋는다.

"그래. 희망이 하는 일에 절망은 없는 거야."

라고 기도했다.

중학생이 되고 나서부터 아빠라는 호칭이 아버지로 바뀌었다. 갑자기 성숙한 것 같아 처음엔 어색했지만 아들은 차츰 어른스럽게 보인다.

아버지가 해왔던 일들, 옥상에 올라가 물받이를 고치고, 세면대 막힌 곳을 뚫고, 내려 앉은 기왓장을 정리하고, 수도꼭지 바킹을 갈아 끼우고, 보일러실에 쌓인 연탄재를 버리는 일이 어느새 아들 차지가 되었다. 13살, 응석만 부릴 나이에 아버지 몫의 일을 당연히 제 일인 양 해내려 드는 것은 아버지의 가르침 때문일 것이다.

남편은 아들의 학습 지도에 심혈을 기울였다. 수학을 좋아하는 아들의 능력을 높이기 위해 한 단계 앞서가는 문제를 다루게 했다. 청소년 시기에 왜 공부를 열심히 해야 하는지 깨달음을 심어주기 위해 아버지로서 안간힘을 쓴다. 아버지의 참교육의 정신과 사랑을 아들은 가슴에 못이 박힐 만큼 들었을 게다.

1989년, 서울과학고등학교가 신설된다는 신문기사를 본 후부터 그 학교에 관심을 가지게 되었다.

'소년이여, 야망을 가져라. 반드시 이룰 것이다.'

남편은 아들을 그 학교에 진학시키기 위해 틈틈이 격려하며 사랑을 쏟았다. 다른 집 아들 같으면 평생을 두고 서서히 받아야 할 아버지의 정을 내 아들은 어린 나이에 한꺼번에 새기느라 힘들었을 게다. 특히 중1 때는 집에 오면 맨 처음 하는 일이 아버지를 모시고 병원에 가는 일이었다. 산책 겸 아버지와 아들이 많은 시간을 갖기 위해 나란히 대문을 나서곤 하였다.

현대의학이 이 정도 병쯤이야 고칠 수 있겠지, 남편을 살려내야겠다는 일념, 회생하리라는 믿음을 가지고 나는 백방으로 뛰었다. 행여 내가 잠든 사이에, 그 사이에 그의 생명이 꺼질 것 같은 초읽기의 긴박감이 닥치면… 큰 컵에 커피를 부어 벌컥벌컥 단숨에 들이켰다.

온밤을 뜬눈으로 새고라도 숨쉬는 그의 영혼을 지켜, 내 곁에 머물도록 하고 싶은 간절함뿐이었다. 새벽을 여는 햇살이 창가에 내려앉고…. 그의 발가락도, 손가락도, 꼼지락거리는 동작이 확인되면 안도의 눈물이 주르륵 흘러내렸다.

"여보, 고마워요….."

하면 힘없는 미소가 비쳤다가 이내 지워졌다. 그렇게 무심한 병은 나을 줄 모르고 아버지의 자리를 빼앗아가려는 먹구름만이 몰려오곤 했다. 6개월 생명을 2년으로 연장했을 뿐, 소중했던 아버지는 아들의 소망을 져버린 채 조용히 두 눈을 감았다.

열다섯 살에 아버지를 잃은 슬픔을 겪은 아들은 생활 속에서 남자 몫을 해내려고 애쓴다. 나를 도우려고 내 곁에서 서성거린다. 아버지가 그랬던 것처럼….

아들이 중3 때 아들의 방 천장을 올려다보고 깜짝 놀랐다. 남편의 명함판 사진 한 장이 붙어있었다. 눈물이 핑글 돈다. 아버지의 얼굴을 바라보기 위해서였을까? 며칠 후 아들의 일기장을 보고 그 이유를 알게 되었다.

○년 ○월 ○일

몸이 게을러지고 정신이 나태해질 때면 아버지가 내려다보고 계신다는 것을 온몸으로 느끼기 위해, 아버지의 사진을 천장에 붙여놓고 공부했다. 아버지의 희망이고, 어머니의 소망, 누나들의 바람, 또한 나의 꿈이었던 서울과학고등학교에 합격하여 정말 기쁘다.

지금 나의 모든 영광은 하늘에 계신 아버지께서 보살펴 주신 덕이다. 아버지가 심어주신 올바른 정신의 교육을 죽는 날까지 잊지 않을 것이다. 아버지의 자상하신 참사랑, 어머니의 엄하신 가정교육이 아니었던들 오늘의 나는 없었을 테니까.

아버지, 어머니. 고맙습니다.

고교생이 된 후, 한국 수학 올림피아드 대표로 선발되고 하늘을 올려다 보니 아버지께서 빙그레 웃고 계셨다는 아들의 얘기는 두고두고 내 가슴을 저미게 한다. 지금도 공부하다 보면 문득문득 아버지의 모습이 떠오른다고. 아들 곁을 떠난지 5년밖에 안 지났는데 간혹 흐려지는 아버지의 모습이 안타깝다고. '아버지!' 소리쳐 부르고 싶지만 어디에도 계시지 않은 아버지라고. 지금도 안방 문을 열면 아버지가 계실 것만 같다는 아들.

앞으로 아버지를 보려면 70년은 기다려야 할 텐데….

울먹이는 그 아들에게 아버지의 위상은 또렷이 자리잡고 있었다.

조립식 장난감으로 하루를

아들이 다섯 살 적이다. 남편과 아들과 나 셋이서 가구점에 갔던 때다. 점포에 들어서는데 주인은 대뜸 아들에게 '박사'가 될 얼굴이라고 한다. 물론 물건을 사러 간 손님이니 아부성 발언을 했겠지만 그 말을 듣는 기분이 싫지 않았다. 그 후 나는 아들이 꼭 박사가 될 것만 같은 어떤 막연한 기대와 믿음을 가졌다.

그 해 여름이던가. 주택은행에서 이율이 좋은 상품이 발표되었다. 매월 6,880원을 불입하면 20년 후 천만 원이 넘는 목돈이 된다는 것이다. 국민들에게 너나없이 인기가 있어 첫새벽 은행 문전에 줄을 섰다가 통장 하나를 만들었다. 나는 그때 그 통장을 만들어 가지고 나오면서 퍼뜩 이런 생각을 했다. 이십 년 후면 아들 나이가 스물다섯 살이 되니 대학 졸업하고 미국으로 건너가 공부할 때 쓸 유학 자금 마련 저축이라는….

아들은 한글 공부를 따로 하지 않았다. 누나들 어깨 너머로 저절로 익

했다. 어릴 적 좋아하는 놀이라면 조립식 장난감이 고작이었다. 문방구에 가면 백 원짜리 장난감이 있었다. 그 속에는 설명서와 함께 자료가 들어 있다. 아들은 그것을 가지고 온종일 만지작거렸다. 하나를 사면 하루 소일거리로 충분하였다. 고사리 손으로 이리 저리 만지면서 부수면서 어떻게든 장난감을 완성시켰다.

나는 비싼 장난감을 사주어 본 적이 없다. 완성품을 사주지도 않았다. 교사 월급으로 장난감 뒷돈 대기도 수월치 않지만, 완성품보다는 아이 손으로 직접 만드는 조립품을 사주는 편이 훨씬 낫다는 생각을 하였다. 백 원짜리 조립식은 값이 쌀뿐더러 아들이 만들어 냈다는 성취감을 맛보게 하는 데 제격이었다. 아들은 그 일을 싫증내지 않고 쉴 새 없이 손을 놀리면서 생각하는 자세와 머리를 쓰는 능력을 꾸준히 키워갔다.

동네 아이들이 모두 유치원에 가고 없어 나도 아들을 유치원에 보내고자 하였다. 그런데 아들은 유치원을 거부하였다. 누나들이 유치원에 다닌 적이 없었으니 아들은 유치원에 안 간다고 떼를 썼다. 아들 하나는 유치원에 꼭 보내고 싶었는데 허사가 되었다. 집에서 노는 걸 좋아 하였다. 혼자서 할 수 있는 장난감으로 조립식이 마땅하였고 누나들이 학교에서 돌아오면 카드놀이를 하였다. 달력을 네모나게 오려서 글씨를 쓴다. 한문 공부와 더하기, 빼기를 카드로 시작하였다. 가장 먼저 눈에 띄는 사물의 이름을 익혀 나갔다. 하나하나 가르치는 재미가 쏠쏠하였다. 머리의 회전이 상당히 뛰어났다. 한번 가르친 건 잊지를 않았다.

책을 읽기 시작하면서부터 종이접기 책을 사다 주었다. 제법 두툼한 책으로 기억된다. 처음에 두어 번 순서대로 하면 된다고 일러주고 팽개쳤다. 무관심한 척 속으로만 관심을 가지고 아들을 지켜보았다. 취학하기 전 아들은 종이접기책 두 권을 소화해냈다. 별의 별 모양의 새나 동물을 척척 접어 만들었다. 신기하기만 하였다. 아무리 뒤집고 엎어도 안 될 것 같은 것도 고물고물 만지작대면 무언가를 기어이 만들어 내고야 말았다. 아들의 뇌세포는 이때 가장 활발하게 활동하지 않았나 생각된다.

어느 날 곰곰이 생각해 보았다. 저 아이를 이대로 집에서만 품고 있어야 할지를…. 유치원을 마다하여 미술이나 피아노, 태권도를 가르쳐 보려고 문전까지 데리고 갔다가 그냥 돌아오곤 하였다. 아들이 그런 것들을 받아들이려 하지 않았다. 나는 자녀들의 의견을 존중하였다. 본인이 즐겨 하는 일을 밀어 주는 것이 부모의 역할이었다. 적성을 발견하기 위하여 시시때때로 아들을 살폈다. 보이지 않게 관심을 집중시켰다.

생각 끝에 주산 학원을 가보았다. 다섯 살 적인데 선생님이 너무 어리다고 나중에 다시 오라고 하였다. 그러나 나는 선생님께 부탁을 드렸다. 아들을 데리고 한나절만 놀아 보고 난 후 거절해도 늦지 않을 테니 그렇게 한 번 해보시라고 하였다. 선생님은 어정쩡하게 대답을 하였다. 오후에 아들을 데리러 갔다. 선생님 얼굴에 웃음이 가득하였다. 아이가 총명하여 충분히 할 수 있겠다는 흔쾌한 대답을 들었다.

취학 전 아들은 주산 학원 육 개월 정도 다닌 것이 전부다. 무슨 대회에 출전시켜 상을 휩쓸어 왔다. 학원의 간판이 되어 수강료도 받지 않았다. 지금 돌아보면 아들이 수학할 수 있는 능력이 아마 그때 틔었지 않나 싶다. 주산과 암산을 빼어나게 잘하여 동네 소문이 자자하였다. 취학하고 아들의 일상은 다른 아이들과 다를 바 없었다. 성품이 온순한 편이다. 책임감이 강하고 학업에 소홀함 없이 성실하였다. 초등학교 6년을 무사히 마치고 졸업하였다.

6학년 때부터 집안에 회오리바람이 몰아쳐 왔다. 아버지의 간암 진단으로 아들에게 미안한 일이 터지고 말았다. 얼마 후 아버지 없는 아들이 되었다. 갑자기 환경이 바뀌어 아들에게 행여 상처가 될까 염려스러웠는데, 다행히 아들은 현실에 잘 적응해 나갔다. 나의 말에 순종하였다.

내가 아들에게 조금 특별한 교육을 시킨 부분이 있다면 그건 이런 점일 것이다. 예전에는 십구공탄 연탄보일러를 가동시켜 난방을 하였다. 하루 평균 열 장 정도의 연탄을 소진하며 살았다. 일주일의 분량 약 오십 여장 남짓한 연탄재를 지하실에 고스란히 쌓아 두었다. 토요일 오후나 일요일이 되면 그 연탄재는 아들이 대문 밖으로 치워야 한다. 집안일을 가족이 함께 거들어야 함을 몸에 익혀 주기 위함이었다. 모든 집안일은 가족이 협력 관계를 이루며 해야 한다는 생각에서였다.

민주적이면서 부모 중심적 가정 경영을 이끌어 갔다. 근래 여러 자모들을 만나보면 어머니 자신이 아이들에게 휘둘려 사는 것을 보게 된다. 아이들의 잘잘못을 따끔하게 나무랄 줄 아는 어머니가 드문 형편이다. 소수의 자녀들을 귀하게만 여기고 사람 만들 지혜를 펴지 못 하는 안타까움을 볼 때가 더러 있었다. 이는 아니 될 말이다. 어머니란 어쨌든 아이들을 사람다운 사람으로 키워 내야 할 사명감을 저버려선 안 된다. 완력을 써서 아이들을 이기는 것이 아닌 서로의 가슴을 열어가며 부모와 자녀 간의 속마음을 전달할 수 있어야 한다는 뜻이다.

　사실 우리네 생활이 대화의 시간을 갖기가 쉽지 않다. 아이들은 아이들대로 학교와 공부 시간에 쫓기고 있다. 어른은 어른대로 집안의 크고 작은 일들과 경제와 자녀 교육에 노심초사하느라 대화의 틈을 못 내게 된다. 하지만 대화라는 게 꼭 특별한 장소와 어떤 빈 시간을 잡아 할 필요는 없는 것이다. 틈틈이 내가 먼저 마음을 주면서 아이의 마음을 열도록 이끌어 내야 되는 것이다.

　아들은 별 거부 반응 없이 부모의 말을 따랐다. 잘못을 저지르거나 부모의 눈밖에 나는 행동을 하였을 때 아이들은 지하실로 내려갔다.

　항상 그 자리에 걸어둔 회초리를 제 손으로 챙겨 들고서 말이다. 나이만큼 회초리로 사랑의 매를 때린다. 종아리에 피멍이 들기도 한다. 자신의 잘못을 반성하고 형제들끼리 우애할 것을 다짐받는다. 우리집의 지하실은 아이들에게 엄한 체벌의 장소였고, 가사 노동을 함께 거들어 나가는 산교육의 장이기도 하였다.

제1회 서울시 중학생 수학 올림피아드 대상

　중2 때가 생각난다. 학교에서 청소년 법정 모의재판이 있다고 한다. 주제는 「오락실과 청소년」이었다. 아들은 변호사 역할을 맡고 자료를 수집하였다. 학교에서 학부모님을 초대하였다. 나도 그날 참석하였다. 오락실의 실상을 파헤치고 청소년들의 건전한 오락을 위하여 어른들의 각별한 관심을 유도하는 변론을 제시하였다. 오락의 정당성과 어른들의 잘못된 상업성을 꼼꼼하게 펼치면서 열변을 토하는 모습이 매우 진지하였다. '저 아이가 내 아들이 맞나?' 하는 의구심마저 들게 하였다.
　당당하게 재판을 주관하는 모습을 보면서 나는 가슴이 후련하였다. 아비 없이 키우는 내 속은 숯검뎅이 그 이상이었다. 어떻게든 아들을 잘 키워내고 싶은 욕심만 앞서곤 하였는데, 그날 모의 법정을 지켜보면서 나는 알 수 없는 희열을 보듬었고 어떤 확신을 가졌다. 나도 모르는 사이에 성큼 자란 아들의 어깨가 듬직해 보였다. 아들을 믿어도 좋겠다는 그런 것 말이다.

그 해 여름 장맛비가 줄기차게 쏟아졌다. 지붕의 기와가 아주 오래 되어 많이 밀려난 것 같았다. 마루로 빗물이 새었다. 남편이 있을 때는 이런 험한 일은 알아서 처리하였는데 아쉽기 짝이 없었다. 남편 없는 설움이 컸다. 그날도 떨어지는 빗물을 보면서 한숨을 쉬었다. 마침 귀가하여 돌아온 어린 아들에게 마음 아픈 이야기를 꺼내고 말았다. 아들은 긴 바지를 벗고 반바지로 갈아입더니 뚜벅뚜벅 장독대로 올라가는 것이었다.

"대현아, 너 지금 뭐 하려고?"

"네, 엄마, 지붕에 올라가 봐야겠어요. 어느 쪽에서 새는지 알아보고 제가 처리할게요."

나는 갑자기 눈시울이 젖고 말았다. 괜한 말을 뱉어 아들에게 상처를 입힌 점이 나 또한 가슴이 저려 왔다. 조금만 참을 걸…. 아들이 무슨 죄랴. 다 내 사주팔자 탓인걸.

나도 아들의 등 뒤를 따라 올라갔다. 여기저기 기와장이 많이 내려 앉아 있었다. 아들은 성큼 지붕 위로 올라탔다. 조심스럽게 한 장, 한 장 다시 올려 기와와 기와 사이를 빗물이 새지 않도록 이어나갔다. 우산은 쓰나마나였다. 구부리고 일하는 아들의 뒷모습을 지켜보면서 어느새 남편의 자리를 아들이 채워 주고 있음을 실감하였다. 그 일이 있은 후로 해마다 장마철이 되면 아들은 빗물받이 점검부터 하였다. 수도꼭지의 고무 바킹이 닳거나 망가지면 아들은 으레 자기가 해야 할 일로 여겼다. 아들은 소리 없이 집안의 바람막이가 되어 주고 있었다.

네 모녀와 아들. 우리 집 가족의 성비율이다. 나는 집안의 가장으로서 가계 운영과 사정이 어떻게 돌아가는지를 아들도 알아야 한다고 생각하였다. 아들에게 감추면서 나만 마음 고생하는 건 바람직한 현실이 아니다. 마음으로라도 가족이 함께 거들며 서로에게 버팀목이 되어 줄 수 있어야 가족이다. 가족이 협동하면서 다함께 살아가는 길을 찾아야 했다. 아들이 하나뿐이라고 하여 아들에게만 특별한 편의를 제공하는 일은 없었다. 역경을 다 같이 감내하는 것도 인생의 공부였다.

중3 때다. 제1회 서울시 수학·과학 경시대회가 있었다. 아들의 수학 공부는 앞에서 언급하였듯이 종이접기나 주산, 암산을 배울 때 틀이 잡혔지 않았나 싶다. 아버지가 돌아가시고 과외나 학원은 문전에도 얼씬거리지 못하였다. 교과서 공부와 예습, 복습에 충실하였다. 모르는 것은 누나의 도움을 받았다. 큰누나에게 머리를 쥐어 박히기도 하였다. 문제집을 사다가 풀어 보는 것이 전부였다. 스스로 답을 찾아내고 해결하는 힘을 기르게 했다. 그것이 어쩌면 알찬 실력일 수 있기 때문이었다. 학교 대표로 대회에 참가하였다. 지금이나 그때나 강남 8학군의 실상은 여전한 것 같다. 그때도 강남 학군의 부유한 계층의 위화감 때문에 주눅이 들었다 하면 과장된 표현일까? 아무튼 경제력 뒷받침이 빵빵한 아이들과 한판 승부를 내는 순간이 왔다. 쟁쟁한 상대가 만만치 않은 경쟁이었다.

아들은 무사히 대회를 치렀다. 늘 그렇듯이 교내 시험이건 대외 시험이건 아들은 단 한 번도 시험을 잘 보았다는 말을 해본 적이 없다. "아는 만큼 썼어요"가 고작이다. 발표할 날이 다가오는데 아들도 나도 결과를 기다리는 마음이 초조하였다. 드디어 연락이 왔다. '수학 부문 대상'이라는 크나큰 타이틀이 아들에게 안겨졌다.

  나는 그때 아들의 가능성을 점쳤다. 희망적으로 내다보게 되었다. 그래, 그대로만 밀고 나가면 아들의 장래는 하늘을 찌를 수 있겠다는 자긍심을 가졌다. 그 후로 방학이 되면 남산에 있는 과학원에서 공부할 수 있는 기회가 주어졌다. 나라의 일꾼을 기르는 차원에서 대학 교수님들 강의를 듣게 되었다. 서울시 전체에서 12명을 뽑았는데 강남의 어느 자모님이 고개를 갸웃하며 나에게 말을 붙여 왔다. 강북에서 대상이 나왔다는데 혹시 누군지 아느냐고 묻는다. 나는 조용히 미소만 지었다. 그 자리에서 들은 일화인데 어느 아이의 어머니는 일본에서 시험문제를 비행기로 날라다가 학원 선생의 특별한 지도를 받았다는 것이었다. 그 말을 듣는데 나는 무서운 마음이 들었다. 아무 능력이 없는 나는 앞으로 아들의 뒷바라지를 어떻게 해나갈 것인가? 고심하면서 한편으로 머리가 지끈거렸다.

날갯짓 큼직한 한 마리 새가 되기를
- 서울과학고 합격하던 날

떨리는 가슴으로 합격자 발표장을 향해 갔던 기억이 난다. 교문도 없었고 수위실 옆 유리문에 명단이 붙어 있었다. 내 가슴은 벅찼다. 멀리 보이는 산자락 아래 창문이 있는 교실이 내 아들 학습 수련장이구나, 감격스러웠다. '우리 학교'라는 단어가 입안에서 맴돌았다. 신비스런 말처럼 자꾸만 뇌까려졌다. 아들의 장래가 매달린 학문의 전당이었다. 그날따라 하늘은 높고 맑고 푸르렀다. 아침 나절에는 숨 가쁘게 오르며 몹시 불안했는데, 아들의 이름을 발견하고 행동이 느긋했었다.

이듬해 입학식 날이 왔다. 나의 둥지를 벗어나 있는 시간이 더 많을 것이란 생각을 하였다. 서운함이 밀려와 속이 시렸고 한편으로는, '그래, 어서 자라서 저 드넓은 창공을 훨훨 날 수 있는 사나이가 되어라. 온누리를 포용할 줄 아는 날갯짓 큼직한 한 마리 새가 되어다오' 하는 소망이 휘감겨 왔다. 학교로 오르는 언덕배기 길목에는 개나리꽃 숲이 노란 빛깔로 나를 반겨 주었다.

　새해, 새봄, 새 학기는 나에게 한아름 환희를 안겨 주었다. 개나리가 샛노랄 땐 여렸는데 봄비가 잦더니만 쭉쭉 뻗은 줄기에 잎을 틔우면서 초록의 물감을 들였다. 땅의 정기를 빨아올리고 내리쬐는 햇살의 영양을 받으며 무성하게 자랐다. 성하盛夏의 계절이 되면서 진초록의 이 왕성한 기운을 드러내 우리에게 아름다움을 한껏 베풀어 주었다.

　학교를 오고 갈 적마다 철따라 모습을 변화시키는 개나리의 순리를 대하면서 나는 아들에 비유하는 감상에 젖는 버릇이 생겼다. 사춘기나 청춘이라는 말이 모두 아들의 것이었다. 인생의 황금기를 맘껏 끌어안을 수 있는 아들이기를 바랐다. 인간이 대자연의 섭리를 거역하고 살 수 없듯이…. 한 해의 시작을 환한 세상으로 열며 사람에게 새로운 것의 기대와 꿈을 술렁이게 하는 개나리처럼 아들은 튼실한 남아이기를 고대하였다.

　어느새 겨울 방학이 되었다. 치마폭을 잡던 가느다랗던 손목이 제법 굵어졌다. 종아리는 털북숭이 숭얼숭얼 남성을 풍기고, 동안이던 얼굴이 면도기를 대지 않으면 아저씨 티가 났다. 아무러면 어떻겠나. 그저 의젓하고 믿음직하게만 보였다.

　나에게 기대던 아들이 기숙사라는 공동체 생활에 부닥쳤다. 일상의 것들을 스스로 짊어지고 챙겨야 했다. 낯선 환경에 적응해 갈 것을 지켜보면서 때때로 기특하다는 느낌을 가졌다. 처음엔 토요일에 귀가하면서 어깨에는 책가방을, 양손에는 빨래 보따리를 잔뜩 메고 왔었다. 점차 기숙사 생활에 익숙해지더니, 내가 염려하지 않아도 될 만큼 홀로서기를 잘해

나갔다. 씩씩하게 일어설 줄 아는 팔다리가 되어 갔다. 자기 몫으로 정해진 일을 당당하게 헤쳐 나가려는 점을 제일의 성과로 꼽아 주고 싶었다. 집에 오면 막힌 하수구도 뚫어 주고 장마철이면 흘러내린 기왓장도 정리했다. 아들 키운 기대치가 흡족하였다.

앞으로 일 년을 애쓰고 나면 아들은 좌로든, 우로든 어느 자리든 앉게 하는 중요한 시기다. 한 날 한 시도 게을러서는 안 된다는 점을 깊이 새기라고 당부했다. 희망이 하는 일에 희망밖에 없었다. 희망은 꿈길로 가게 하는 현재와 미래의 징검다리였다. 아들은 바로 나의 희망이었으니까. 해만 보는 자에게 그림자는 보이지 않듯이, 나는 해를 따라 동요되곤 하였다.

땀방울 속에 알찬 희열이 있고 성취 속에 건강한 기쁨이 있음은 두 말할 여지가 없음이었다. 아들이 참된 지혜의 눈을 떠 그렇게 전진해 주기를 빌고 또 빌었다.

아들이 어린 나이에 아버지를 잃는 비운의 가정사家庭史로 질곡의 선을 긋던 20세기가 저물어 간다. 달포 후면 천지가 개벽을 한다. 아들은 새 천 년, 새 역사의 새 주인공으로 장성했다. 가난과 역경을 헤쳐 오면서 왜 학업에 충실해야 하는가를 몸소 체험하였다. 현실에 한마디 불평을 하지 않던 아들의 성품이 그렇게 돋보일 수 없었다. 아버지의 빈자리를 대신하고, 선진 국가를 건설하는 데 앞장서는 일꾼이 되어야 한다는 희망 때문에 나는 삶의 행진이 지루하지 않았다. 탐구하는 살아 있는 정신, 그것만으로도 나는 아들 복 받았음을 인정하기로 했다.

서울과학고는 세계 어느 명문 학교보다 결코 뒤지지 않았다. 자모 회의가 있을 적마다 어머니들의 얼굴이 한결같이 행복했음을 보았다. 교문에 새겨진 명패는 보고 또 보아도 찬란하고 광채가 났다. 아들이 뛰는 운동장도, 연못도, 뒷산도, 수풀까지도 애착이 가지 않는 것이 없었다. 영국의 왕실 학교가 제아무리 좋다 한들 우리 학교만 할까.
　나는 오늘도 조용히, 마음속 가득 기원한다.
　'슬기와 용기를 배워 험한 일에 물들지 말고 본분을 갈고 닦아 옳고 바른 일들이 이루어져 보이지 않는 곳에서 빛낼 줄 알며, 인간에게 이로움을 전달하는 날갯짓이 큼직한 한 마리의 새가 되기를⋯.'

한국 수학 올림피아드 대표

그 무렵 서울시에 중학교가 250개였다. 서울과학고교 정원은 180명이고 입학경쟁은 대단히 치열하였다. 한 학교 출신 1등생만 응시하여도 낙방생이 생기는 판국이었다. 어찌 보면 서울대학교 입학하기보다 더 좁은 문이라면 맞을 듯 싶었다. 의자에 엉덩이를 붙여 땀띠로 온통 짓무른 적도 있었다. 견뎌 내는 지구력을 스스로 길러냈다. 아들은 오로지 혼자서 파고들었다. 자신과의 싸움에서 물러서 본 적이 없었다. 그리고 하면 된다는 긍정적 사고방식에는 한 치의 차질도 보이지 않았다. 그 해 겨울 합격 통지서를 받고 아버지의 산소로 달려갔었다. 무덤 앞에 넙죽 큰절을 올리며 아버지의 영혼께 기쁨을 올렸다.

고교생이 되었다. 담임 선생님은 컴퓨터의 유무를 조사하였다. 30명 중 아들과 다른 한 학생만 컴퓨터가 없었다. 나는 그때 망치로 뒤통수를 얻어맞은 느낌이었다. 한참을 먼저 앞서간 친구들의 뒤에서 쫓아가려면 아들은 또 얼마만큼 땀방울을 흘려야 할지가 상상이 되어서였다. 그러나 아들은 걱정하지 않았다. "열심히 할게요." 이 한마디로 나를 안심시켰다. 어리지만 위대하게 비쳤다. 침착하고 서두르지 않는 성품이 아들의 장점이었다.

나는 그때 많은 생각을 했다. 강남 학군에서 87%, 강북에서 13%가 합격하였다. 온갖 혜택을 받은 아이들과 선의의 경쟁을 하기가 쉽지 않을 것이란 예상을 했다. 우리는 3개월을 관망하기로 하였다. 아이들의 자질과 행동을 살피고 파악하기까지의 기간을 나름대로 설정한 것이 다. 기숙사라는 공동생활을 통하여 아이들은 빠르게 친숙해져 갔다. 나는 나름대로 자모들과 접촉하면서 정보를 교환하였다.

결론은 강남 아이들에게 뒤질게 없다는 것이었다. 온실에서 자란 아이들이 의타적 성향이 단점이라면 비바람 맞으며 들풀처럼 이겨내며 홀로 딛고 선 아들의 장점과는 비교할 이유도 없었다. 말하자면 자신감이 붙었다는 것이었다. 뒤에 나오지만 자모들과 배식 당번을 하면서 나는 가끔 주눅이 들기도 하고 때로 더욱 당당해지기도 하였다. 자모들 속에는 교수, 유명한 회장님이나 장군, 변호사, 의사 등 명함만 대면 세상이 다 아는 분들의 부인이 꽤 많았다. 편모 가정환경으로 버텨 내기가 버겁다는 위축감이 들기도 하였지만, 그 틈에 내가 끼였다는 사실과 자긍심도 뿌듯하였다. 모두 아들 덕분이었다. 넉넉한 형편 속에서 이루어 내는 것이라면 별 의미를 부여할 필요가 없었겠지만, 역경을 딛고 일어선 성취감은 그 색깔과 맛이나 향이 분명 달랐다. 당당하리라고 자신에게 거듭 다짐하였다.

아들은 고교 시절을 기숙사에서 보냈다. 학교는 혜화동에 있었다. 토요일이면 빨랫감을 가지고 집으로 왔다가 월요일에 등교하였다. 주 5일을 학교에서 보내는데 어느 날 교감 선생님으로부터 어머니 호출 명령이 떨어졌다. 무슨 일이 생겼는지 별 말씀이 없어서 아무 생각 없이 교정에 들어섰다. 교무실에 당도하고 보니 학교에서 엄청난 사건이 터져 있었다. 몇몇 학부모님들이 웅성거리고 있었다. 말썽을 피운 아이들 중 하나가 내 아들이었다. 아들도 이런 일을 경험해 보는구나. 그 덕으로 이런 자리에 나도 끼인 셈이었다. 교감 선생님의 안내를 받고 자리에 앉은 다음 설명이 시작되었다. 사건은 대충 다음과 같았다.

중간고사가 끝나고 아이들 마음이 풀어진 상태에서 몇몇 학생이 돌발 행동을 하였단다. 사감 선생님 허락도 없이 외출을 하였단다. 밤 12시가 넘도록 아이들은 기숙사로 돌아오지 않았단다. 기숙사가 발칵 뒤집혔단다. 성균관대학 뒷산 자락에서 술을 먹고 놀다가 돌아올 시간을 망각하였단다. 정신을 차렸을 때는 이미 학교가 발칵 뒤집혔단다. 사고가 학교에 알려지고 학교에서는 이런 일이 처음 발생하였을 때 근절시켜야 한다고 단호하게 입장을 밝혔다. 엄포로 학생과 학부모를 공략하며 정학 처분을 하겠다는 것이었다.

그러나 이 같은 학교의 처사에 학부모들이 승복하지 않았다. 어떤 학부모들은 아이들을 용서하지 않으면 문제를 삼겠다고 오히려 교감 선생님께 으름장을 놓기도 하였다. 자초지종을 듣고 난 나는 교감 선생님께 한번만 잘못을 용서하여 주십사 하였다. 자식을 잘못 키운 어미의 잘못을 용서하여 주시고, 다시는 이런 일이 생기지 않도록 각별히 주의를 시키겠다고 약속을 하고 돌아왔다.

아무튼 그날 이후로 학부모들 사이에서 내 아들의 이름을 모르는 사람이 없게 되었다. 불명예스러웠지만 나는 아들을 크게 나무라지 않았다. 청소년 시기에 있을 수 있는 일로 수용하였다. 악법도 법이듯이 나쁜 체험도 그 나이가 아니면 해볼 수 없는 경험이다. 그런 경험을 통하여 자신을 성숙시킬 수도 있기 때문이었다. 사람이란 바로 지금 해볼 수 있는 것들을 경험하는 것이 참으로 중요하고, 지나고 나면 아름다운 추억이 되기도 한다. 청소년 시절에 말썽 한두 번 안 피워 본 사람이 어디에 있겠는가. 훗날 어른이 되어 생각해 보면 얼마나 짜릿한 맛일까. 지나간 날은 모두 아름답듯이 얼굴에 미소를 띠울 수 있겠다 싶었다.

또 한 가지 사건이 터졌다. 기숙사에서 포커를 하다가 사감 선생님께 들켰다는 것이다. 나중에 알아낸 일인데 주범이 내 아들이었다는 소문이 파다하였다. 다행히 이번엔 학교로부터 호출 명령이 없어 슬쩍 넘어갈 수 있었다.

운동화

유월 셋째 주 토요일이다. 기숙사에 있는 아들이 오는 날이다. 두어시쯤 대문 벨소리가 요란하게 난다.

"대현이니?"

"네, 엄마."

내리쬐는 폭염이 아들 얼굴을 빨갛게 무르익게 했다. 땀에 젖은 셔츠가 물에 적신 듯 했다.

"우유 한 잔 마시고 씻을래?"

"네."

하면서 윗도리를 훌렁 벗는 아들. 어느새 건강한 청소년으로 자란 것이 대견스럽다.

작년까지만 해도 내 앞에서 팬티도 갈아입던 아들. 이젠 부끄러운지 꼭 제 방으로 들어가 속옷을 입곤 한다. 목욕탕에서 나와 풋풋하고 상큼

한 얼굴로 물방울이 툭툭 떨어지는 머리를 내 코앞에 들이민다. 엄마! 부르는 목소리의 억양 속에는 아직도 막내 티가 줄줄 흐른다. 또 한 번 엄마를 부르면서 싱겁게 웃는다.

"대현아, 네가 언제 철이 들어 장가를 보낼거나?"

라고 놀리면,

"장가요? 장가를 왜 가요?"

하며 능청 떠는 아들의 말속에는 언제까지나 엄마랑 살 것처럼 나에게 행복을 안겨준다.

일주일에 한 번 집에 오는 날이면 집안에 별일 없었는지 이것저것 챙겨 묻는다. 복잡한 일은 감추지 말고 함께 거들자고 한다. 요즘 아이들 같지 않은 생각을 가진 것만으로도 아들 키운 보람을 넉넉히 보듬는다.

올봄만 해도 한 달이면 운동화 한 켤레씩을 바꾸어 신어야 했다. 하루가 다르게 발이 쑥쑥 커지기 때문이다. 근래에는 운동화 값이 만만치 않다. 너나없이 메이커 병이 들었는지 중저가의 운동화는 뒷전으로 밀려나는 세태다. 신세대 감각이라나 뭐라나 하는 그 X세대를 들먹일 때면 부모의 입장은 곤혹스럽다.

나는 아들이 운동화 갈아 신을 때가 되었음을 짐작했다. 오늘 밥상 앞에서 아들의 발 크기를 재보면서 깜짝 놀랐다. 땅에 제일 먼저 닿는 발바닥 부분의 피부가 타원형으로 홀랑 벗겨져 있고 여린 살갗이 터질 듯했다. 가운데 새살이 겉피부를 형성하고 있었고, 그 둘레에는 굳은살이 겹겹이 쌓여있었다. 무슨 일이 있었길래 발바닥이 이 지경이 되도록 놓아두었냐고 다그쳤다. 농구할 때 점프를 해서 그렇단다. 나는 밥 먹던 수저를 놓고 운동화 검사를 했다.

아뿔싸! 아들의 운동화는 바닥만 아슬아슬하게 붙어있고 속은 엉망이었다. 갈라지고, 찢어지고, 깔창은 너덜너덜 달아빠져 구멍이 뚫려 있었다. 미련한 녀석이라고 나무랐다. 이렇게 될 때까지 신다니…. 셋째 누나와 함께 가서 당장 새 운동화를 사도록 했다. 하늘만큼 뛰어 올랐다가 내릴 때는 사뿐히 받쳐줄 수 있는, 쿠션이 두툼한 것으로 사도록 당부했다. 누나와 같이 들어온 아들은 싱글벙글이다.

"좋으니?"

"네, 엄마. 고맙습니다."

눈물이 핑 돈다. 아버지가 계셨더라면 더 많은 사랑을 듬뿍 받고 자랐을 텐데.

월요일 새벽. 혼잡한 교통망을 뚫고 학교에 가려면 서둘러야 한다. 빨리 밥 먹자고 채근했지만 예, 대답만 하고 선뜻 식탁으로 오지 않는다. 왜 그렇게 꾸물대느냐고 나와 봤더니 헌 운동화에 끈을 끼우고 있는 것이었다. 아까우니까 더 신겠단다. 운동화 살 때마다 힘겹게 사는 것을 알아서인지, 자꾸만 고집을 피운다.

"대현아, 새 운동화 신고 가. 신발 아끼다가 발바닥 상처가 커지면 엄마 가슴은 까맣게 멍이 들잖니."

"네…."

대답하는 아들의 목소리가 가라앉았다. 눈망울에 금세 이슬이 맺힌다.

모자간의 사랑이 반짝이는 순간이다. 울렁이는 서로의 가슴이 시려 왔다.
"이놈아, 남자의 눈물은 함부로 가볍게 보이는 것이 아니야. 감성이 그렇게 여려서 장차 어떻게 큰일을 하고 살겠니!"

물질의 풍요 속에 사는 우리다. 적당한 가난은 아들에게 근검절약의 정신이 몸에 밸 수 있는 교육적 효과가 컸다. 헌데 그보다 더 중요한 것은 미래를 향한 이상과 꿈과 희망을 잉태할 수 있도록 올바른 자신을 세우고, 정신의 세계에 진국 같은 영양을 공급해 주는 계기가 된 것이었다.

생활 속에서 생기는 작은 사건들을 통해 많은 것을 느끼면서 아들은 그만큼 성숙해지는 것이 아닐까.

소년의 가슴앓이

2학년 1학기 성적이 형편없이 나왔다. 처음에 나는 내 눈을 의심하였다. 석차가 한참 아래 숫자였다. 아무 말도 꺼낼 수가 없었다. 방학이 시작되어 이불 짐이랑 옷 보따리를 챙겨 들고 교문을 나왔다. 다른 부모들은 승용차로 아이들을 모셔 가는데 우리는 손에 어깨에 짐을 들고, 버스를 타고 군자동에서 내려 걸어서 왔다. 오는 동안 아들이 먼저 입을 떼었다. 2학기부터는 열심히 공부하겠다고 한다. 그래, 여학생 문제냐? 하고 한마디 툭 던졌다. "예"라고 대답하는데 나는 놀랍기도 하였지만 한편으로 기분이 나쁘지만은 않았다. 어차피 청소년 시절에 앓아야 할 열병이라면 차라리 빨리 치르는 편이 낫겠다는 나름대로의 계산 때문이었다.

그리고 또 한 가지는 청소년 시절에 그런 가슴앓이를 경험하지 않는다면 무슨 재미겠는가. 인생이란 것이 사랑을 빼면 뭐가 있겠는가. 세상에는 남자와 여자밖에 없는데. 나는 아들에게 그게 잘못은 아니라고 말해

주었다. 그리고 이성의 감정을 느끼는 것은 자연스러운 것이라고 어깨를 토닥여 주었다. 아들의 친한 친구가 그 여학생을 좋아하기 때문에 그만 접기로 하였단다. 내 아들 멋쟁이였다. 어차피 모두가 친구일 수밖에 없는 관계였다.

과학고는 식당 운영을 자모들이 직접 하였다. 조 편성을 하고 당번이 정해져 있다. 전교생 자모가 돌아가면서 모두 참여하였다. 배식 당번 날이다. 아는 어머니가 나에게 눈짓을 보낸다. 저 여학생이라고. 얼굴이 예쁘고 몸매가 가냘픈 여학생을 가리킨다. 저 아이 때문에 내 아들이 가슴을 앓았구나 하며 다시 쳐다보았다. 내 마음에 썩 들지는 않았는데 남학생들 사이에서는 인기 폭발이란다. 학부모들 사이에서 언뜻 들리는 소문이 나의 귀에도 흘러 들어왔다. 누구는 아무개 여학생을 좋아하는데 그 여학생을 또 다른 누가 좋아한다고. 사춘기에 뿌릴 수 있는 사춘기 문제였다. 경험은 인생의 확실한 밑천이다. 사람은 남녀를 막론하고 많이 사귀면서 자신을 밖으로 드러낼 줄도 알아야 한다. 우주를 향해 꿈을 키우면 못해도 지구만큼은 건질 수 있듯이, 그 많은 사람 중에 쓸만한 친구 하나 못 건지겠는가.

사람이 사람을 키우는 일처럼 막중한 일은 없다. 고교 3년을 마치면서 아이들은 모두 건강한 친구가 되었다. 자모들도 신분의 고하나 빈부를 들먹이는 못난 사람은 없었다. 전교생이 평등한 것처럼 어른들도 평행선상이었다. 아들은 수학 올림피아드 대표가 되어 국제 대회에 참가하기 위해 더욱 열심히 학업에 정진하였다. 아들에게 현실은 가장 큰 스승이었다.

대한의 건아들아

서울과학고, 대한민국 건아들아!

부모에게만 기대고 살던 너희가 기숙사라는 공동체 생활을 시작하면서부터 일상의 것들을 스스로 짊어지고 챙겨야 하는 환경에 부딪쳤지. 탈 없이 잘 적응해 가는 너희를 지켜보면서 기특하다는 느낌을 가졌단다. 어른들이 염려하지 않아도 될 만큼 홀로 씩씩하게 일어설 줄 아는 튼튼한 두 다리가 되었더구나. 주어진 자기의 몫을 당당히 해결해 나갈 수 있게 된 점을 크나큰 보람으로 꼽고 싶다.

애들아, 너희를 떼어놓고 지냈던 지난 2년간의 뒤안길을 돌아보면서 세월의 무상함을 실감한다. 월, 화, 수, 목, 금, 토요일 오전까지는 담임 선생님이 아버지고, 사감 선생님이 어머니였다. 이 지면을 통해 선생님들을 향한 고마움을 오늘에야 전해 올리게 되었다. '선생님의 노고에 진심으로 감사드립니다'라고.

기숙사란 곳은 서로 마음과 힘을 모아 생활하는 협동의 마당이란다. 협동은 힘의 어머니이고, 힘은 행동의 아들이라고 하지 않던? 서로 돕는 데서 큰 힘이 생긴다는 건 곧 힘의 원천이라는 말도 되겠지. 개인의 작은 힘이 모이면, 같이 살고 함께 번영하는 길이 되는 것이란다. 그러니 화합하지 않으면 서로 싸우다 다 함께 무너지는 파멸이라는 걸 너희도 알고 있겠지? 그러므로 너희는 기숙사라는 특별한 여건이 마련되었을 때 좋은 기회를 살려서 협동의 의미를 배워야 한다. 서로 돕는 사랑의 텃밭 위에서 곧 자신의 내일의 발전을 꾀하는 청소년 시기의 모든 것이 이루어질 테니까.

　엊그제 2학년 수업을 마감하고 아들이 성적표를 내놓았다. 한 학년을 무사히 보냈다는 안도감으로 홀가분했고, 또한 내년이면 졸업반이라는 부담감이 어깨에 실리기도 했다. 우선 대학입시 문턱이라는 조바심이 무겁게 짓눌러왔기 때문일 것이다.
　그러나 아들들아, '희망이 하는 일은 절망이 없다'는 것은 수없이 강조해도 지나치지 않다. 내가 여러 번 체험한 바로 너희들에게 자신 있게 할 수 있는 말이기 때문이다. '노력하는 자에게 반드시 복이 온다'는 만고불변의 진리가 틀림없음은 누구나 다 아는 사실이잖니.
　1995년 한 해는 너희가 너희의 미래를 선택해야 하는 중대한 시기라는 것, 한날한시도 게을러서는 안 된다는 것을 깊이 새기길 당부하고 싶다. 사람이 산다는 것은 열심히 공부하고, 부지런히 생산하고, 알차게 건설하여 새로움을 창조해서 미래를 개척하는 것이라는 어느 교수님의 말씀을 빌려 들려주고 싶구나. 뜻이 없는 사람은 빛이 없는 인생이지 않겠니? 창조 속에 참된 희열이 있고 성취 속에 건강한 기쁨이 있는 것은 두말할 여지도 없는 것이니까.

사랑하는 아들들아. 나는 동녘의 아차산 정기에서 일출의 위대함을 보곤 한다. 그리고 삼각산 중턱, 과학의 전당은 국가를 짊어질 에너지의 분출구라는 생각을 갖고 있단다. 너희들 크나큰 가슴으로 태양의 정열을 담아내려무나. 이상과 목표를 세우고 높은 뜻을 달성하기 위해 굳세고 변함없는 의지로 웅지를 펴 나가는 서울과학고의 건아들이길 바란다. 한 걸음씩 쌓아가는 오늘의 노력이 훗날 가문의 영광은 물론이고 나라의 내일을 밝히는 등불의 역할을 할 것이다.

1994년도 서서히 저물어 가는구나. 앞으로 일주일 후면 새 하늘이 열려 올 것이다. 21세기 주역들인 아들들아, 새 역사의 주인이 되어 위대한 선진조국을 건설하는 데에 앞장서는 일꾼이어야 한다. 선배들이 낡은 건물 속에서 공부하던 때를 기억하면 지금의 너희는 궁전 속에서 나날을 영위하고 있음도 알아야 한다. 좋은 환경, 좋은 여건 속에서 탐구하는 그것 하나만으로도 복 받았음을 잊지 말아라. 새 건물에 온갖 시설물, 부족함 없이 맘대로 뛸 수 있는 운동장 등등….

나의 느낌으로는 세계 어느 명문고보다 결코 뒤지지 않는 우리 학교다. 자모회의가 있을 적마다 여러 어머니들이 느끼는 한결같은 행복감이란다. 교문에 새겨진 '서울과학고등학교'라는 명패는 보고 또 보아도 찬란하고 광채가 났다.

'우리 학교여, 영원하여라.'

이렇게 기도했단다.

마당의 아름드리 큰 나무는 너희를 지켜주는 수호신 같다는 느낌을 받는다. 너희가 밟는 땅도, 나무도, 연못도, 뒷산 수풀까지도. 우리 학교 것이라면 애착이 가지 않는 것이 없단다. 영국의 왕실학교가 제아무리 좋다 한들 우리 학교만 하겠니? 세계 속에 대한민국을 심을 내 아들들이 있는 한 말이다.

과학고 건아들에게 당부하고 싶은 말이 있다. 제자들을 위해 밤낮으로 애쓰시는 훌륭하신 스승님께 감사할 줄 아는 그런 사람이 되기를 간곡히 부탁한다. 베풀어주신 은혜에 겸손함으로 보답해 올려야 함을 잊지 말라는 것이다.

사랑하는 나의 아들들아. 한 사람, 한 사람 존재의 의미를 과학고 구석구석에 남겨놓고 떠나야 한다. 성취적 인생관을 가지고 열심히 살아가는 사람만이 창조의 기념비를 세우고 공든 탑을 남길 수 있을 테니까. 어제와 같이, 오늘도 내일도…. 온몸으로 갈고 정신으로 닦는 너희 들 뒤에는 그림자 같은 어머니의 정성도 함께하고 있단다. 어머니의 기도 속에는 오직 자식 사랑하는 마음이 가득할 뿐이다.

아들들아, 보이지 않는 곳에서 빛을 낼 수 있는 건강하고 밝은 대한민국 건아들이기를 믿는다.

마로니에 공원에서 서울과학고교를 향하여

　10월은 마로니에 공원에 문화행사가 많다. 친구로부터 시화전이 있다는 연락을 받았다. 오늘이 마침 아들 학교 간식 당번 날이기도 했다. 학교는 공원에서 멀지 않는 곳에 있다. 서울에서 줄곧 20년 넘게 살면서도 대학로에 와보는 것은 엄두를 내지 못했었다. 항상 젊은이들만 가는 곳으로 여겼다. 날씨가 쾌청하지는 않았다. 약속시간에 맞춰 나갔더니 친구가 먼저 와 있었다.
　이른 시간이라 공원은 아직 한산했다. '문화의 달'답게 볼거리가 많았다. 여기저기 기웃거렸다. 시화전이 열리는 곳에서 발길을 멈추었다. 시의 주제는 「서울」과 「한강」이었다. 정도 육백년을 의미하는 글이 많았다. 서울이라는 거대한 도시 속에 살면서 한 번도 서울을 생각해 본 적이 없는 것 같았다. 나는 이번 기회에 내가 몸담고 사는 서울에 대하여 깊이 생각해 보았다. 새댁 시절에 남편 따라 상경하여 쓰고 단 인생살이를 해온

곳인데…. 어쩌면 고향처럼 온갖 것을 다 틀어박고 있는 곳이 서울이었다. 새삼스럽게 서울의 향수에 가슴을 적셨다.

문화예술인들의 행사가 곳곳에서 펼쳐졌다. 이은관님인간문화재 29호의 배뱅이굿 한마당이 열렸다. 이 통속적인 굿은 볼 때마다 눈물이 나게 한다. 지금도 마찬가지다. 현장에서 직접 그분을 뵙고 공연을 관람하는 느낌은 달랐다. 흥과 슬픔의 장면이 더욱 실감났다. 죽은 딸의 넋을 달래는 무당굿의 대사가 사람의 마음을 감동시킨다.
젊은이들만이 우글거리는 곳에서 나도 섞여 다니다 보니 감정이 젊어지는 기운을 받는다. 오후가 되니 문화잔치는 본격적이다. 꿈과 시의 축제가 있는 곳으로 걸음을 옮겼다. 마침 황금찬님께서 시를 낭송하고 계셨다. 그분의 고운 노안이 세월의 흐름을 여실히 보여 준다. 나도 님처럼 곱게 늙어가길 소원했다.
예술의 장, 하이라이트는 숭실고교 합창단의 등장이었다. 노래와 낙엽과 가을과 시 속에서 조화를 이루며 화음이 울려 퍼졌다. 피아노 반주는 없었지만 달리는 자동차 소리, 정차하는 소리, 클락션 소리 등등 이 모두 반주가 되어준 듯했다. 청소년들 합성이 우렁찼다. 내일의 주인공으로 믿음직스럽다고 친구와 나는 생각했다.

아름드리 큰 은행나무 아래는 비둘기가 먹이를 쪼아대고 있다. 우리는 납작보리 한 봉투를 샀다. 한 줌을 뿌렸다. 날아갔던 비둘기가 순식간에 다시 모여들었다. 먹는 부리가 생존경쟁을 한다. 먹이가 바닥이 나면 어디론가 후두둑 날아간다. 나는 오늘 이상한 것을 발견했다. 비둘기의 발가락이 유난히 눈에 띄었다. 발가락이 온전한 것이 없었다. 거의가 불구였다. 시멘트 독성이 저들의 몸을 그렇게 만들었을 거라는 생각이 들었다. 자연보호는 어떻게 해야 좋은 것인지 모르겠다. 비둘기의 현상이 가여웠다.

미술관으로 갔다. 친구는 미술을 하는 사람이어서 관람하는 자세가 나하고 달랐다. 그림에 대한 설명도 참 잘한다. 그림을 보고 이야기를 엮는 친구의 안목이 대단해 보인다. 공원은 여러 계층의 사람들이 모여 한낮을 보내고 있다. 모처럼 바람도 쐬고 가을의 여인이 되어본다. 해가 서쪽으로 기운다.

아들 학교로 갈 차례다. 이야깃거리가 풍성하다. 공원에서 보았던 느낌을 아들에게 전해주리라. 기숙사에 있는 아들은 바깥 이야기를 들려주면 좋아한다. 식당 청소를 하고 소독기에 숟가락과 젓가락을 꽂았다. 어머니들은 밥과 국, 그리고 반찬 앞에 섰다. 아이들이 들어오면 순서대로 퍼주고 떠주고 한다. 건강한 자식들을 대하면서 행복해한다. 내 아이에게 맛있는 것을 주고 싶으면 옆자리 어머니의 아이가 왔을 때 듬뿍 준다. 하면 그 어머니는 눈치를 채고 내 아들이 오면 기다렸다는 듯이 맛있는 걸 챙겨 떠준다.

오늘 하루를 공원에서 시작하고, 학교에서 끝을 맺었다. 식사를 마친 아들이 내게로 다가와서 하는 말이 모레면 시험이 끝난다고 한다. 그날 아이가 오면 좋아하는 냉면을 해줄 생각이다. 사랑한다, 아들아.

제 3부

어머니의 고민

수험생 나의 아들아!

아들아, 올해도 계절은 어김없이 되풀이되고 있구나. 12월, 이맘때면 온통 세상이 술렁인다. 대학 문턱을 넘어서기 위한 실전, 12년간 쌓아온 실력을 판가름 내는 시간이 다가왔으니….

정말 꿈속 같다. 늦게 낳은 네가 스무 살 청년이 되어 내 앞에 섰으니 말이다. 초등학교 취학 통지서를 받고 좋아했던 적이 엊그제 같은데…. 오늘은 대학 입시생으로 발표를 기다리는 초조한 마음이 너도나도 똑같겠지?

새벽에 주섬주섬 옷을 챙겨 입었다. 행여 네가 깰까 살짝 빠져나와 안개 걷히지 않은 길을 걸었다. 머릿속엔 오직 한 가지 생각만이 맴돌았다. '합격의 영광을 아들에게'라는. 지하철에서 내려 학교를 향해 언덕배기를 오르면서 우리가 스쳐 지나왔던 발자국들이 되돌아보아지더구나.

열다섯 살에 아버지를 잃은 슬픔을 겪게 한 일이 밀려와 울컥 목이 메였다. 우리가 어떻게 그 세월을 견뎌왔을까? 중학교 입학할 때, 생각나니? 다른 친구들 아버지만 눈에 띄었던 것 말이야. 부러움과 그리움으로 말을 잃어버린 채 나는 하늘을 올려다봤는데, 너는 발을 꼼지락대며 고개를 떨구고 있던… 그 생각이 났다. 아버지라는 낱말을 입밖으로 토해 내는 것조차 우리에겐 크나큰 고통으로 다가왔었다.

그때 나는, 네 손을 잡고 각오를 단단히 했었다. '아버지 있는 아이들보다 더 훌륭하게 키우리라'고. 청소년 시기에는 왜 학업에 충실해야 하는가를 모질고 무섭게, 사랑의 회초리로 닦달했다. 이후 너는 엄마의 말에 잘 따르고 순종했었어.

이듬해 어버이날 편지 쓰는 시간에 친구들처럼 '아빠, 엄마 보세요…'라고 몇 줄 써 내려가다가, 아빠가 안 계신다는 걸 깜빡 잊었다며 접어둔 그 편지를 며칠 후 책상서랍 속에서 발견하고는 그날 밤, 천방지축 철이 없을 네 가슴에 상처를 남긴 점이 너무 아파서 온밤을 뜬눈으로 뒤척이며 하얗게 지새웠단다.

아들아, 세월이 우리들 속을 훌쩍 뛰어넘어 졸업을 맞게 되었단다. 정든 교실과 교우들, 선생님과 석별의 정을 나누면서….

"가정과 국가를 위해 무엇을 하며 어떤 사람이 될 것인가?"를 깊이 생각하라 하시던 담임 선생님의 그 말씀, 나는 너에게 두고두고 그 말씀을 써대곤 했지. 아마 네 가슴에 못이 되어 박혔을 게다. 돌이켜보면 똑같은 말을 되풀이해 듣는 일이 짜증이 났었을 텐데…. 너의 한 번도 언짢은 내색을 겉으로 드러내지 않았던 성품이 '착실표 아들'이라는 확인 같은 것이었다. 아들 사랑하는 방법이 조금 별났던 것일까? 듣기 좋은 소리도 한두 번이 좋은 법인데. 이제와 네 속을 헤아리게 되어 미안하구나.

옆길로 고개 한 번 돌리지 않고 책과 씨름했던 네 모습. 과외는 말만으로도 허영인 우리 환경 속에서 특수목적고교 시험을 거뜬히 치러낸 너. 아들아, 참으로 장하고 훌륭했어. 나는 너를 바라보는 것만으로도 세상사는 일이 신명났었다. 역경을 참아내면서 시간이 우리를 위해 멈추어주지 않더라는 것을 배웠고, 노력하는 만큼 확실한 보상이 우리에게 되돌아오더라는 것도 증명되었지.

대학에 가면 네게 있는 모든 역량을 발휘하여 탐구에 정열을 바쳐라. 고교생으로서 수험생활은 마지막일지 몰라도 정작 네가 할 일은 이제부터 시작이야. 아무도 돌봐줄 수 없는 멀고 긴 인생 여정의 출발선상에서 새로운 학문을 시작해야 하니까.

사실 나는, 너를 의과대학에 보내고 싶었다. 하지만 응용과학을 공부해야 하는 타당한 이유와 앞날의 꿈, 그리고 너의 이상을 내 앞에 펼쳐 보였을 때, 나는 부끄러웠고 고개가 숙여졌다. 우리가 물질로 가진 건 넉넉하지 않지만, 정신의 성숙도는 21세기를 앞서가는 네가 아주 근사하게 보였다. 주체성이 강한 너는 분명코 대한민국의 주역이 될 것이다. 너 같은 녀석이 많이많이 있어서 우리나라는 세계 속에 우뚝 설 것이라고 엄마는 믿어 의심치 않는다.

듬직한 내 아들아, 앞으로 너를 내 정신 영역 밖으로 밀어낼 것이란다. 홀로 서는 방법을 갈고 닦으라고 믿는다. 지금까지 우리에게 목표가 있어 삶이 진정으로 아름다운 것 아닐까?

 오늘 합격자 발표장으로 향한 떨려오는 내 마음을, 이 설렘, 두근거림을 무슨 말로 다 표현할 수 있겠니… 떨어졌을까? 붙었을까? 캠퍼스로 발을 옮겼다. 우람한 관악산의 정기가 너의 가슴에 박히길 소원해 본다. 공과대학의 꽃이라 불리는 전자·전기·제어공학군 명단 앞에 섰다.

 '수험번호 231164'라는 숫자가 두 눈에 확 들어왔다. 수험생이었던 너의 이름 석 자도 또박또박 정갈하게, 당당하게 적혀있었다. '임·대·현'이라고.
 아들아, 희망이 하는 일에는 절망이 없더라는 틀림없는 진리를 확인해 준 이 순간 눈물이 났다. 불현듯 네 아버지가 보고 싶었다. 산꼭대기 하늘 너머로 눈길을 주니 네 아버지 환영이 보였다. 나 여기 서서 넘치는 호사를 누리는 이 학교마당이 바로 극락이라 여길란다. 막내인 너를 끝으로 올해부터 수험생 어머니 노릇을 마감 짓게 해주어 네게 진심으로 고맙고, 이 사랑 다 바쳐 축하한다.
 몸살 같던 살아온 날들… 그래, 만만치 않았던 삶의 고비 고비를 무사히 넘길 수 있었던 것은, 튼실한 몸과 마음으로 열심히 공부해 온 너와 세 누나들이 있었기 때문이야. 더불어 어머니의 이 자리가 빛날 수 있었던 것도 잊지 않으마. 그러나 아들아, 뭐니 뭐니 해도 우리에게 내려진 복은 천상에서 지켜주신 네 아버지의 덕이라는 것을 깊이 새기기로 하자.
 큰누나가 대학을 전체수석으로 입학하고, 작은누나가 한양대학에, 셋째 누나가 서울교대에 합격했을 때, 또한 네 몫의 합격증까지 아버지 산소에 바치던 금년 설날…. 서울을 출발할 땐 흐렸던 하늘이 고향 땅에 도착하니 맑게 개어 더없이 기뻤다.

　겨울 햇살이 다소곳이 내려앉더구나. 참으로 오랜만에 온 가족이 금의환향하여 아버지께 그간의 참뜻을 큰절로 올려드리게 되었다. 눈물과 벅찬 가슴이 잔치 마당에서 혼백인들 어찌 춤추지 않고 배길 수 있었겠니. 아버지의 축하 팡파레가 들리는 듯했다.

　사랑하는 내 아들아, 한때는 홀로 짊어진 고3 어머니 역할이 진저리 치게 싫은 적도 있었단다. 그러나 성실하게 공부했던 너와 누나들의 앞날이 태양처럼 길이 트이니 보람과 뿌듯함으로, 어머니라는 이 자리가 편안하고 행복하구나.

　앞으로도 밝은 내일을 향해 늘 공부하는 자세로 살기로 하자.

　아들아, 네가 아버지, 어머니, 누나들을 사랑하는 것 이상으로 나, 너를 사랑한다.

대학생이 되면 절반은 사회인이다

대학생이 되면 누구나 절반은 사회인이다. 고교까지 부모에게 의존해 왔다면 앞으로는 공부와 경제생활을 병행할 줄도 알아야 한다. S대학 전자 공학 합격은 곧바로 과외 선생으로 연결 지어졌다. 아들이 대학생이 되면서부터 가계에 도움이 되어 주었다. 타 대학생들에 비하면 고액의 과외비를 받을 수 있었다. 과외비란 정해진 금액이 아니었고 배우는 쪽에서 주는 대로 받았다. 아들에게 과외를 받기 위하여 어느 중학생은 몇 달을 기다렸다가 기어이 아들의 지도를 받기도 하였다. 물론 그 학생은 아들처럼 S대학교 학생이 되었다. 나는 아들의 도움으로 집안 형편이 조금씩 풀리는 것을 느꼈다. 한숨을 돌려 쉬게 되었다.

자본주의 국가에서 돈은 생명과도 같았다. 제아무리 명예가 높다 한들 배가 고프면 무슨 소용이겠는가. 나는 아들에게 현실적인 이야기를 가끔

들려주곤 하였다. 명예와 경제를 함께 이룰 수 있으면 금상첨화라고 하였
다. 사람이 사는 목적이 결국에는 잘 먹고 잘살기 위함이라고도 하였다.
하지만 속물처럼 돈만 쥐는 인생은 가치가 없는 것이라고 하였다. 인간의
존엄성을 드높이면서 자신의 가치를 일궈 낼 줄 아는 사람다운 사람이 되
어야 한다고 누누이 이야기하였다.

  1학년 첫 해는 과외 주문이 넘쳐났다. 네댓 팀을 맡았다. 월수입 이백
여만 원이 단번에 내 손으로 쏙 들어왔다. 갑자기 집안에 활기가 돌았다.
비었던 아버지의 자리가 차오르는 느낌을 받았다. 남편 이후로 이렇게 큰
돈을 나에게 가져다 준 사람은 아들밖에 없었다. 아들의 시간은 하루를
25시로 늘려도 모자랄 지경이었다. 나는 아들로 하여금 생활의 탄력을
받기 시작하였다. 고교 3년을 기숙사비까지 대느라 허리가 휘청하였는
데, 몇 년간 노고의 대가를 아들은 짧은 시간에 보상해 주었다. 처음엔 돈
을 제법 많이 만질 수 있었다.

  주머니 사정이 넉넉해지면서 나는 다시 고민하였다. 아들이 돈을 벌기
위하여 대학에 간 것은 아닌데…. 과외에 묶여 아들이 탐구를 소홀히 하게
된다면 이는 인생의 손실이 더 클 수 있었다. 전적으로 나의 잘못이었다.

  어느 하루는 아들을 불러 앉히고 이야기를 하였다. 과외를 줄이라고
명령하였다. 고3 내내 지루하게 수험 공부에 매달려 놀아 보지도 못하였
는데 이제는 과외를 하느라 쫓기는 아들이 싫었다. 정작 헤쳐 가야 할 학
문의 탐구는 지금부터인데 생활인이 되어 가는 아들을 그냥 놔둘 수는 없
었다. 조율할 필요를 느꼈다. 청년은 야망을 가져야 한다고….

자전거

학교에서 귀가한 아들이 저녁을 급히 먹으면서 식탁 위에 흰 봉투를 내놓는다.

"이거 웬 거니?"

"엄마, 오늘 과외비 받았어요."

대학에 입학하고 처음 제 손으로 돈을 벌었다는 흥분된 표정이 역력했다. 철부지였던 아들이 어느새 돈을 가져다주니 기분이 야릇했다. 남편이 주는 돈은 당연한 듯이 받아썼는데, 자식이 주는 돈은 약간의 거리감이 있었고 선뜻 돈에 손을 대지 못했다.

"엄마 맘대로 쓰세요."

하는 말 한마디가 내 가슴을 뭉클하니 적셨다.

역시 아들은 아들이야. 안도의 숨을 쉬며 어떤 부담을 털어 내주는 것처럼 후련하게 들렸다. 한시름을 떨쳐내는 순간, 이런 기분이 자식 키우는 보람이라고 느껴졌다.

"그래, 너 필요한 게 뭔지 말해 봐."

"엄마, 우리 자전거 사러가요."

"자전거? 자전거가 타고 싶었어?"

그날 모자가 나란히 외출했다. 화양리에서 보았던 자전거 대리점으로 향했다. 덩치가 어른만큼 자란 아들을 앞세워 걸으니 만군이 부럽지 않고 듬직했다. 참으로 행복한 날이었다. 아들의 손도 잡아보고 팔짱도 끼워봤다. 잊혀졌던 옛일이 기억났다.

초등학교 5학년으로 기억된다. 자전거를 사달라고 졸랐던 적이 있었다. 그때 남편은 한마디로 뚝 잘라 안 된다고 했다. 중등교사인 남편은 자전거와 자동차가 부딪치는 사고를 당해 식물인간으로 누워있는 제자를 병문안 다녀온지 며칠 안되었을 때였기 때문이다. 안전에 대한 인식과 생명에 대한 가치, 존엄성보다 우선 신나게 달리고 싶어 하는 어린 아들에게 위험천만한 물건을 사줄 수 없다는 것이었다.

아들을 다독이며 이다음 대학에 가면 사주겠다는 약속을 했었다. 그렇게라도 욕구를 삭히는 것이 다행이었다. 중·고등학교를 거쳐 오는 동안 단 한 번도 자전거에 대한 주문이 없어 까맣게 잊은 줄 알고 있었다. 헌데 오늘, 아들도 나도 동시에 그 일을 떠올렸다. 나는 이제와 미안하다고 사과했다. 엄마 마음이야 그 당장에 사주고 싶었지만 아버지의 말씀에 거역해선 안 된다고 아들을 타일렀던 것이다.

돌아보면 인생사가 후회스럽기만 하다. 사람의 목숨이 뜻대로 살아지지 않는다는 점 말이다. 아버지 손으로 아들의 마음을 헤아려 주는 일이 얼마나 좋고 신나는 일인가. 그 세월을 채우지 못하고 자식의 곁을 떠나고 말았으니….

중학교 배정 받고 자전거로 통학하는 친구들을 부러워했었다. 내가 버스표 두 장을 주면 아들은 올 때는 걸어서 오곤 했다. 학교에서 집까지 꽤 먼 거리인데도 땀을 흘리면서 고집스럽게 걸어 다녔다. 어린 나이에 환경이 바뀌면서부터 자전거라는 말을 입밖에 꺼내지도 않았었다. 해묵은 기억 중에 아픔으로 남는 부분이다. 하지만 이제는 아들의 능력으로 자전거를 사게 되었으니 의젓하고 당당한 모습이 자랑스럽다.

이것저것 고르다 중간 가격대의 자전거를 골랐다. 자전거를 만지며 가식 없이 활짝 웃는 아들의 얼굴을 보면서 나는 가슴이 시렸다. 부모 복이 짧아 너무 일찍 어른이 되나 싶어 나는 죄인 같았다. 그러나 청소년 시절에 역경을 헤쳐 온 사람은 대부분 성공한 사람이 많았다. 한 발, 한 발, 바르게 세상살이를 익혀가는 아들이 기특했다.

서울대학교는 같은 서울이지만 우리 집에서 상당히 멀다. 버스와 지하철, 또 버스를 갈아타야 한다. 자전거가 있으므로 하여 교통비도 줄이고, 운동도 되고, 가계 부담도 덜 수 있었다. 아들을 바라보면 욕구충족이란 것이 인간을 신명나게 하는 것이라는 걸 알 수 있다. 책가방을 등에 짊어지고 자전거를 끌고 나가는 아들은 생활의 활력 그 자체다. 집에서 출발해 두 곳의 오르막을 지나 건대역에 도착한다. 자전거 보관소에 묶어두고 지하철을 탄다. 서울대 역에 내리면 학교 셔틀버스가 있다. 지하철 요금

한 번만 내면 하루의 교통비가 해결되는 셈이다. 자전거 하나로 일석 몇 조를 한다고 웃으며 떠들어댄다.

"엄마, 제 다리 좀 보세요."

철근 같다면서 바지를 걷어 올린다. 자전거 덕분에 튼튼해졌다는 것이다. 털로 뒤덮인 털복숭이 허벅지며 종아리가 피끓는 청년기를 뽐낼 만하다. 나의 눈에는 마치 우람한 산 하나로 보인다.

딸의 귀가는 항상 늦는다. 특별한 일이 생기면 자정을 넘길 적도 있다. 걱정이 되어 대문을 들락거리면 아들은 눈치를 채고 자전거를 끌고 밖으로 나간다. 누나가 내리는 버스정류장으로 마중 가겠다면서 유유히 미끄러져 간다.

어렵게 산 자전거를 맨 처음 보관소에 둘 때 도난당할 것 같아 불안했었다. 하루, 이틀, 한 달, 일 년이 지나면서 누군가를 막연히 의심했던 내가 부끄러워졌다. 아무 탈 없이 잘 타고 다녔다. 아들에게 자전거는 교통수단이며 즐거움이다.

그런데 며칠 전, 아들이 터덜터덜 무거운 몸으로 걸어 들어온다. 맥이 풀렸고 웃음을 잃었다.

"너, 자전거 어떻게 했는데?"

"엄마, 자전거 누가 가져갔나 봐요. 없어졌어요."

언제든 한 번은 발생할 수 있는 일이라 예상했지만 갑자기 휑한 게 허망해졌다. 섭섭한 맘이 나도 아들 못지않았다.

"오죽하면 네 것을 훔쳐갔겠니…"

2월말 경에 만기되는 통장이 있으니 그때까지 기다리라고 달랬다. 아버지가 못 사줬던 자전거, 이번에는 엄마가 사주겠다고 했다. 또다시 세 번씩 갈아타면서 예전처럼 등교했다. 방학인데도 학교 실습실에서 할 일이 많다고 바쁘게 움직인다. 자전거가 없어져 불편하지만 참는다. 아이들은 갖고 싶은 물건을 곧바로 소유하게 되면 돈의 가치를 못 느낄지도 모른다. 있어도 없는 듯이, 알고도 모르는 척, 절제와 인내심을 기르게 하는 것도 중요한 가르침이다. 적당히 모자라는 것이 아들에게 어떤 자극이 될 수 있다. 넘쳐서 성품을 그르치는 것보다 백배 슬기로운 교육이다.

21세기가 눈앞에 다가온 오늘날은 인터넷을 통해 물건을 사고 팔기도 한다. 컴맹인 나로서는 손댈 수 없는 분야이다. 엊그제 아들이 천호동 고분다리가 어디냐고 묻는다. 그쪽에 사는 분한테서 중고 자전거 한 대가 통신을 통해 매물로 나왔다는 것이다. 5개월 사용했는데 6만 원이라며 값이 괜찮다고 좋아한다.

"중고 사려구? 조금 기다리면 엄마가 새것으로 사줄 텐데."

"아니에요. 제가 살게요."

이렇게 단호하게 의사를 표시하는 아들의 생각을 막을 수 없었다. 나에게 의지하려 하지 않고 소리 없이 자신의 일을 풀어 나갔다. 뜻하지 않게 부딪쳐 오는 고비는 아들을 강하게 만들어 낸다.

어제 저녁 무렵이다. 벨소리에 문을 열었는데 꾸물대는 것이 자전거를 사온 듯하다. 얼른 나가보니 산뜻한 노란색 자전거 한 대가 아들이랑 함께 서있다. 반가웠다. 타진 못해도 나도 어느새 자전거와 정분이 깊어졌다. 고분다리에서 오느라 1시간 걸렸다고 얼굴이 발갛게 달았다. 나는 또 도난당할까 염려되어 아들에게 이렇게 말을 건넸다.

"얘, 매직으로 크게 써 붙이자. 「이 자전거는 학생 통학용입니다. 절대로 가져가지 마세요」라고 말이야."

"엄마, 자전거에 글씨 쓰시면 안돼요. 그럼 저 화낼 거예요."

"왜 화를 내니? 잃어버리지 않는 게 상책이지…. 정신적으로나 금전적으로 피해를 예방하자는 건데 설마 학생 것인 줄 알면…."

하고 말꼬리를 흐렸다. 나의 엉뚱한 발상을 아들은 극구 말린다. 어찌 됐건 자전거는 아들의 분신처럼 다시 아들 곁에 있다. 자전거 타는 즐거움이 삶의 일부분이 되었다.

요즘 세상에선 부모가 돈이 없다고 자식이 자살을 한다. 청소년의 죽음은 다 같이 생각해야 할 문제이다. 하루 빨리 생명의 존엄성과 더불어 나약한 심성을 바르고 강하게 길러줘야 한다. 심약한 아들은 딱 질색이다. 건강한 육체에 건강한 정신은 아들과 이 나라 청소년의 것 이다.

묵직한 책가방을 등에 매고 자전거 안장에 몸을 앉힌 아들, 오늘따라 그 아들의 등이 넓게만 비친다. 아들은 남편의 상징이요, 나의 희망이다.

아들아! 힘껏 페달을 밟아라. 그리고 내일의 꿈도 함께 싣고 달릴 것을 믿어 의심치 않으마.

청소년에게 하고 싶은 말

나는 청소년들에게 꼭 이런 말을 들려주고 싶었다.
돈이 없어 공부를 못한다는 건 이유가 되지 않는다고.
요즘은 노력만 하면 공부는 얼마든지 할 수 있다고.
게으르지 말고 자신을 향상시키는 일에 전념하라고.
건전한 생각과 행동을 가지면 뭐든 이룰 수 있다고.
시대적 배경이 부지런만 떨면 반드시 성공과 복이라는 부가 가치를 창출할 수 있다고.
세상은 부지런한 사람을 외면하지 않는다고.
진부한 생각을 버리라고.
가장 무섭고 두려운 것은 안일함이라고.
누군가 자신의 인생을 챙겨 줄 것이라는 기대감을 버리라고.
자기 자신을 믿을 줄 알라고.

자신과 한바탕의 싸움을 걸어 보라고.
성공하고 안 하고를 떠나서 먼저 자신에게 당당할 수 있어야 한다고.
반드시 먼저 할 일과 나중에 할 일을 구분할 줄 알라고.
자기를 이끌어 가지 못하는 사람은 누구도 리드할 수 없다고.
그런 사람은 사회에서 갈 곳이 없다고.
어쨌건 인생이란 단 한 번 지나가는 길이니 제때에 할 일을 중요하게 여기라고.
결과보다 과정을 성실하게 닦아 나간다면 성공은 반드시 자신의 것이 될 수 있다고.
냉정하게 자신을 비판해 보라고.
웃을 일이 생길지, 울 일이 생길지는 훗날 느껴도 늦지 않다고.
아무튼 자신의 몫은 누구도 대신해 주지 않음을 스스로 터득해 가라고.

  사람의 삶이란 작은 변화 속에서 큰 기쁨을 얻곤 한다. 대학생이 된 아들이 돈벌이하면서 생활의 주름은 폈지만 내 가슴이 편치 않았다. 꿈을 먹고 이상을 펼쳐야 하는 아들이 돈 버는 기계가 되어 가고 있음은 슬픈 일이었다. 나는 아들에게 단호하게 말을 하였다. 과외는 그만 두라고. 그리고 학업에 성심을 다하라고.
  아들은 그렇게 하겠다고 하였다. 대학생이 되면서부터 돈의 쓰임이에 대한 주의를 주었다. 갑자기 불어난 주머니가 아들을 엉뚱한 방향으로 몰고 갈 수 있음에 불안감이 덮쳤다. 아직 어린 학생이 돈이 많아지면 생활을 그르칠 수가 있어 좋은 점보다 나쁜 점이 더 많다. 그 돈을 쓸 궁리를 하게 되니 시간의 손실과 행동의 자제가 어렵게 된다. 상대적으로 빈곤감을 느낄 수 있는 친구들을 생각하라 일렀다.

　아들은 과외를 하면서 놀이를 즐겼다. 당구나 농구, 음악, 마라톤, 술 마시기, 영화, 만화책 등 남들이 즐기는 유흥도 빼놓지 않았다. 교과서처럼 정도만 걷기를 원하는 나의 눈을 의식하고, 또 피하기도 하면서 할 짓은 다하였다. 그런 아들이 다행이었다. 대학교가 인생의 황금 같은 천국이라는데 내 아들만 책상에 앉아 있는 건 나도 싫었다. 놀 때는 확실하게 놀라는 것이다. 다만 자기 관리도 철저히 하라는 것이다. 자신을 유연성 있게 이끌어 가지 못한다면 자칫 실패의 길을 걸을 수 있으니 이점 유념하라 일렀다.
　대체적으로 나의 주관적 생각을 전달하면 아들은 무리 없이 받아들이고 삭혀 냈다. 자신을 변화시킬 줄 알면 그 사람의 인생은 이미 절반의 성공은 이룬 거나 마찬가지다. 나머지 성공도 따 놓은 당상이라는 말이다.

젊은 어머니들에게

젊은 어머니들을 대하면 때와 장소를 가리지 않고 이런 말을 한다. '가난을 가르치라'고. 요즘 넘치는 것들 때문에 청소년들 가슴이 얼마나 가난한지 모른다고. 꿈과 열정으로 안아야 할 소중한 것들을 외면할 때나, 이상을 드높여야 할 우리의 아이들이 헛된 것에 눈을 돌릴 때면 참으로 안타깝다. 모두 우리 대한의 아들딸들이지 않은가. 현실을 비켜 가지 말고 직시하면서 부딪치고 체험하여야만 지푸라기라도 건질게 나오는 법이다. 겉으로는 냉정하게 아이들을 대할 필요가 있다. 생활이 넉넉하더라도 아이들에게 속사랑을 펼치라는 이야기다. 아이들의 보호자로서 역할을 분명히 하라는 말이다. 뭐든 넘쳐서 좋을 건 없다. 모자라는 편이 훨씬 낫다. 부족한 부분은 스스로 자급하여 채워 나갈 줄 알도록 해야 한다.

1+1=2라는 정답을 알려 주는 어머니는 바보다. 아이가 사고할 수 있도록 유도할 줄 아는 기술을 어머니 자신도 공부하여야 한다. 어머니가 모

르면 아이들 정신의 세계를 리드할 수 없게 된다. 아이들의 생각과 어머니의 생각을 접목시켜서 반듯한 길을 찾아가도록 모색하는 지혜를 펼쳐야 한다.

아이들은 누구나 스스로 홀로 설 수 있는 능력이 있다. 과보호가 아이를 소극적으로 만들 수 있다. 말하자면 아이보다 어머니의 치마폭이 더 많이 펄럭거려선 안 된다는 이야기다. 홀로 서도록 도움을 주면 그것으로 어머니의 역할은 다하는 셈이다. 아이들 자신이 그런 것을 더 환영하고 원하는 일임을 알아야 한다.

그런 실천과 행동이 빠를수록 부모는 교육의 짐을 덜어낼 수 있다. 아이들을 품 밖으로 떠밀어내는 작업을 연구하며 이 일을 꾸준히 지속적으로 실천하여야 한다. 그것이 부모 자식 서로에게 얼마나 뿌듯한 자유와 행복을 안겨 주는지는 오직 체험으로서만 깨닫게 되는 일이다.

물질이나 문명의 욕구를 앞질러 채워 줄 생각을 버려야 한다. 오히려 심성을 그르칠 수 있다는 이야기다. 가난을 바로 알면 자생력이 발생하고 에너지가 분출된다. 내가 아니면 할 수 없음을 터득함으로써 자신의 입지를 만들어 가는 것이다. 할 일의 중심을 구축하고 추스르게 될 것이라는 말이다. 물질과 문명이 넘치고 넘쳐서 아이들이 망가지는 경우가 허다하다. 자모들은 이런 점에 고민을 하여야 할 줄로 안다. 어른들 흉내 내기에 바쁜 아이들의 책임은 전적으로 부모에게 있다고 말할 수 있다.

어른들의 생활 방식에 따라 아이들 인생의 목표는 정해져 간다. 정적인 것과 동적인 것 크게 두 가지 유형이다. 이런 말을 대부분 한 귀로 듣고 흘리는 분들이 많지만 그래도 나는 그냥 지껄인다. 하지만 나를 아는 주변의 자모들은 귀를 쫑긋 세우며 어떤 말이라도 듣기를 원한다. 단 한 사람이라도 내 말을 귀담아 듣는 이가 있다면 나는 그 한 사람을 위하여 자식 기른 경험과 성공담을 언제라도 들려줄 수 있다. 가장 훌륭하면서도 가장 배우기 어려운 기술은 세상을 살아가는 기술이라 하였다. 슬기롭고 현명하도록 최선을 다할 일이다.

어디로, 어디로 가고 있는가.
'나'는 또 누구인가?

아들은 마음먹기에 따라 여러 종류의 장학 혜택을 누릴 수 있는 여건이 되어 있었다. 실력을 갖추고 나면 어느 곳에 손을 벌려도 안 주진 않는다. 그러나 나는 이런 장학금을 원치 않았다. 다만 학교에서 주는 장학금만을 고수하였다. 눈앞의 이익이 당장은 좋을지 몰라도 길게 내다보면 오히려 손실이 더 클 수 있기 때문이었다. 학교에서 착실하게 실력으로 겨루어 받는 장학금이라야 자존심을 세울 수 있다고 판단하였다. 학창 시절, 실력으로 정당하게 승부를 하는 페어플레이 정신을 키워 나감이 가장 온당한 처신이었다.

기업에서 챙겨 주는 장학금도 있지만 기업이란 학생의 학교 간판만 보고도 끌어들이려 하였다. 방학이 되면 모 기업들이 후하게 대접을 해주곤 하였다. 물론 졸업 후 자회사의 사람을 만들기 위한 물밑 작업이라는 것을 안다. 하지만 자신의 주체를 확실하게 만들어 가지 못하면 꿈이 방향을 잃을 수도 있게 된다, 큰일이 날 수 있겠다는 뜻이다. 어떤 길이 나의 길인지를 설정하였으면 그 길을 향하여 돌진할 줄도 알아야 한다. 얄팍한 상혼에 이해타산이 얽히면 온전하게 행동하기가 어려워진다.

장학의 내역은 남자 일생의 꼬리표로 영원히 붙어 다닌다. 한 순간 눈이 멀면 개인은 물론이고 나라의 장래까지도 어두워질 수 있는 문제다. 청소년의 학업과 성실성이 얼마나 막중한 임무인가를 깨우쳐 주는 것이 어른들의 몫이다. 〇〇〇〇〇〇〇〇〇〇〇 높일 수 있고 인간적인 삶을 영위할 수 〇〇〇〇〇〇〇〇〇〇〇〇〇〇〇 슬기를 배우게 하자.

나는 한 인간〇〇〇〇〇〇〇〇〇〇〇엇일까를 고민하였다. 돈도 명예도 행〇〇〇〇〇〇〇〇〇〇만 그보다 더 중요한 건 자신의 가치관이〇〇〇 말 수 있다. 어떤 목적을 설정하여 어떠한 생각으로 어떤 그림을 그리면서 일상을 닦느냐에 따라 인생의 판도는 바뀌어 가는 것이다. 아들의 목표는 참된 남아로 성장하여 최고가 되는 꿈이 있었다. 아들을 위하는 일은 곧 나를 위하는 일이기도 하였다. 남편 없는 나의 아들은 가족들 자존심이기도 하였다. 이를 위하여 협력하며 분투할 수밖에 없었다. 아들은 자신을 드러내려 하지 않았다. 집안에서는 없는 듯이 조용하게 지낸다. 밖에서의 활동은 대체적으로 활발하다는 걸 알고 있다.

대학생이 되면서 나는 아들과 언쟁을 벌인 적이 있었다. 여자 친구 문제였다. 아들은 생전 처음 나에게 말대꾸를 하였다. 이성을 잃은 쪽은 나였다. 말도 안 되는 조건을 내세워 아들의 여자 친구와 결별하라고 하였다. 그때 아들은 나의 눈을 바로 보지 않았다. 아픈 상처를 안겨주어 지금도 미안하기 짝이 없다. 나는 아들에게 알맞은 사람을 찾으라는 말을 하고 싶었다. 어떤 여자가 아들의 짝꿍으로 일생을 함께 갈 수 있는지 진지하고 중요하게 알아보라는 말이다. 잠깐의 설렘으로 이성을 판단하면 안 되는 일이기 때문이다.

예쁜 여자는 석 달이고, 보통의 여자는 삼 년이고, 슬기로운 여자는 삼대代가 행복하다는 속담이 있다. 우리 집 딸들은 각자의 짝을 본인이 해결해 왔다. 아들도 예외는 없다. 길고 긴 인생, 일생의 여정을 동반할 반려자를 찾는 일에 소홀함이 없기를 바란다.

아들은 역삼각형의 어깨를 가진 멋진 청년이 되었다. 바라만 보아도 배가 부를 지경이다. 아들에게 아버지를 잃은 건 큰 슬픔이지만 결코 그 역경을 헛되이 보내지 않았다. 가난은 오히려 인생의 재산이 될 수 있었다. 가난으로 하여금 꿈이 성장하고 이상, 희망, 도전, 환상을 가질 수 있었다. 비굴하지 않으며 용기를 펼치는 일에 적극 나설 줄 아는 걸 그 기회에 배워나갔다. 자신을 낮춤으로써 오히려 인격이 돋보였음을 터득하였다. 부자의 단점은 꿈이 없음이고, 빈자의 장점은 꿈이 존재함이다.

나는 어디서 와서 어디로 가는가. 그 '나'는 또 누구인가. 나에게 묻지 않을 수 없었다. 아들은 또 어디서 왔으며, 어디로 갈 것인가. 그 '아들'은 또 누구인가. 자식은 소유가 아니었음을…. 사람은 끊임없이 '나'라고 하는 존재를 확인하면서 살아간다.

아들의 불합격,
자신을 돌아보는 계기

　나는 세상이 공평하다는 걸 실감하였다. 아들이 대학을 졸업하고 방위 산업 역군으로 국방의 의무를 해야 할 시점이었다. 선배의 추천을 받고 벤처 회사에 취직하기 위하여 각종 증명서를 제출하였다. 서류 심사 통과를 하고 면접을 기다렸다. 면접하는 날 질문에 대하여 별 준비 없이 집을 나섰었다. 이것저것 묻는데 3년이 끝나면 진로는 어떻게 할 것이냐는 질문을 받았다고 한다. 아들은 공부를 계속할 것이라고 대답했다는 것이다. 아들이나 나는 당연히 합격의 소식이 올 것이라고 철석같이 믿고 있었다.
　그런데 이게 웬일인가. 불합격이었다. 황당한 사건이었다. 여태껏 아들의 인생에서 불합격이란 단 한 번도 없었으니까. 가족들이 술렁거렸다. 이런 일이 아들에게도 생길 수 있다는 게 신기하기조차 하였다. 인생이라는 걸 또다시 사색하였다. 아들에게는 아주 좋은 경험을 할 수 있는 기회가 되었다. 낙방은 자신을 돌아보게 하고 삶의 의미를 되짚어 보게 하였다. 내가 회사의 경영자 입장에서 생각해 보니 불합격이 타당하였다. 3년 동안 일을 가르쳐서 회사 일에 익숙해질 무렵 떠난다는 아들을 붙잡을 리가 없었다.

모 벤처 회사에 들어갔다. 2년쯤 근무하던 중에 들린 소식이었다. 아들도 들어갈 때 회사로부터 스톡옵션이란 걸 받았다. 한때 벤처 기업들이 우후죽순처럼 생기면서 국가의 경제와 주식시장을 들뜨게 한 적이 있었다. 주식 값을 계산하면 가만히 앉아서 돈방석에 앉는 일은 순식간이었다. 몇십 억 소리가 저절로 나오곤 하였다. 아들은 돈에 흔들리는 성품이 아니다. 묵묵히 제 할 일에만 전념하였다. 시간이 상당히 지난 후에 들리는 소문이 기가 막힐 뻔한 사건이었다. 후끈 달아오르던 주식시장이 외국인들의 매도로 끝간 데 없이 추락하더니 급기야 시장이 얼어붙고 주식 값이 형편없이 떨어지고 말았다.

그 무렵 아들을 낙방시킨 그 회사 주식도 몇 만원에서 기천 원으로 낙동강 오리알이 되었다. 그곳에 근무하던 친구들이 방위 소집 처음에 시가로 받은 주식이 해제될 무렵에는 몇 만원에서 기천 원으로 떨어지는 지경에 이르렀다. 다행히 아들의 회사는 건재하여 손실은 없었다. 더 기가 막힐 뻔한 소식이란 아들의 자리에 낙하산 발령을 받은 친구가 있었다는 거였다. 윗분의 친분으로 아들을 떠밀어내고 배경을 등에 업은 사람이라는 말이었다. 어찌되었건 간에 큰 손실을 떠안을 판이었는데 불행의 여신은 아들을 비켜서 그 사람에게로 가버렸다. 전화위복이라고나 할까.

아들에게 있어 불행이란 아버지 한 사람 잃은 것으로 그쳐야 한다. 더 이상은 없을 것을 믿기로 하였다. 만약 아들이 그 회사에 합격하였다면 기천 만원 물고 나올 판이었는데 생각만 해도 아찔하였다. 벌지는 못하고 잃었다는 소문이 무성하였다. 이 어찌 세상이 공평하다 아니 말하겠는가.

아들에게

우편함에서 너의 편지 두 통을 꺼내는 순간 손끝이 가늘게 떨리더구나. 뜯기 전에 먼저 품에 안아 보았다. 너의 마음이 담긴 이 편지가 어쩌면 내 아들의 체온과 같다는 생각을 했단다.

일반 사회와 달리 상사의 명령과 지시에 복종하며 자유를 외면당한 느낌…. 불편하지만 잘 적응하고 있다니 안심이 되는구나. 회사에 다니며 부족했던, 운동하는 맘으로 기꺼이 극기하고 있다니 또한 고맙구나. 병영 생활이 훗날에 돌아보면 남자만의 추억의 장이 되지 않을까? 몸이란 마음 따라 움직이게 되어 있다. 순리라 여기고 순응하길 바란다. 너의 일생을 통해 단 한 번뿐인 이 기회가 아주 소중한 과정이라는 걸 알고 있으리라 믿는다.

네가 대한민국의 남아로 국방 의무를 다하는 동안 나는 열심히 자전거 연습에 몰두하고 있단다. 군장하고 행군하며 흘리는 너의 땀방울과 넘어지며 페달에 부대낀 내 종아리 피멍울의 의미는 그 차원이 다르겠지만, 분명히 말할 수 있는 건 미래를 위해 최선을 다한다는 측면에서 너와 나의 공통점이라는 생각을 해보았다.

우리에게 과천 시대가 열리고 새롭게 적응해야 하는 것들이 무척 부담스러웠다. 늘그막에 또 뭔가를 다시 시작해야 함이 싫었거든. 기피하고 싶었지만 그래선 안 된다는 걸 깨달았다. 나이를 핑계로 포기하는 건 어리석음이었어. 어차피 새 터전에서 숨을 쉬려면 부닥쳐 해결해 나가는 방법이 옳다고 판단되었다. 지역 정서에 맞추고 과천시민의 대열에 동참하기 위해서였다.

5일째 되는 날 중심이 잡히더구나. 바퀴가 서서 굴러가는 것이 신기했단다. 젊은이나 누리는 것으로 여겼는데, 대현아. 엄마도 하니까 되는 거 있지! "골다공증 물러서라"였어. 물렁팥죽 같던 종아리에 운동 살이 차오를 상상을 하며 뿌듯했다. 네 말처럼 나도 건강하기를 소망한다. 내가 약해지면 너와 누나들 상심이 가장 크리라고 내다본다. 근심이 발생하기 전에 예방하면서 건강하도록 노력할 것이야.

대현아, 네가 떠난 자리가 이렇게 클 줄 몰랐었는데…. 구석구석 휑한 게 공허감이 들었어. 고교시절 기숙사를 들락거릴 때는 일주일 단위였는데. 4주 기약이 조금 길다면 긴 걸까? 하지만 두 주일이 지났으니 이제 두 주일밖에 안 남았구나, 라고 생각하기로 했다. 국가산업기능요원으로서 임무 수행을 마칠 때까지, 남은 시간도 잘해나가렴.

그리고 집안일은 걱정하지 말아라. 쓰레기는 셋째누나가 처리하고, 큰

누나, 작은누나가 번갈아 나를 챙겨주고 있다. 특히 큰매형이 너 없는 대신을 톡톡히 하고 있단다. 청계사로 드라이브도 시켜주고, 맛있는 냉면도 사주고, 어느 날은 내가 거절도 했어. 누나네 식구끼리 오붓이 지내라고 말이야. 참, 대현아. 큰누나는 석 달간의 휴식을 정리하고 대형약국에 나가기로 했다. 서울대병원 근무 경력이 상당히 작용한 것 같더라. 연봉도 좋은 조건으로 허락했대. 정부에서 시행하는 의약분업 행정이 실천 단계거든. 너와 세 누나들이 전문직 일꾼이 되고 보니, 은근히 나만 광채가 나는 거 같다. 네 아버지도 기뻐하시겠지?

오늘은 큰누나와 대공원 광장에서 자전거를 탔다. 손자까지 3대가 신바람을 가르며 즐거웠는데, 네가 없어 아쉬웠다. 그리고 몸이 공중에 떠서 호수 위를 건너는 리프트는 짜릿한 게 스릴만점이었어. 파라다이스란 이런 곳을 두고 하는 말일 게다. 머리 위로 솜털구름이 두둥실 떠가고, 녹음방초 우거진 산천 경계와 온갖 꽃들. 유월의 장미 울타리가 마치 살아서 대하는 극락이지 싶었다. 진초록의 생명력은, 혈기왕성한 너를 연상케 했다. 아울러 그 듬직함이 나의 에너지 아니겠니.

코끼리 열차 매표소 앞은 소풍 온 사람들로 붐볐다. 천태만상의 얼굴로 웃고 떠드는 사람들 목청과 쇠붙이의 소음이 세상을 회전시키는 윤활유 같더구나. 인간과 자연과 기계의 조화가 위대하게 비치면서 '생존경쟁'이란 화두가 언뜻 스쳤다. 삶이란 희로애락과 동반하며 가는 길, 이 나들이 길목에서 타인들의 미소와 부딪치며 느낀 건 生의 최종 단계는 쾌락이라는 것이었다. 자연과 동화되어 소리 내어 크게 한 번 웃는 그것 말이다. 여태껏 살아온 일이 마음을 태우는 일이었고, 자기 소모였더구나. 모처럼 환한 곳에 나앉아 피붙이 인연에 감사하고 있다.

아들아, 우리들 과천시대도 활기차게 이어 갈 수 있겠다는 생동감이 들었다. 회색 매연이 가득한 서울에서, 脫서울을 꿈꾸었던 30년 세월, 그 보상을 한아름 받은 셈 아닐까? 문밖을 나서면 매봉산 오솔길이 낭만을 부추기는구나. 등줄기 땀방울은 솔바람이 식혀 주고 한 모금의 생수로 목을 축이며, 음악 같은 새 울음이 귓불을 당기는 희열, 침묵조차도 메아리로 와 닿는 순간을 영원처럼 보듬고 싶단다. 뒤로는 관악산 돌밭이 발바닥을 지압하고 먼지 낀 가슴을 정화해 주는 부처님 법문이 거기에 있더구나. 네 공부방이 작은 것만 빼면 16평 둥지도 두루 만족한단다. 국민으로 세금내면서 사람 대접받는 기분을 만끽시켜주는 곳이 과천이더구나. 몇 발짝 거리의 수풀 속을 거닐며 청정한 공기를 호흡할 수 있음이 참으로 꿈결 같은 현실이야. 거짓도, 추월도, 무질서도 없는 자연의 섭리를 거울삼으며 일상에 충실하기로 하자.

아들아! 그 겁난다는 유격 훈련을 통해 강인함을 얻었니? 너는 하늘 너머 아버지의 아들로나, 엄마의 기둥으로나, 누나들의 아우로나, 대한의 일꾼으로나 나무랄 데 없었다. 차분하게 너의 일을 해냈고, 내일도 또 그렇게 개척해 나가야 되는 거다. 네 앞자락은 아무도 대신해 주지 않는다는 것을 새기거라. 예고 없이 닥치는 곤란도 겪게 될 것이야. 가로놓인 장벽도 뛰어 넘을 수 있는 정신적 자세를 한시도 망각해선 안 된다. 또한 너의 미래는 찬란하게 준비되어 있음에 자부심을 가져라. 건강한 삶을 누리기 위해 게을러선 안 되고, 항상 유념하고 노력하거라. 형제간의 우애를 돈독히 하고 선생님을 존경할 줄 알며, 친구들과 우정을 쌓는 일도 매우 중요함을 잊지 말거라.

이웃을 위해 헌혈했다니 기특하구나. 두 번째 기록이네. 헌혈은 저축이야. 우리가 사랑한다는 것을 함께 나누어 짊어진다는 뜻일 게다. 이해와 타산에 민감하지 말며 겉과 속이 한결같기를 바란다. 의젓하고 늠름하고 훌륭한 내 아들이란 생각을 떨쳐 본 적이 없단다. 책임 질 줄 아는 것은 인간뿐이야. 내 홀로 등짐을 지고 오늘까지 버텨왔다만 이젠 네가 나를 거둘 차례가 되었다. 시름 많던 나를 지키며 역경을 견뎌준 너의 순한 성품 덕이 가장 컸었다.

아들아! 사랑한다고, 이 말밖에 전할 말이 없구나. 군軍에 있는 너에게 편지 쓸 기회가 언제 또 있을까 싶어 유서 쓰는 맘으로 이 글을 쓴다. 뭔가 홀가분한 게 가뿐하고 평안해지는구나.

아들아, 그 흔한 콜라 한 잔을 그리워한다 했니? 너를 맞이하려면 나 종종걸음 치겠네. 나와서 입맛대로 먹으려무나. 다다음 주말이면 볼 수 있겠지? 지금부터 설렌다.

내 품으로 오는 그날까지 무탈하기를 기도하면서 이만 필을 놓겠다.

힘내고 건강하자.

새 천년 유월 열 하룻날에
너를 사랑하는 엄마가

아들의 고민

요즘 너의 한숨 소리를 자주 듣게 되는구나.
무엇이 너에게 한숨을 토해 내게 하는지 나는 모른다.
다만 네가 나에게 말할 수 없는 그 어떤 것이라는 짐작만 할 뿐이다.
오늘 새벽, 문득 지금 네 나이 적의 내 모습이 생각나더구나.
나는 그때 어머니마저 돌아가시고 곁에 계시지 않았었다.
오빠와 언니가 있었지만 모두 각자 제 삶을 살기에 급급하였다.
설령 마음은 있었을지언정 누구도 나를 챙길 수 없었다.
말하자면 내 마음을 거들떠보거나 두드려 보는 사랑을 받지 못하였다는 말이다.
어머니가 존재하지 않는 그것만으로도 미래가 어둡고 참담했었다.
많이 고달팠었다.
오직 하나 길이 있다면 그건 남자를 만나 결혼하는 길이었다.

누구를 선택하든 여자로 태어나 어차피 가야 할 길이었으니까.
내가 내 길을 가기 위하여 객관적이고 합법적이고 타당성 있는 유일한 길이었다.
오직 선생이라는 직업 하나 믿고 너의 아빠를 따라나섰는데,
다행히도 네 아버지는 좋은 남자였다.
결혼이라는 큰 약속을 할 때 나는 그 남자와 모든 것이 영원한 줄로만 알았었다.
그러나 네가 알다시피 네 아버지도 나의 곁에서 영원하던?
세상사가 한때 한순간을 누리기 위한 버둥거림이란 걸.
아무 것도 영원한 건 없다는 걸, 늦게나마 알게 되었다.
대현아, 무엇이 너를 한숨짓게 하는지 대답해 줄 수 있겠니?
말하지 않아도 괜찮은데 너의 한숨 소리가 자꾸만 내 가슴을 싸늘하게 하는구나.
요즘 들어 나의 그 나이 때가 불현듯 돌이켜지더구나.
누구도 나의 앞날에 대하여 한마디도 던져 주지 않던….
그래, 인간은 홀로 가는 거라는 걸 너도 알고 있겠지.
나는 오로지 나 혼자서만 지지고 볶으며 가슴을 끓여 왔었다.
열어 놓을 상대가 없었으니까. 누가 물어만 주어도 행복이고, 호사였을 것이다.
너의 고민거리가 나에 대한 불만이든, 여자 친구 때문이든, 어떤 불확실성 때문이든, 아니면 너 자신의 미래에 대한 인생 항로든 간에,
무엇 때문에 고민을 하든 간에 고민한다는 건 바람직한 일이라 생각

한다.
그리고 한마디 덧붙인다면 무엇이 되었든 간에 확신을 가지라고 말해주고 싶다.
내가 나를 믿었듯이, 너도 너를 믿기 바란다.
오직 자신을 신뢰할 수 있는 사람은 자신밖에 없으니까.
이제 그만 한숨을 털고 얼굴을 밝히거라.
얼굴이 어두워지면 마음까지 우울해지는 법이다.
내가 너의 아픔을 만져 줄 수 있다면 오죽 좋겠느냐마는
너는 너의 그릇대로 살아야 할 운명이란 걸 어떡하겠니.
너는 아들이라는 이름으로, 나에게 듬직한 울타리로 만족하였다.
이제 떠날 날도 얼마 남지 않았는데 우리 웃기로 하면 안 되겠니?
너와 나, 환한 얼굴이었으면 좋겠다는 생각밖에 없단다.

희망이 하는 일에 절망은 없다

집값이 입시 학원 따라 널뛰는 현실을 보았다. 교육이 꼭 그렇게까지 해서 얻어낼 수 있는 것인가? 과연 그래야만 하는 걸까? 자녀의 진로가 학원의 강사들에 의하여 좌지우지 된다면 이는 참으로 개탄할 일이 아닐 수 없다. 공부란 가정과 학교와 자녀의 삼박자가 조화를 이룰 때 올바른 길로 찾아 갈 수 있는 것이다. 남이 하니까 나도 덩달아 쫓아가는 길은 자신의 주체성을 상실하는 거와 다를 바 없다. 남의 흉내를 내는 건 기분이 찜찜한 일이다. 인생이란 그때그때가 오직 단 한 번뿐이다. 내 앞의 그 단 한 번의 기회를 자신의 잣대로 재며 살아가야 한다. 어머니의 중심이 바로 서야만 자녀 의식도 반듯하게 나갈 수 있다.

아들은 서울과학고와 서울대학교에 입학하기까지 학원 문전에도 얼씬거리지 않았다. 경제적 여건이 학원까지 보낼 수 없었다. 제1회 서울시 중학생 수학·과학 경시대회 때의 이야기를 잠깐 해보기로 하자.

12명 수상자 중 대상을 아들이 차지하였다. 물론 우리 집은 강북의 중곡동이었다. 시상식 때 강남의 자모들이 수군거리는 소리를 들었다. 수상자의 90%가 강남인데 대상이 강북 출신이라고 신기한 표정을 짓는 것이었다. 나는 평온한 얼굴로 조용히 미소만 지었다. 이후 고교시절 수학 올림피아드 국가 대표로 활동하였다. 주관 없는 행동은 결국 이도 저도 아닌 결과를 초래할 수 있다는 이야기다.

이 세상에서 책임이라는 말처럼 무서운 건 없다. 남편이 일찍 가족들 곁을 떠났다. 중2부터 대학에 갓 입학한 사 남매를 데리고 참으로 암담했었다. 아이들 바라보면 눈물도 사치일 수 있었다. '나'라는 존재보다 '어머니'라고 하는 그 자리가 아이들에겐 신을 뛰어 넘는 그 이상이었다. 가정은 만년 교육의 마당이고 어머니는 최고의 스승이라고 하지 않던가. 아이들에게 희망을 실어 나르기로 어머니 이상 가는 사람은 없다. 최적격자이기 때문이다.

특히 막내, 아들의 진로가 커다란 벽이었다. 열네 살짜리 아들을 홀로 감당할 일이 아득하였다. 어떻게 껴안아야 사춘기와 청소년의 시기, 즉 중·고교 수험생의 뒷바라지를 잘할 수 있을까? 아버지 없는 아들을 나의 힘으로 가능할까? 아들의 진로를 개척해 가는 일은 언제나 불확실하였다. 개미가 구멍 없는 바위에 부닥친 격이었다. 남아다운 기상과 정직성, 그리고 꿈을 심어주는 일은 어머니밖에는 할 사람이 없었으니까. 아들은 나의 희망이었다. 희망을 실현하여 정말 근사하고 멋진 남성으로 우뚝 일어서게 하고 싶었다.

아들은 이런 나의 뜻을 소리 없이 받아들이며 정진하였다. 포기하지 않는 투지와 집중력의 대가를 얻어냈다. 희망이 하는 일에는 절망이 없었다. 아들로 하여금 지금 나는 옥좌에 앉았다. 주변 사람들로부터 존경과 숭배를 받는다. 어떤 이들은 인생의 목표를 나와 내 아들로 정한 사람도 있다. 아들의 길을 제대로 열어주고 싶은데 나는 과연 해낼 수 있을까? 노심초사하며 고민하였던 결과다. 원인 없는 결과는 없다.

2002년 6월 월드컵, 대한민국이 그랬던가, 꿈은 이루어진다고…. 나는 그 이전에 꿈은 반드시 이루어짐을 경험하였다. 돈이 없어 공부를 못 한다는 것은 있을 수 없다. 변명이고 핑계다. 도전하지 않고 성취할 수 있기를 바라면 아니 된다. 인생이란 게 울든 웃든, 피땀을 흘려 본 후 그 결과에 따라 승복해야 할 줄로 안다.

MIT라는 대학에 미래를 준비해 놓고 월드컵 경기마다 쫓아다니던 아들의 모습이 생생하다. 붉은 악마로 '코리아 파이팅'의 '파'자를 앞가슴에 쓰고 태극기 펄럭이며 펄펄 뛰던 열두 번째 선수였었다. 준비된 자의 여유만만한 응원은 활력 그 자체였다. 그렇게 보기 좋을 수 없었다. 열렬한 함성은 4강 신화를 창출하는 데 단단히 한 몫을 해냈다. 참으로 멋진 청년의 동작이었다.

이런 날을 즐기기까지 시간으로 계산될 수 없는 고민과 열정을 자기 관리에 바쳐왔음은 더 말할 여지가 없었다. 나는 그늘진 도서관에서 공부벌레가 되라는 이야기는 한 번도 한 적이 없다. 음악도, 스포츠도, 우정도, 형제도, 스승도, 건강도, 두루 원만한 성품으로 대인 관계를 가지도록 하였다.

'어느 고인의 장학 정신'이란 글을 한 편 쓴 적이 있다. 그 글을 쓰게 된

동기는 그분의 장학정신과 어머니의 소망과 아들의 이상적 실현을 세상 속으로 알리기 위함과 동시에 대한민국의 모든 어머니와 청소년들에게 꿈을 전달하기 위한 내 나름대로의 계산에서였다.

아들 같은 청소년들이 줄줄이 쏟아져 나온다면 국가의 미래는 반드시 탄탄대로로 이어갈 것을 믿어 의심치 않는다. 사람은 늙어갈 때 편안한 얼굴이어야 한다. 그러기 위하여 젊은 날에 정열을 바쳐 땀방울을 저축해 두어야 한다. 돈과 명예, 물질, 자식 등이 어느 한쪽으로 기울게 가진 자는 부자가 아니다. 진정한 부자가 되는 일이 얼마나 어려운 일인가. 나는 요즘 '내가 바로 부자야'라고 내 안으로 외치며 착각에 빠져 산다. 주위를 둘러보면 나만한 부자가 없지 싶다. 남편 없는 것 말고는 이보다 더 좋을 수는 없으니까.

나의 둥지, 안으로 거느린 것이 천국의 그것과 다를 바 없다. 자식을 키우는 일이 작게는 가정의 영달을 꾀하는 일이지만 크게는 국가의 미래가 달린 엄청난 작업이다. 가정도 경영이고 자녀도 분명 경영이다. 부모의 의지대로만 이끌 수 없는 길이 자녀의 문제다. 서로의 뜻과 인격을 존중하며 어머니의 사상을 접목시키기 위하여서 틈틈이 가슴을 열어 가는 자세가 첫째였다. 모자간의 속마음을 나누며 자란 아들이 비뚤어지는 경우는 드물 것이다. 특별한 예를 제외하고는.

요즘 세태를 보면 다소 염려스럽다. 며칠 전 매스컴에서 기러기 아빠들을 보았다. 처와 자식을 외국으로까지 보내면서 교육 운운하는 건 좀 이해하기 곤란하였다. 자녀에 대한 교육적 사상의 빈곤감이 우려된다. 우왕좌왕 자신감 없이 학원이나 나라 따라 춤을 추어서야 쓰겠는가. 헛된

바람일 뿐이다. 한국사람이, 한국사람 노릇을 하며, 한국사람으로 살기 위하여 노력을 바칠 때 순리는 거스르지 않는다. 어른의 중심이 올바로 서면 아이의 가슴은 절대로 흔들리지 않는다.

성실하게 공부한 아들의 발자취를 나 혼자만 가지는 것도 잘못이지 싶어 세상 밖으로 내보내려 한다. 부디 아들과 같은 청소년들이 우후죽순처럼 쏟아져 나와야 한다. 정치든 경제든 과학자 없이 어디에 국운을 걸 수 있겠는가. 온 국민의 일감을 창출해 낼 수 있는 근본을 알아봐야 한다. 고루 잘살 수 있으려면 과학 발전이 우선되어야 한다. 빈곤을 퇴치하고 부강하려면 과학적 두뇌가 절실하다. 우수한 과학자 한 명에 국민 중 몇 만 명의 생존이 매달릴 수 있다. 록펠러 재단이 장학 사업으로 만 명의 장학생과 60명의 노벨 수상자를 배출한 것이 오늘의 미국을 부강하게 만든 밑거름이 되었다. 아들은 공부를 마치면 반드시 국가에 이바지할 것이며 후배 양성에 온 힘을 바칠 것이다.

독립운동가 만해 시인께서 이런 말씀을 남기셨다.
"인류는 향상적 동물이다. 향상이 자기의 실력에 의해서 한 단계 두 단계 뻗어나가야지 그렇지 못할 때에는 파괴와 멸망만이 있다."

나 혼자 아들을 감당하기엔 세상이 너무 컸었다. 그러나 다행히 승리의 여신은 나의 편이 되어주었다. 꿈은 현실로 바뀌었고, 결손 가정을 명문 가정으로 탄생시켰다.

어머니라는 자리를 가장 화려한 광채로 번쩍이게 해준 아들에게 고맙다는 말을 전하고 싶다. MIT로 떠나기 전 온 가족이 모여 기쁨의 축배, 벽

찬 감동으로 환호성을 높였다. 세 딸들도 하나같이 국가의 일꾼으로 성장하였지만 아들은 가정의 새 역사를 창조한 주인공이다. 앞으로는 동양에서 서양으로, 한국의 새 역사도 창조할 것을 믿는다. 세계의 중심부에서 우뚝 설 수 있는 날도 멀지 않다.

　나의 기도와 가슴으로 전달하는 폭발적 응원은 끊이지 않을 것이다. 어머니의 기氣는 곧바로 자식에게 전달된다는 속설을 크게 믿는다. 비록 떨어져 있더라도 각본 없는 모자母子의 드라마는 영원할 수밖에 없다. 역경이란 환경을 극복한 기적 같은 결과는 노력한 자의 선물이라고 감히 말해도 괜찮을 것 같다. 성공이 중요한 게 아니다. 성공하기까지 만만찮은 고비 고비를 뚫고 나온 과정을 알리고 싶은 마음에서 필을 들었다.

제 4부

아들의 야망과 자유

해외 유학생 장학 시험 준비

아들은 회사에 근무하면서 마음의 준비를 하였다. 방위 소집이 해제되고 나면 공부를 계속해야 한다. 오래 전부터 마음먹은 대로 유학을 가야 한다. 유학을 떠나기 위하여 통과해야 할 관문이 있다.

작년 여름부터 본격적으로 시험 준비에 몰입하였다. 착실하게 하나씩 해나갔다. 토플도 전공도 모두 어려운 관문이다. 근무하랴 공부하랴 정신없이 분주하였다. 몸은 하나인데, 할 일은 태산 같았다. 휴일에는 도서관으로 갔다. 영어단어를 3만 개 이상 외워야 한다는 말을 듣고 안타까웠다. 머리통이 얼마나 복잡할까를 생각하니 상상이 되지 않았다. 아들은 근무 시간을 제외하고 야간에는 도서관에서 향학의 열정을 태워 나갔다.

첫새벽이다. 나는 쓰레기 봉투를 현관 밖으로 내다 놓는다. 아들은 으레 쓰레기 버리는 담당이다. 날더러 무거운 것을 들지 말라고 당부를 한다. 이젠 제법 어른다운 모습을 보인다.

드디어 시험 날짜가 내일로 바짝 다가왔다. 내가 아무리 떨린다 한들 아들보다 더 긴장이야 할까 마는…. 그날 나는 청계사로 갔다. 내가 할 수 있는 일은 고작 기도밖에 없었다.

오후 여섯 시쯤 시험을 무사히 치렀다는 아들의 전화를 받았다. 한국고등교육재단선경그룹에서 주는 장학금을 받기 위한 시험이다. 만약에 합격하면 등록금과 숙식비를 지원 받게 된다. 어떻게든 아들은 이번 시험에 합격하여야만 미래의 운명이 열리게 된다. 꼭 미국 대학원에서만 장래가 보장된다는 건 아니지만, 목표를 그쪽으로 설정하였으니 도전하는 것이 원칙이다. 다행히 학생 시절 성적 관리를 잘한 편이어서 차석으로 졸업을 하게 되었다. 서류상으로는 무난히 통과할 자신이 있었다.

나는 아들 때문에 이 장학 재단을 알게 되었다. 0.0001%의 점수가 모자라도 합격시키지 않으며, 제아무리 대통령의 배경이 있다 해도 0.0001%의 점수가 모자라면 불합격시킨다는 재단의 공평한 원리 원칙에 박수를 보냈다. 자존심과 미래가 달린 한판 승부의 길이었다.

아들은 집중력이 대단히 강한 편이다. 뜻이 온당하고 정당한 일이라면 그 일에 목적을 두고 매달려 기어이 해내고야 마는 근성이 있다. 중도에서 포기하는 일은 절대로 없었다. 가장 무서운 것은 실패했을 때보다 포기하는 일이라고 하였다. 자신을 위하는 일이 곧 자신을 사랑하는 일이다. 자신을 사랑할 줄 아는 사람은 남도 사랑할 수 있음이다.

저녁은 청국장을 끓이고 조촐하게 밥상을 차려 놓고 아들을 맞이하였다. 조용히 그날을 기다리자. 설령 낙방의 소식이 오더라도 실망하지 말기로 하자. 내가 실망하면 아들은 더 기운을 잃을지도 모르니까. 좋을 때는 나쁜 때를 돌아보고, 나쁜 때는 이보다 더 나쁘지 않기를 기도하련다.

한국고등교육 재단 장학생 선발시험 발표날

온종일 아무 것도 손에 잡히지 않는다. 오후 여섯 시를 기다리는 맘이 마치 일각이 여삼추라도 되는 양 초조하다. 아들이 며칠 전에 치렀던 시험은 나나 아들에게 일생일대의 어떤 획을 긋는 엄중하고도 중차대한 꿈이고, 모자간의 평생 소망이 담긴 이상의 실현 전의 단계다. 물론 아들의 기대가 최우선이지만 나의 기대도 아들 못지않게 크고 원대한 염원임에 틀림이 없었다.

모임에 나가 이런 저런 세상 이야기로 시간을 끌어 보지만 가슴은 그게 아니다. 온 신경이 아들의 합격 여부에 쏠리는 건 어쩔 수 없는 심정이다. 그나마 한옥 마을 전통 가옥에서 국수와 파전을 시키고, 한과와 쌍화차를 마시고, 갑자기 쏟아지는 소나기의 빗소리가 낭만적 감흥을 일으키는 바람에 잠시 아들 일을 순간 망각하고 여백에 눌러 앉는다. 기와지붕 처마 밑으로 떨어지는 낙수가 허공에 세로 줄무늬 수채화를 그려낸다. 비 오는 날의 운치로 이보다 더 좋을 수 없는 풍광이다. 오래 전에 잊었던 사라져 버린 옛것의 그리움이 조용히 밀려드는 건 나이 탓이려나.

　나이 들어갈수록 전통적인 것에 대한 향수에 붙들리게 된다. 시대적 흐름이 온통 과학이나 첨단의 그것들에만 기대고 얽매어 사는 꼴이 되어 버린지 오래인데…. 방안의 가구나 등잔, 장판이나 문틀이나 창호지 문짝 등이 옛것 그대로인 그 속에 들어앉아 있으니 내 조상님들의 지혜와 장인 정신을 음미하며 흘러간 세월의 풍류를 느껴보는 맛이 꽤나 괜찮다. 더욱이 이 한 마당은 벗들과 담소하며 풍기는 인생의 멋스러움이라니! 중년의 마음이 그대로 사로잡혀서 기다림의 안달에서 잠시 이탈하는 여유를 즐긴다.

　시계 바늘이 여섯 시에 닿으려면 아직도 두어 시간 족히 남았다. 벗들과 헤어지고 지하철을 타면서 시간 메울 생각을 하니 달리 방법이 서지 않는데, 퍼뜩 미장원이 생각난다. 그래 맞다. 시월 초순에 박혀 있는 추석이 코앞이다. 남편의 산소를 둘러볼 참인데 내 꼴이 단정치 못해서 쓰겠나. 머리손질도 하고 깔끔하게 모양을 내어 그의 면전에 서고 싶다. 산 자와 죽은 자. 비록 영혼과 육신의 자리라 하지만, 나는 십 년 전이나 지금이나 그가 내 곁을 떠났다는 것이 항상 엊그제 같은 현실로 착각하고 있다. 왜 그 맘에는 변함이 없음인지….

　눈감고 보이는 환영을 쫓아 그를 떠올리니 눈에 이슬이 젖는다. 지금 살아 있다면 아들의 합격 여부를 둘이서 공유하며 가슴 떨리는 기다림을 같이 나눌 텐데. 날개 단 듯이 행복할 것이라는 상상을 펼친다. 잃어버린 아쉬움은 항상 못다한 미완성의 한숨을 몰고 온다. 나를 고뇌하게 한다. 모처럼 그를 떠올리며 인연의 고리에 숙연해진다.
'그래요, 오늘 만약에 당신의 아들이 그 큰일을 해내고 합격의 영광을 나에게 가져다준다면 그건 순전히 못다 살고 간 당신에게 빚을 갚는 보상입니다. 동전 세 닢 입에 물고 우리 곁을 떠날 때 당신은 전부를 놓고 갔습니다. 무엇하나 가져간 게 없습니다. 뒷자락에 남긴 식솔들에게 모두를 주기만 하였으니. 이제 당신은 영혼으로라도 아들의 영광을 받을 자격이 충분합니다' 라고 기도문이 나온다. 사람에게는 두 가지 세계가 존재한다. 눈을 뜨고 보는 현실과 눈을 감고 보이는 영적 세계가 그것이다. 둘 다 우리 몸에 멍에처럼 달라붙어, 삶이란 걸 지지고 볶고 아웅다웅하게 하지만 그러한 내면과 정신의 가치를 드높여야 인간이 인간답게 숙성되어지는 것이다.

차내 방송이 내려야 할 정거장이라고 알린다. 가방을 둘러메고 역사를 빠져나와 미장원으로 걸음을 옮긴다. 가을 햇살이 어깨 언저리를 따끈하게 데운다. 뼛속까지 녹아들게 하는 이 계절이 감사하다. 이 좋은 날에 '아들의 낭보야, 내 품으로 와 다오.' 실없는 사람처럼 중얼대며 걷는다. 손목에 찬 시계로 눈이 자주 간다. 5분 전에 봤는데 겨우 5분도 지나지 않았다. 지루하다기보다 불안과 설렘이 겹쳐 안절부절 못하게 한다.
미장원 문을 열고 들어서니 마담이 보이지 않는다. 마담이 내 마음에 들게 머리 모양을 내주는 사람인데 그가 없어 돌아설까 하다 그만두기로 한다. 그까짓 내 머리가 무슨 대수라고…. 아들의 미래가 판가름나는 형국이 곧 닥칠 찰나인데. 기도, 기도를 해야지. 머리야 미용사 손에 맡기면 그럭저럭 나올 테니…. 마른침이 꿀꺽 넘어간다. 기도를 올림이 마땅한 처신 아니던가. 다섯 시 반이다. 열두 시에 이유 없이 아들에게 전화를 하였던 생각이 난다. 점심을 먹는 중이라는 목소리를 들으며 수화기를 놓으려는데 "엄마, 여섯 시 발표에요"라며 얼른 나의 속마음을 알아차린 아들이 고마웠다.

"으응, 그래. 조금 더 기다려야겠구나. 그런데 대현아, 이건 만약인데…. 만약에 나쁜 일이 생긴다 해도 우리 크게 실망하지 않기로 하자. 알았지? 알았지?"

"네. 엄마."

장담할 수 없는 일이라 허세를 부리면 안 되지만, 아들은 겸손하게 대답을 한다. 6시 5분이다. 핸드폰이 울린다. 왔구나. 성급하게 전화를 들었다.

"여보세요, 잘 안 들리는데요. 여보세요…."

변산에 있는 친구 경섭이가 전화를 걸었다. 초조함 속에서 받는 친구의 음성이 허탈감을 안긴다. 그러나 때마침 순간의 긴장을 이런 저런 안부로 잊을 수 있게 한다. 귀농 친구의 농장에서 영지버섯 생산이 순탄하다는 좋은 소식이었다. 아! 좋은 일이 터질 것으로 믿자.

두 번째 전화가 울린다. 아들이다. 차마 대뜸 물을 수가 없어 몇 초의 침묵이 간격을 흐르는데 아들의 목소리가 들린다.

"엄마, 내일 면접하러 오래요."

"아, 합격이구나! 대현아. 내 아들, 참으로 장하구나. 그동안 수고 많았다."

갑자기 영화 속에서나 보았던 미국이란 먼 나라 장면이 눈앞에 펼쳐지는 현상이 나타난다. 금세 눈가에 이슬이 젖는다. 대견한 놈. 그렇게 크나큰 일에 젊음을 바쳐 하나씩 묵묵히 이루어 낸 아들에게 "장하다"는 말을 오늘에야 아낌없이 퍼부었다. 아버지라 하는 정신적 지주의 참사랑의 진액이 빠진 가정에서, 나를 의지하고 역경을 극기한 아들이다. 자칫 무너지기 쉬운 상아탑을 모래알로 쌓아 올리는 담이 얼마나 많은 인내를 요구하였는지, 처절하고 힘든 것이란 걸 우리 모자는 안다. 중도에 포기하지 않고 꾸준히 정진하여 준 것이 고맙기 이를 데 없다. 어미의 소망이 무언지를 나날 속에서 눈으로 가슴으로 읽어 낸 아들이다. 말없이 몸으로 실천하는데 망설이지 않는 성품이 얼마나 나를 믿음직하게 하였는가. 지아비 없는 내 인고의 세월에 대한 예우보다 더 황홀한 보답은 없다. 아들의 몫을 단단히 해내었다. 아들의 영광은 나의 영광이요, 가문의 자랑이요, 국가의 미래다.

한 가문의 지어미가 되어 자식을 낳고 식솔을 거느렸던 모성의 발자국이 뒤돌아보아진다. 어떻게 그 세월을 견뎌 온 것일까. 내가 아닌 듯이 나를 향해 내 안이 들여다보아진다. 사람살이란 늘 그렇듯이 한 가지를 성취했나 싶으면 으레 새로운 시작이 기다리는 법이다. 태평양 건너 먼 땅, 세계를 휘어잡고 좌지우지 힘을 과시하며 지구촌 곳곳을 흔들어 대는 나라, 미국이란 대지 위에서 아들은 새 에너지를 부여받아야 한다. 큰물에서 또 다시 열정을 태워야 한다. 그리고 멋진 이상적 삶을 지향해 나가야 한다.

앞으로 아들은 나의 아들이 아니다. 언제부터인가 아들이 내 곁을 떠나는 그날이 오면 그때부터 나는 아들을 포기하리라고 맘을 다졌다. 어미에게 연연하면 남아가 약해질 수 있기 때문이다. 사람이란 사주팔자가 있는 법인데 제 운명 내 운명 각자의 몫이니 겸허하게 인정하고 아들을 자유롭게 해줘야 한다. 나의 건강을 잘 유지시켜 아들의 걱정을 덜어주는 일이 어쩌면 내가 아들을 도울 수 있는 길이지 싶다. 이제 내가 아들에게 해줄 것이라곤 아무 것도 없다. 여력이 있는 한까지 기도하는 것밖에는….

내 평생 처음으로 미용사에게 일금 오천 원이란 팁을 주었다. 미용실에서 받은 기쁨의 잔치가 미용사에게 전달되어 함께 즐거워했다. 기쁨은 나누면 배가 된다. 나만 좋아 될 일인가. 내 머리를 손질하던 그 손길에 정성이 이만저만 아님을 느꼈다. 사양하는 그에게 오히려 고맙다고 하였다.

언제나 그렇듯이 집에 오면 나의 공간은 여전히 텅 비어 있었지만, 오늘만은 빈 느낌이 전혀 없다. 뭔가로 기운이 넘치고 꽉 차오른다. 몸에서 가슴에서 생산되는 기분이란 영역이 이렇게 사람을 가지고 장난치고 있음이다. 딸들에게 전화를 하고 축하를 받는다. 11년의 길고 긴, 때로 지루했던, 견디기 힘들어 울어 통통 부은 얼굴로 세상과 마주하던 시간들이 오늘 하루로서 인생 오십 후반부의 결산을 치른 셈이다.

가을로 가는 길목이다. 베란다 밖 외곽 도로에 자동차가 질주한다. 어둠이 내렸고, 어둠이란 내일 떠오를 여명을 꿈꾸게 하는 태양을 의미한다. 깜깜한 누리에 밤이라 하는 신비한 이불자락이 온 세상을 덮어 버렸다. 아무 것도 보이지 않는다. 인간에게 있어 욕망이란 한도 끝도 없다. 놓고 버리는 연습을 하기로 하자. 오늘의 감격을 영원히 잊지 못할 것이다.

  아들은 대망을 위하여 또다시 도약의 발판을 딛고 나갈 것이다. 기회를 만들었으니 이제 한숨을 돌리는 여유를 가졌으면 한다.

2001년 9월 6일 목요일

아들의 이상, MIT로 보내기까지

장학 시험에 합격하고 나면 다음은 어느 학교로 갈 것인가를 선택하여야 한다. 아들은 모든 자료를 정리하여 원하는 학교에 보내야 한다. 교수님을 찾아뵙고 상의하였다. 가고자 하는 학교 다섯 곳을 정하고 원서와 성적표, 자기소개서 등을 보냈다. 두 달 후에나 결정이 난다고 하였다. 기다리는 시간이 지루하고 초조하였다. 아들이 내 곁에서 치르는 마지막 관문이 되는 셈이었다. 이 날을 기다리기로 아들이나 나나 얼마나 고대하여 왔던가. 아들의 꿈은 나의 꿈이기도 하였다.

다섯 살 적에 만든 적금 통장 속의 돈을 유용하게 쓸 차례가 되었다. 이십여 년 전 품었던 이상의 실현이 눈앞으로 다가오는 중이었다. 장학 시험 볼 때도 그랬지만 발표를 기다리는 시간은 피를 말리는 긴장감을 준다. 어느 대학에서 내 아들을 불러 줄지 예측도 할 수 없는 형편이었다. 내가 바라는 것은 진정으로 아들이 원하는 대학에서 공부를 할 수 있도록 불러

주기를 간절히 기도하였다.

  금년 설 명절은 고향에 다녀오기로 했다. 아들과 이튿날 떠나기로 약속을 하고 잠자리에 들었다. 시골에 다녀오는 이틀 동안이라도 초조감에서 벗어나고 싶었다. 어제 스키장에서 돌아온 아들은 컴퓨터를 열었다. 어느 곳을 클릭 하더니 "엄마" 하고 부른다. 왜 무슨 일 있니, 하며 아들의 등 뒤에 섰다.
  "엄마, 스탠퍼드 대학원에 합격했어요."
  라고 한다. 정말? 아이고 좋아라. 우리 아들 해내고 말았구나. 아들의 목덜미를 얼싸안고 나는 방방 뛰었다. 내일 산소에 가면 아버지께 고해 올릴 명분이 확실해졌다.
  중2 초반에 아버지를 잃은 아들이다. 자신의 일을 당당하게 처리하고 금의환향할 수 있어 기쁘기 한량없었다. 반면에 아들과 이별할 시간이 점점 가까이 다가오고 있음이었다. 이 날을 고대하여 왔었는데, 기쁨이 큰 만큼 슬픔도 앞당겨지는 셈이었다. 아들을 보내고 홀로 기거할 일을 생각하니 두 눈에 눈물이 자꾸만 고인다. 조석으로 현관을 들락이는 아들을 배웅하고 맞이하는 재미가 나에게는 솔솔한 즐거움이었는데 이젠 그 일조차도 할 수 없게 되었다. 하지만 더 큰 미래를 위하여 비상하는 것이니 나는 삭혀 내는 수밖에.

  며칠 전이다. 첫새벽에 현관을 두들기는 소리가 났다. 옆집이려니 생각하고 문을 열지 않았는데, 우리 집 문소리였다. 택배 배달부가 멈칫하니 서 있었다. 두툼한 서류 봉투를 들고 있었다. "임 대현 씨, 미국에서 온 서류입니다"라며 건네준다. 자는 아들을 깨우고 빨리 읽어보라고 재촉하였다. 눈을 게슴츠레 뜨고 훑어보더니 화들짝 일어난다. 어! 이게 뭐야! 웃는 얼굴이 환하기 이를 데 없다. 연신 감탄사를 토한다.

"뭔데? 빨리 말해 봐."

"엄마, 이번에는 MIT 대학에서 합격 소식인데요."

그때 아들의 얼굴은 환하디 환한 충만의 형상이었다. 아버지를 잃은 후부터 아들의 정신세계가 속성으로 성숙해가는 걸 엿볼 수 있었다. 남편을 대신한 아들의 자리를 확고하게 만들어 갔었다. 아들은 나를 위하는 속마음을 겉으로 나타내지 않고, 오늘 환희로 보답해 주었다. 최고가 되기 위한 이상 실현의 첫 단계에 진입하였다. 아들은 이제부터 또 다른 출발의 외줄 타기를 해야 한다. 내 역량으로 아들에게 도움될 일이 아무 것도 없다. 나를 벗어나 맘껏 젊음을 유영하기를 바란다. 아들이 한국을 떠나 세계로의 관문을 통과한 것이었다. 내 평생의 시름을 싹 가시게 하는 순간이었다.

"대현아, 너는 스탠퍼드야? 아니면 MIT야?"

"엄마, MIT는 저의 환상이었어요."

"응. 정말? 우리 아들 행복한 고민하게 되었네."

나는 스탠퍼드에서 날아온 합격 소식 때처럼 팔짝 뛰지는 않았다. 그런데 아들은 그때보다 훨씬 더 좋아하는 표정이었다. 아들은 이 대학원을 원하였던 것이다. 아들의 소망이 이루어졌으니 나도 따라서 소망을 이루었다. 미국이란 다국적 세상에서 이상을 펼쳐 나가기 위해 다시 한 번 학문의 전쟁터로 입문하게 되었다. 보이지 않는, 소리 없는 투쟁을 하며 자신과의 한판 승부를 치러내야 한다. 이 길이 끝인가 싶으면 또 다른 길목에서 사람을 기다리고 있었다. 산 넘어 산이라고 하였던가. 앞으로 아들에게 어떤 험난함이 가로막더라도 어릴 적 역경을 딛고 일어선 강인한 의지를 되살려 나간다면 충분히 극기하고도 남을 것을 믿어 의심치 않는다.

며칠 전 딸들이 모임을 주선하였다. 하나밖에 없는 막내 동생 대망의 뜻을 축하하기 위한 자리였다. 사위들은 모두 출근하였고, 오롯이 사 남매와 나, 직계들만 모인 셈이 되었다. 큰딸은 어느새 케익을 준비해 가지고 나왔다. 세 개의 촛불에 불을 붙였다. 생일이면 나이대로 촛불을 밝히겠지만 세 개의 숫자가 좀 의아스러웠는데 이렇게 말을 한다.

"대현아, 정말 고맙다. 오늘 이 자리는 축복의 마당이야. 멀리 하늘에선 아버지가. 가까운 이 땅에는 어머니가 계셔 너를 지켜 주셨다. 더불어 누나들도 많이 기도했어. 너로 하여금 행복할 수 있기를…. 우리 가정으로는 개인의 영달이고 크게는 국가의 영광이다. 선진국에서 학문을 갈고 닦아 훗날 고국으로 돌아오기 바란다. 그리고 너와 같은 후진을 양성하여 인류에 빛을 뿌릴 수 있으면 좋겠구나. 하면 너는 틀림없이 훌륭한 한국인으로 존경받을 수 있을 거야.

촛불을 켜는 이유는 바로 세상의 빛이 되라는 뜻이고, 금방 꺼버리는 이유는 인생, 우리의 인생이 잠깐이라는 뜻이야. 그럼 촛불 세 개의 의미를 말해 줄게. 하나는 너의 건강을 위해서, 두 번째는 좋은 배필을 만나

이루게 될 다복한 가정을 위해서, 세 번째는 너의 일에 대한 성공을 위해서야. 알겠니?"

우리 모두는 큰딸의 갑작스런 태도에 숙연하였다. 나도 오늘 같은 이 자리에서 한마디 하고 싶었다.

"이제 나는 너희들에게 더 이상 아무 것도 해줄 게 없다. 세 딸들 착하고 성실한 남편 만나 아들 낳고 가문을 번성하였으니 앞으로는 자녀 교육에 일념하기 바란다. 어머니의 자리란 자식을 반듯하게 키워 낸 후에야 비로소 웃을 수 있는 것이다. 오늘 이런 자리가 있기까지 긴장하고 애태운 세월을 뭐라 말할 수 있겠니. 결코 짧은 시간 속에선 이룰 수 없는 것임을 깊이 새기거라. 어느 누구로부터 예우나 대우를 받고 싶거든 먼저 상대에게 예우나 대우를 해줘야 한다. 하나밖에 없는 막내이자 아들, 대현이가 기특하기 이를 데 없구나. 조용히 자신의 일을 성취해 가는 과정이 참으로 훌륭하였다.

정작 해야 할 일은 이제부터다. 미국이란 새로운 세상 속에서 첨단 과학을 연구하며 인생 항로를 개척하려면 첩첩산중일 것이다. 지금까지 해왔던 것처럼 꾸준하게 성심을 다한다면 아마 안될 일은 없으리라고 내다본다. 말하자면 너의 뜻대로 된다는 말이다. 세상은 어떤 시각으로 바라보느냐에 따라서 지옥일 수 있고, 천국일 수 있단다. 내 생각으론 세상은 환상 그 자체이지 싶다. 이번에 대현이를 떠나보내는 것으로서 나의 역할은 다하는 셈이다. 사 남매, 나의 분신들, 진심으로 고맙다. 건강하고 항상 밝은 얼굴로 살기 바라면서 이만 줄인다."

그리고 방금 생각난 것들을 덧붙여 일러두었다. 일생을 행복하기 위하여 알아 두어야 할 몇 가지 사항을….

마음을 줘라, 몸으로 협력하라, 좋은 면을 바라보라, 밝은 웃음을 보여줘라, 좋은 말만 써라, 겸양 외 미덕을 갖춰라, 끝마무리를 잘하라, 나를 낮추어라 당부하였다.

나는 요즘 아들과 이별할 마음의 준비를 단단히 하는 중이다. 아들이 자라온 흔적들이 하나씩 영상처럼 떠오른다. 나는 아들을 보내고 얼마만큼의 눈물을 흘려야 안정을 찾게 될지 아직은 실감이 나지 않는다. 여자는 약하지만 어머니는 강하다고 하였던가. 남편을 다시는 돌아올 수 없는 곳으로 아주 보내고도 꿋꿋이 잘살아 왔는데…. 아들이야 세월만 기다리면 또다시 내 곁으로 온다는 희망이 있지 않은가. 홀로 안방을 지켜내는 어머니로 영원히 나앉을 것이다. 그날 쓴 나의 일기 한 토막을 올린다.

2002년 2월 23일

생각날 때마다 틈틈이 나의 생각을 전달하자. 부모와 자식은 소유가 아니다. 때가 되면 품 밖으로 밀어내는 것이 온당한 처신이다. 슬픈 일이 아니다. 서로 자유롭게 인생을 꾸려가기 위하여 때가 되면 보내는 것이다. 예전에는 집안이 아이들로 가득하였는데, 어느새 세상의 주체가 되었다. 그들을 바라보는 것만으로도 행복하고 넘친다. 내 비록 빈집에 쓸쓸히, 혼자 덩그마니 앉아 TV와 눈을 맞추어도 그들을 단 한 번도 망각해 본 적이 없었다. 그들을 떠올리면 저절로 입가에 미소가 번진다. 사랑하기 때문이다.

아들의 눈물

그러니까 MIT 합격 소식이 있던 그날, 아들의 첫마디는 "가긴 가나 보네"였다. 아들은 물론이고 가족들도 온통 설렘으로 보냈다. 교수님도 만나고, 친구들로부터 축하의 메시지를 받았다. 운동도 여전히 즐겼다. 나 또한 발걸음이 경쾌하였다. 구름 위를 걷듯이 몸이 둥둥 떠가는 기분이었다. 사람이 살면서 이런 행복의 순간을 만나기가 어디 쉬운 일이던가. 꿈결 같은 한 세월을 아들은 나에게 안겨 주었다.

오늘 아침 아들 방문을 열었는데 아직 이불 속에 누워 있었다. 잠이 깰 시간인데 숨소리가 고르지 못하였다. 혹시 어디가 아픈 건가 싶어 이마를 짚었더니 "엄마 추워요" 한다. 이불이 얇아 그런가 싶어 두터운 이불을 덮어 주었다. 약간의 미열이 감지되었는데 얼마 후 벌떡 일어났다. 평소처럼 회사로 정상 근무를 하였다.

그날도 아들은 밤늦게 귀가하였다. 그런데 얼굴이 벌겋게 달아 있었다. 너 어디 아픈 게로구나. 엄마, 하고 부르더니 침대로 푹 쓰러졌다. 온몸이 불덩이였다. 밤이 깊어 병원에 갈 수 있는 시간이 아니었다. 집안에 있는 상비약으로 급한 불만 껐다. 열이 얼른 내리지 않았다. 찬물 수건으로 이마를 식혀보았지만 허사였다. 급기야 욕실에 들어가 샤워를 하게 해보았다. 해열에 도움이 되지 않았다.

그렇게 날을 새다 싶이 하였다. 그 밤중에 끙끙 앓던 아들이 갑자기 눈물을 흘렸다. 그것도 그냥 흘리는 정도가 아니고 평평 울었다. 몸살이 너무 심하여 제 몸 가누기가 힘겨워서라고 생각하였는데, 아들이 흘린 눈물의 의미는 내 생각과 방향이 빗나갔다. 갑자기 내 손을 잡더니 "엄마, 미안해요"라고 하며 얼굴이 눈물범벅이었다. 나는 어안이 벙벙하였다. 큰일을 앞에 두고 무슨 말썽을 피웠나 싶어 가슴이 쿵하고 내려앉았지만 침착하게 물었다.

"대현아, 뭐가 미안한데?"

"다요, 저 미국으로 가고 나면 엄마 혼자잖아요. 엄마만 남겨 두고 가는 게 싫어요."

"얘가 별소릴 다하네. 누나들 있지 않니. 우리가 이 날을 손꼽으며 기다린 세월이 얼만데 이제 와서 뚱딴지 같은 말을 하는 거냐. 엄마 걱정 안 해도 돼. 일 없는 나도 아닌데. 글쓰기가 최고야. 나는 할 일이 너무 많아. 소설도 쓰고 싶고, 여행도 해야겠고, 그리고 친구 같은 진정한 남자 친구도 만들어서 너 없는 동안 연애도 해야겠다. 그동안 미루었던 나의 인생을 후회 없도록 챙길란다.

그리고 너 그런 소리하지 마라. 너도 이제 엄마를 벗어나야지. 어쩌면 너는 엄마 때문에 공부를 해주었지 싶다. 네 귀에 못이 되어 박힌 말, 생각나니? 다섯 살 적부터 부은 적금 통장 말이다. 이럴 때 쓰기 위하여 준비했던 것이잖아. 제대로 써먹게 해주어 고맙다. 앞으로 네가 나에게 효도할 일은 꼭 한 가지 남았다. 조촐한 가정에서 성장한 가정 교육이 제대로 된 며느릿감이나 하나 데리고 와 주면 너는 정말 효도 다하는 거야."
  덧붙여 이 한마디도 빼놓지 않았다.
  "예쁜 여자는 3달, 보통 여자는 3년, 그리고 지혜로운 여자는 3대代를 행복한 가문으로 만들어 갈 수 있단다."

  그날 밤 모자母子는 참았던 눈물을 기어이 터뜨리고 말았다. 목적을 이루기 위해 바친 세월이 길고 길었다. 한 발씩 앞으로 전진하며 다져 온 시간이 이십 여 년이었다. 기다림의 초조와 불안감을 뉘라서 알겠는가. 숨통을 조이던 긴장이 한순간에 스르르 풀렸다. 지쳐 쓰러질 뻔하던 고비 고비를 무사히 넘겼다.
  아들은 몸도 마음도 한바탕 열기를 내뿜었다. 몸살을 된통 앓았다. 얼마나 견디기 힘들었으면 느닷없이 욕실로 가더니 찬물 샤워를 하는 것이었다. 약 먹었으니 아무 생각 말고 푹 자라 이르고 나오려는데,
  "그런데 엄마, 8월쯤 미국에 가실 준비하세요"라고 한다. 귀가 쫑긋하였다.
  "녀석, 열 때문에 헛소리까지 하는 거야? 나도 미국 가? 왜 그 대학교에서는 엄마도 입학시켜 준대? 내가 널 따라가게?"
  "그게 아니고요, 이번에 저랑 함께 여행 삼아 가셔서 학교 구경도 하시

고 돌아오세요. 그럼 하늘에서 아빠도 좋아하실 거예요."
 코맹맹이 소리로 쏟아 내는 미국행行 티켓은 그만 나를 황홀경에 빠뜨리고 말았다.

 우린 그렇게 가족이라는 인연을 맺고 세월이란 시간 속을 유영해 왔다. 우리가 일상을 닦으며 진정으로 붙잡으려 하는 것은 무엇이었을까? 그 최상의 정점은 어디였을까? 아들의 이마에 찬 물수건을 얹는 굵은 힘줄이 불거진 나의 손잔등이 유난히 눈에 띈다. 주어도 모자라는 가족의 사랑과 향기다.
 여권을 만들려면 우선 사진을 찍어야 하는데, 예쁘게 나오려면 머리 손질이 첫 순서였다. 내일 당장 사진 찍을 설렘으로 가슴이 띈다. 비자는 여권을 발급받은 후에 신청한단다. 아들 따라 미국이란 곳을 다녀올 수 있게 되었다.
 옛말 하나도 그른 게 없다. 여자의 운명은 삼종지도라고 하더니만….
 햇볕과 빗물과 바람이 사람들의 먹거리를 길러내 우리 몸에 이롭게 하듯이 순리에 순종해온 아들도 과학이란 자생력을 길러내 우리 세상을 이롭게 할 것을 믿어 의심치 않겠다.

꿈과 아들 그리고 반지

 한 해가 저물어 간다. 집안에 탈 없기를, 그리고 그를 향한 영가 기도를 올리고 싶어서 청계사에 갔다. 아들도 친구들과 부산으로 먼 길 떠났는데 무사히 돌아오기를 빌었다. 오늘따라 그가 생각난다. 잊었나 싶으면 이따금씩 떠오른다. 그래서일까? 어젯밤 꿈속에 생전의 모습처럼 거리를 활개치던 그를 보았다. 마치 살아 있듯이… 삼경에 몸을 뒤척이다 눈이 떠졌다. 다시 눈을 감고 방금 전의 그 꿈이 이어지기를 소망하면서 꿈 속 저편의 기억을 불러들이려고 미간을 찌푸려 봤지만 허사였다. 그는 다시 나타나지 않았다. 참으로 오랜만에 꿈에서나마 보게 되었다. 짧은 한숨을 침실에 뿌린다. 뭐가 그리 급하다고 황망히 가버렸는지….

 지금의 나는 아들로 하여금 전성기를 누리고 있다. 분명 행복의 절반은 그의 몫인데 되돌려 줄 방법이 없다. 굳이 방법을 말하라면 내가 거느린 현실을 사람답게 살아 주는 길일 것이다. 고작 해서 명절이나 제삿날 밥 한 그릇 올리고 영전에 엎드려 극락왕생 하시라는 것이 전부다. 그를 생각하면 허망과 한限으로 가슴이 저린다.

그 동안 꿈을 꾼 경험으로 보아 죽은 자는 언제나 말이 없었다. 행동으로 움직이기는 해도 전혀 입을 열지 않았다. 잠결에 본 그의 전성기 모습은 바바리코트 자락을 펄럭이며 종종 걸음을 치던 그때가 확실했다. 나를 만나러 오는 장면이었다. 그런데 나는 아들 손을 잡고 어디로, 다른 방향으로 가고 있는 중이었다. 그를 만나야 한다면서도 서로 다른 쪽에서 손짓만 아쉽게 하였었다. 장면이 사실처럼 선명한데 깨어보니 꿈이었다.

그로부터 받은 사랑의 빚이 얼마나 남았을까? 셈으로 치자면 다 갚아졌을까?

오늘 아침 기분이 좋다. 그를 보낸 지 십이 년이 지났고, 한동안 나타나지 않더니 어젯밤에 나를 찾아 헤매는 그의 눈동자와 몸 동작에서 못 다한 사랑의 미련을 확인한 기분이다. 헌데 영혼이 아직도 내게서 벗어나지 못하였음일까? 이승 어딘가에 머물러 있는 것일까? 구천에서 떠돌지 말고 모든 것 훌훌 털고 천상의 복락을 누리시라고, 항상 내 기도의 첫 마디는 그를 향해 시작되는데….

올해도 며칠 남지 않았다. 아들의 합격 소식 이후로 시간이 더 빨리가는 느낌이다. 아들과 함께 있을 날도 그리 많지 않다. 아들이 유학길에 오르고 모자의 이별도 가까워지게 될 것이다. 이런 저런 상념이 뭔가를 준비하라는 신호탄으로 요즘 심경이 밝지만은 않다.

내가 반지를 해야겠다고 맘먹은 건 벌써 여름부터다. 아들이 보너스를 타면 그 돈으로 장만하리라고 생각했었다. 그가 병이 났을 때 패물을 팔아 돈으로 썼었다. 미처 반지를 챙겨 주지 못하고 가버린 묵은 숙원이었다. 현실에 존재하지 않는 그를 원망하진 않는다. 아들이 해주면 그가 해준 것과 다를 바 없을 것이다. 아들 없는 빈집을 홀로 지킬 때 아들과 함께 있듯이, 아들을 보는 듯이 반지를 끼고 싶어졌다. 아들에게 이런 나의 뜻을 전달하였더니 흔쾌히 허락해 준다. 고마운 아들이다. 이다음에 장가들면 아들의 수입을 지금처럼 자유롭게 휘두를 수 없게 된다. 며느리가 아들 인생을 차지하고 나면 나는 서서히 뒷전에 물러앉을 줄도 알아야 한다. 맘 편히 아들에게 받을 수 있는 복도 지금이 제격이고 한창이지 싶다.

보석이란 것이 욕심을 채워 주는 허욕이라기보다, 어떤 정표의 의미와 어떠한 가치를 부여하느냐에 따라 물질의 값어치가 빛나지 않을까? 반지를 볼 때마다 아들을 생각할 것이다. 내 맘에 꼭 드는 반지를 만나기 위하여 백화점 세 군데를 들렀다. 신세계 백화점에서 드디어 찾아냈다. 18금에 둘러싸인 옐로우 사파이어가 유난히 반짝였다. 손가락 위로 볼록 솟은 디자인이 중년 여인의 품위를 한층 중후하게 장식할 수 있는 반지였다.

이젠 나이도 나이려니와 싸구려 치장을 하면 자식들에게 누가 될 수도 있다. 성공한 아들, 딸들이 즐비한데 볼품 없는 장식으로 아이들 체면에 손상 가는 일은 없어야 한다. 효자는 어른이 만들어 주기에 달렸다. 그리고 내가 나를 사랑할 줄도 알아야 한다. 아이들을 제외하곤, 어떠한 것이든 나 자신보다 소중하진 않다.

엊그제 예지회 송년 모임에 갔는데 어머니가 아들 자랑으로 만면에 희색이 가득하였다. 입을 다물 줄을 모른다. 유학 간 아들이 방학하여 귀가하였는데 가족들 선물을 챙겨 왔단다. 핸드백과 반지, 현금 등등을 받은 어머니들 입이 귓가에 걸려 있다. 여인들 표정에 행복이 넘쳐난다. 부모는 자식에게 전부를 주고, 애들이 떨궈 주는 이슬 한 방울에 엄청 행복해 한다. 살과 뼈를 녹여 온갖 정성을 바쳤기 때문인가? 모성적 본능, 조건을 따질 수 없는 순수의 사랑이다. 특히 예지회 아들들 같으면 입에 침이 마르도록 자랑해도 흉스럽지 않게 비친다. 국가에는 미래의 주역이니까.

저들의 이야기를 다 듣고 나도 다음 모임에 반지를 끼고 올 수 있겠다고 생각하였다. 아들은 보너스를 타면 나에게 반지를 해줄 참이었다. 회사를 그만두고 유학 가기 전까지 보너스 탈 기회가 앞으로 한번 더 있기는 하지만, 연말에다 신정에다 나의 생일까지 삼중으로 겹친 김에, 아들이 나에게 선물할 찬스가 된 것이다.

반지를 끼고 나갈 차례다. 나도 아들 자랑에 팔푼이처럼 유치해지고 싶었다. 단순하고 미친 척 세속적인 것에 휩쓸려 보는 것도 한때나마 웃게 해준다. 그것도 복이라면 복이다.

곧은 제정신으로만 현대를 살아가는 사람이 과연 몇이나 되겠는가. 거짓과 술수를 일삼는 정치꾼들의 난장판 같은 세태 속에서 소시민들은 휘둘려 살고 있다. 온당치 못한 일로 부귀와 영화를 누리는, 가면 쓴 얼굴을 역겨워 하며 산다. 잘못된 사회 구조 속에서 함께 숨쉬는 소시민들 가슴은 외면당하고…. 정직이 실추된 그 속에서 하루하루 연명해 왔다는 것도 감사한 일이다. 사람에게 있어 행복의 0순위는 웃음이다. 자신에게 당당한 가식 없는 웃음을 날리고 싶은 열망이 차라리 아름다움일 수도 있다는 것이다.

  꿈이란 때로 어떤 예시 같기도 하다. 가끔씩 좋은 일이 생길 때면 전날 밤 꿈을 더듬어 보는 습관이 있다. 가령 돌아가신 어머니나 그를 꿈속에 보고 나면 그 꿈은 틀림없는 길몽이다. 다음날 나에게 혹은 가족들에게 꼭 뭔가 즐거운 일이 터져 왔었다. 행복을 동반해 주는 꿈을 좋아하지 않을 수 없다. 어젯밤 꿈도 그랬다. 오직 한 사람 내 편이던 그를 보았으니….

  아들이 출근하자마자 전화가 왔다. 일금 이 백 오십 만원 통장으로 입금하였으니 '어머니 맘에 드는 반지를 사세요'라고. 평생에 그가 해결해 주지 못한 답답한 숙원, 아들이 말끔히 씻어 주었다. 결혼 반지는 그가 아팠을 때 팔아서 병원비로 썼었는데, 반지를 해주지 못하고 그냥 가 버리고 만 것이다. 아버지의 빚을 아들이 갚는 셈이었다.

  삼종지도. 여자는 남자로 하여금 세 번 운명이 바뀐다고 했다. 아들을 따를 차례다. 부모 자식의 관계는 아무 조건이 없다. 주어도 주어도 모자랄 뿐이다. 받을 것이 뭐가 있겠는가. 반지라는 물욕에 눈이 어두웠던 나는 아니었을까. 아들의 관심을 집중시켜 보려는 나의 어리석음은 아니었을까. 탐욕과 어리석음의 한바탕 꿈이지 싶다.

그를 하늘로 보내고도 반지에 대한 미련을 털지 못했었다. 그래서 꿈속에 나타났던 것일까. 아무튼 꿈보다 해몽이라고 했다. 어제 밤 꿈에 그를 보았고 이튿날 나에게 돌아온 반지는 천하와도 바꿀 수 없는 모자의 맥이 되었다. 아들은 유학 길을 떠나기 전에 아버지의 몫까지 확실하게 보상을 해 주었다.

우리말에 죽으나 사나 '조상 덕'이란 말이 있듯이 꿈땜을 옳게 한 셈이었다.

꿈이여! 다시 한 번만….

※ 예지회란 서울과학고 어머님들로 구성된 열두 명의 모임

아버지의 동창회

　서울에 상주한 남편의 동문들은 일 년에 두세 번 모임을 갖는다. 해마다 8월 15일이면 변함없이 행사를 진행하는 총동창회가 언제나 하이라이트다. 부부가 함께 참여하면서 동문들 가족 간의 근황과 소식을 교환하며 우의를 다지는 자리다. 남편이 병환으로 세상을 떠났는데도 동창회 통신문은 여전히 그의 이름으로 배달되었다. 그때 나는 나갈 것인가 말 것인가로 고민하다가 열다섯 살 아들을 데리고 참석하기로 결정을 내렸었다.
　신뢰라는 것은 서로 믿고 의지함을 말한다. 사람이 사람을 믿는 일처럼 어렵고 곤란한 일이 없다. 지구상의 인구가 육십 억인데 내 가족 한 사람 잃었다 하여 세상이 달라지지 않을 뿐더러 멈추지도 않는다. 모른 체한들 누가 누구를 탓할 일도 아니다. 그 후로 서너 번 참석하고 몇 년 동안 발길을 뚝 끊었는데, 세월이 어느 사이 십 년을 훌쩍 넘겼다. 나는 저들의 믿음에 얼만큼이나 사람 노릇을 하였는지 알 수가 없다. 무엇으로도 가늠할 길이 없었고, 다만 실망을 드리지 말아야겠다는 생각만이 들끓곤 하였다.

  금년초다. 이제 아들도 장성하였으니 아버지의 동창회에 우리의 안부를 전할 차례가 되었다. 뭔가를 가지고 가고 싶었다. 무엇을 가져가면 좋을까. 아들에게 장학금을 주던 그때의 감사함을 망각해 본 적이 없다. 하여 나도 동창회에 기부할 촌지를 챙기기로 하였다. 참으로 오랜만에 뵙는 그 분들의 얼굴을 다시 떠올리니 감회가 깊다. 아들도 사회의 일꾼으로 우뚝 섰으니 그간 지켜봐주신 아버지 동문들께 인사를 올려야 함이 마땅한 처신이었다.
  가진 것 없는 모자에게 베푼 은덕은 아들이나 나에게 용기를 심어 주었다. 세월이 세상 속을 정신없이 누비게 하였다. 어른들은 지는 해로, 아이들은 뜨는 해로, 자리바꿈하는 것이 인생사 정도正道이고 순리順理다. 보이진 않지만 각자의 위치에서 소리 없이 성실하게 생활에 정진하여 왔었다. 어느 곳에 있다 한들 믿는 마음에 변함이야 있었겠는가. 신뢰하는 그 맘이 없었던들, 오늘 같은 자리에 또다시 모자의 얼굴을 내밀 수 있었을까.

  낯익은 얼굴들의 반가운 웃음을 대하며 환하게 웃었다. 아들은 아버지 이름이 쓰여진 명패를 가슴에 달고 어른들께 인사를 올렸다.
  "아니 이게 누구신가? 어! 임재록 아들 아니냐! 몇 년 안 본 사이에 많이 컸구나!"

손에서 손으로 뜨거운 악수를 나누며 연신 감동 섞인 우정의 말을 쏟아 낸다. 아버지의 친구라는 의미보다 어쩌면 부성애父性愛 같은 피의 냄새가 스며들기도 한다. 아들을 바라보는 동창들의 눈빛에서 안도의 숨소리가 터져 나왔다. 철부지 아들을 남겨 놓고 차마 눈을 감지 못하던 천상 위의 진짜 아버지도 흐뭇하게 내려다 볼 것이다. 늠름한 청년으로 성장한 아들의 어깨 위에 가정과 국가를 맡겨도 손색이 없을 대한의 남아다운 모습을 저들에게 보여주었다. 올바른 품위와 올곧은 심성으로 건강하게 자라준 데는 동창 아버지들의 보이지 않는 보살핌이 있었기 때문이다.

　아버지의 동창회. 그 자리를 아들이 대신 채워 줄 날이 오기를 얼마나 고대하여 왔던가. 나는 내 자신에게 무언의 다짐을 하였다. 모자에게 관심을 기울여 주신 주위 분들의 우정을 잊지 않겠노라고. 오늘은 우리 가정의 튼실함을 증명해 보이는 자리다. 바른 의식과 행동으로 현실과 맞대고 응한다면, 꿈은 결코 멀리 있는 것이 아니었다. 추구하던 어떤 이상도 우리를 외면하지 않더라는 진리를 알리고 싶었다. 어둠의 터널을 뚫고 나오니 거기에는 반드시 태양이란 금쪽같은 빛이 눈부시게 빛나고 있더라는 말이다.

　나는 이 행복의 보고서를 쓰면서, 세상살이란 역시 꿈꾸는 자들의 몫이고 그들 가슴에서 놀아나는 한바탕의 신명나는 굿판이니 뭐니 해도 열심히 살고 볼 일이라고 말하고 싶다. 그래야 울던지 웃던지 승부가 날일 아닌가. 어느 누구 앞에서도 당당하게 웃을 수 있는 자가 승리자다. 아무 조건 없이 주고받는 인정人情, 그것이 사람에게 절실한 신뢰감이 아닐는지.

어느 고인의 장학 정신

그는 이 세상에 존재하지 않는다. 오래 전에 세상을 떠나면서 세인들을 깜짝 놀라게 하고 훌훌 간 사람이다. 이름을 대면 누구나 금방 알 수 있는 재벌 그룹의 총수다. 그가 사회에 끼친 영향력이 얼마나 큰지는 열거하지 않더라도 짐작이 간다. 예를 든다면 장례 문화를 소리 없이 바꾸게 한 사람이다. 좁은 땅을 효율적으로 쓰도록 국민의 의식을 변화시킨 분이다.

내가 그분의 정신을 접하게 된 것은 아들 때문이다. 아들이 s대학 전자공학부에 입학하면서부터다. 정보 통신 분야 1기생으로 장학금을 지원해 준다는 소식을 듣고 매우 기뻤다. 대학 생활 4년 내내 장학금을 지원받았다. 무조건 주는 것은 아니다. 학업의 성실성과 학구적 두뇌가 따라야만 된다는 것이다.

나는 아들이 다섯 살 적에 20년짜리 적금 통장을 만들었다. 매월 7천 원을 정기적으로 예금하면서 그 돈의 목적을 설정해 두었다. 스물다섯 살이 되면 유학을 보내리라고. 아들을 향한 나의 꿈을 붓기 시작한 것이다. 아들이 열다섯 살 적에 아버지를 잃는 비운이 닥쳤다. 갑자기 가장을 잃은 환경은 생활을 곤혹스럽게 하였다.

그렇더라도 나는 단 한 번도 적금을 깰 생각은 하지 않았다. 만약에 적금 통장을 없애고 그 돈을 쪼개어 생활에 보태어 쓰게 된다면 그것은 어쩌면 나의 꿈이 부서지는 것과 다를 바 없기 때문이다. 매월 티끌처럼 늘어가는 돈의 액수만큼 나의 꿈도 커가는 재미가 보통 쏠쏠한 게 아니다. 아들을 대하듯이 그 통장 안에는 희망이 담겨 있었다. 한 달에 한 번씩 꺼내어 은행에 가면서 꿈을 확인하곤 한다. 아들은 내 뜻에 따라 학업에 열중하였다. 대학을 졸업하고 산업 역군으로 방위 산업체에서 국방의 의무를 수행하는 중이다.

아들을 낳아 품안에서 다독거린 시간은 불과 5년 안팎이다. 아들이 다른 아이들보다 빨리 성숙해진 것은 아버지의 사랑을 일찍 마감 지은 탓이다. 편모슬하에서 나의 기대에 어긋나지 않게 사는 방법을 스스로 터득한 셈이다. 아들이 어렸을 때 나는 이런 말을 가슴에 못이 되어 박히도록 들려주었다. '공부하다 죽은 사람 없으니 공부는 죽도록 해도 모자라는 것이다'라고. 이 말이 내가 아들에게 해줄 수 있는 교훈의 전부였다. 그 길만이 아들이 살아갈 수 있는 최선의 길이라고 여겼던 것이다.

그렇다. 돈이나 배경이나 부모 복이나 어느 한 가지도 제대로 갖추어진 게 없는 것이 아들의 현실이다. 기대를 걸 수 있는 길은 오직 실력뿐이다. 돈과 물질, 배경과 비교되지 않고 그 무엇과도 바꿀 수 없는 남과 다른 실력을 겸비하는 일이 가장 중요한 선택이었다. 운동과 음악도 즐기는 노력형이다.

아들은 이십여 년을 공부하는 일에 혼신을 다했다. 현실은 가난하지만 정신의 성숙도는 21세기를 앞질러 치달리는 젊음의 패기와 마음의 양식, 남아다운 용기와 정직성을 쌓아나갔다. 적당한 가난은 아들에게 보다 폭넓은 인생관을 가지도록 가르쳤다. 이웃을 위하여 헌혈을 주저하지 않으며, 나보다 어려운 친구를 먼저 배려할 줄 아는 용감함을 아들은 알고 있다. 자신의 성취도가 가정이나 국가에 끼치는 영향이 얼마나 중요한가를 적절하게 익혀 나갔다.

중학교 3학년 때다. 몸이 게을러지고 정신이 나약해질 때면 아버지가 내려다보고 있음을 의식하기 위하여, 아들은 천장에다 아버지의 명함판 사진을 붙여 놓고 공부에 몰두하였다. 아버지의 희망이자 나의 열망이고, 누나들의 소망이고 또한 자신의 꿈을 실현하기 위한 투쟁이었다. 첫 번째 관문인 과학고에 합격하기 위한 어린 아들의 끈덕진 땀의 냄새는 향기 그 이상이었다.

통장 속은 거북이 걸음이지만 해마다 꿈이 불어나는 일은 계속되었다. 아들이 유학을 가게 되면 나의 품 밖으로 떨어져 나가는 일인 줄 번연히 알면서, 나는 왜 그 일에 이처럼 신명을 바쳤는지 나도 모른다. 비록 내가 외롭더라도 아들의 성취도는 가족들의 이상 실현이고 국가의 일꾼으로 쓰일 재목이 되어 가는 길이기 때문일 것이다.

지금 아들은 스물다섯 살이 되었고 적금 통장도 만기가 되었다. 유학 갈 자금으로는 턱없이 모자라는 돈이다. 과자 값에 불과한 액수지만 아들이 커가는 속도와 꿈이 함께 불어나는 행복감을 누구라서 짐작하겠는가. 이십 년을 한결같은 마음으로 채워 왔다. 만약에 내가 이 일을 만기까지 이끌어 가지 못한다면 나는 어머니로서 자격 미달이라는 생각도 했었다.

지난 9월, 한국고등교육재단에서 2001년도 해외유학 장학생 선발 시험이 있었다. 아들이 꼭 이 시험에 합격해야 하는 이유가 분명하다. 해외에서 공부하는 동안 학비와 숙식비 일체를 지원받기 때문이다. 내가 건네줄 통장은 줄기차게 부어서 일천만 원 남짓이다. 어림도 없는 액수지만 모자의 꿈을 진행시켜 주는 일환으로 그 이상 가는 희망은 없었다.

정보 통신 분야에 63명 응시, 11명을 합격시켰다. 쟁쟁한 경쟁자를 물리치고 아들은 당당하게 합격의 영광을 안았다. 여태껏 살아온 경험으로 미루어 보건대 인생의 목표를 설정하고 꾸준히 노력해서 안 되는 일은 없었다. 도전하는 자만이 성취한다고 하였다.

'대한민국의 모든 청소년들이여! 야망을 가지십시오'라고 외치고 싶은 맘이다. 돈이 없어 공부를 하지 못한다는 것은 비굴한 생각이다. 어떤 곳이든 간에 최선의 열정을 바쳐서 안 되는 일은 없었다. 물론 이 말은 내가 남편 없이 가장의 역할을 떠맡고 바깥세상을 넘나들면서 이룩한 자아 성취와 경제생활의 체험을 근거로 하는 이야기다.

학부모 장학 설명회가 있어 참여하였다. 이 장학회는 단순히 돈만을 지원해 주는 장학회가 아닌 철학을 가지고 공부하는 사람에게만 지원을 아끼지 않는다는 것을 알았다. 민족 자체를 선진국으로 도약시키고자 하는 의미 있는 재단 사업임을 금방 알 수 있었다. 우리 사회를 향상시켜서 유럽 대국과 어깨를 나란히 할 수 있도록 말이다. 국가를 일으킬 수 있는 방법은 두뇌밖에 없다는 이야기다. 세계적 수준의 인재를 양성하는 곳이었다. 젊은 학자를 만들어 사회에 배출하는 것이 장학 사업의 목적이고 취지다. 다이아몬드처럼 빛나는 학문을 연구하도록….

장학 재단이 아들에게 거는 희망 또한 나와 진배없었다. 세계 학자들의 반열에 내세우기 위하여 아들과 같은 청소년들에게 장학의 혜택을 더 많이 주고 싶어 한다. 보편적인 장학 사업이 아닌 큰 이상으로 전진하기 위한 그런 사업임이 틀림없었다. 세계를 리드할 수 있는 학문적 수준의 인재를 기르는 데 목적이 있었다.

아들의 꿈은 초일류 국가를 목표로 삼고 자신의 모든 역량이 초석이 되어야 한다는 것이다. 넓은 땅에서 좋은 대학을 선택하여 다양한 문화를 접하면서 아들은 가정과 국가를 이끌어 갈 재목으로 거듭나게 될 것이다. 훗날에는 내 나라 내 조국에 기여하여 후배들을 양성, 동참시킬 것이다. 아들에게 장학 혜택을 줌은 마땅한 일이었다.

설명회는 장학생 한 사람에 대한 지원과 학문 등을 종합적으로 관리하는 역할을 하고 있었다. 미국이란 토양에서 대한의 꽃을 피우게 하는 일이었다. 기대치가 확실해 보이는 학자 예비군을 선발하였다는 점에서 환영의 박수를 보냈다. 세계 풍토 위에서 우리의 젊은이들이 자신감을 가지고 실력을 갈고 닦아 세계적 학자로 배출되어야 함은 두말 할 여지가 없다. 우수한 학생이 용기를 가지고 좋은 환경에서 많은 것을 경험하며 국가관과 인생이라는 리듬을 배워야 한다.

속담에 이런 말이 있다. '호랑이는 죽어서 가죽을 남기고 사람은 죽어서 이름을 남긴다'고. 그 사람은 우리나라의 사회적 문화 수준이 세계화 되려면 백 년이 걸린다고 예견하였다. 이러한 세계적 목적을 삼십여 년 전에 설립하고 뜻을 세워 지금까지 인재를 키워 내고 있었다. 돈이란 거름의 역할로 충실할 때 제대로 빛이 나는 것이다.

훌륭한 경쟁을 통하여 선발된 아들에게 당부하고 싶은 말이 있다. 하루가 다르게 변화하는 세계 속에서 십 년 또는 이삼십 년 후가 목표라는 점이다. 노벨상 학자들을 짧은 시간에 얻는 게 아니라는 점을 망각하지 말라는 이야기다. 우선 아시아를 리드할 수 있도록 활동하면서 그라운드를 만들어 가라는 것이다. 그런 점이 그 사람의 장학 정신이다. 그 사람은 지금 죽고 없다. 하지만 죽어서도 살아 있는 존재로 추앙 받는 분이다. 활발하게 장학 사업이 유지되고 있다는 점은 그 사람의 뜻이 대한민국에 뿌리를 내리고 있음을 시사하는 것이다. 시간을 초월하여 길이길이 빛날 수 있어야 한다.

'죽어서도 살아 있는 사람'으로 거듭나려면 어떠한 정신으로 가야 하는지를 굳이 찍어서 말하지 않아도 아들은 알 것이라고 믿는다.

사람이 사람으로 살기란 쉽지 않다. 백 년을 내다보고 삼십 년의 전통을 이어 온 그분의 장학 정신이여, 길이 빛날지어라.

청년은 자유를 위하여 꿈을 꾼다

8월이면 아들은 MIT 대학으로 떠난다. 한국을 떠나기 전에 그동안 상상으로만 그려 오던 자전거 여행을 계획하였다. 친구들과 약속하고, 식목일을 전후하여 휴가를 신청하였다. 출발 이틀 전부터 준비물을 하나씩 챙겼다. 선글라스, 비옷, 우산, 슬리퍼, 점퍼, 장갑, 모자, 수건, 세면도구 등.

요즘 아들의 생활은 마치 하늘 위를 두둥실 떠다니는 구름 마냥 한없이 자유로워 보인다. 걸음이 사뿐하고 표정이 환하다. 제 할 일을 차분히 쌓아 오면서 때로는 어둡고 불투명한 내일에 대한 확신이 서지 않아 근심에 찼던 적이 있었다. 남들이 마음 놓고 즐길 때 참고 견뎌야 했다. 청소년의 고민은 곧 그것이 꿈이고, 이상이었다. 자신의 이상적인 실현을 위하여 즐기고 싶었던 감흥을 유보하였다. 책상과 의자에 몸과 정신을 묶고 얼마나 많은 시간을 씨름하였던가. 바깥세상의 햇빛보다 형광등에 얼굴을 더 많이 익혔을 것이다. 아들에게 있어 지금이 인생의 전부는 아니지만, 적어도 아들이 살아가야 할 몫의 몇 분의 일은 통과한 셈이라는 생각이 들었다. 역경을 헤쳐 오면서 오직 한길만 바라보던 아들이었다.

MIT로의 진로는 남편 없는 상실감을 확실하게 보상해 주었다. 온갖 시름을 놓게 함과 동시에 미래의 탄탄대로라는 웃거름으로 음미할 수 있었다. 나도 근래에는 얼굴에 화색이 만연하다. 사는 일이 이처럼 신바람 나는 걸 실감한다. 이제 아들은 내 곁을 떠남과 동시에 보호자 없는 홀로서기의 고행이 시작된다. 또다시 새로운 미래를 열기 위한 시발선상에 서게 된다. 합격 통지를 받았을 때 아들의 모든 장래가 결정된 것처럼 착각에 빠지기도 하였다. 착각에 빠져도 힘이 나는 이유는 더 높이, 더 넓게, 더 멀리 비상할 수 있는 가능성이나 어떤 확신을 엿볼 수 있기 때문이다.

토요일 아침, 배낭을 메고 통통 계단을 내려가는 아들의 뒷모습에 대고 무사히 여정을 마치고 돌아오기를 기도하였다. 앞으로 아들과 함께 있을 날이 불과 석 달밖에 안 남았다. 일 초의 촌각도 아깝다. 지금 내가 아들에게 할 수 있는 최선의 방법은 기도가 우선이고 또 그것이 전부일 뿐이다. 내가 아들에게 전달할 수 있는 사고思考나 역량이 이젠 바닥을 드러냈다. 영향력을 미치지 못할 것 같지만 그래도 아직 남겨둔 것이 있다. 지식과 지혜를 분별할 줄 알아야 한다고 일러야겠다. 세상을 바로 사는 기술은 스스로 몸으로 터득하는 길이 가장 큰 이익이고, 지름길이라는 것도 잊지 말아야겠다.

그날 밤 무사히 도착하였다는 전화가 왔다. 서울은 내일부터 비가 온다는 일기 예보가 있었는데 제주도도 마찬가지였다. 이튿날, 서귀포는 비바람이 몰아쳐 자전거 여정이 쉽지 않을 것 같다는 전갈이다. 조심하라는 말밖에는 전할 말이 없었다. 그리고 이런 생각이 머리를 스친다. 무릇 청년이란 제아무리 험난한 비바람이 닥쳐도 이겨낼 줄 아는 힘을 길러야 한다는…. 사막에 홀로 던져놔도 자생력을 펼칠 수 있음을 믿어 의심치 않는다.

육순이 코앞이다. 이만큼 살고 나니 인생이 한때라는 말이 맞다. 지금 할 일을 미루면 안 된다. 마음먹은 순간, 바로 지금 행하라고 누구에게나 말해 주고 싶다.

지금 친구들과 추억을 만들지 못하면 한동안 지금 같은 자유를 누리기는 어렵다. 미국이란 나라에서 여러 인종들과 지적 전쟁에 돌입하기 이전에 상상으로만 그렸던 여행을 하는 것은 더없이 바람직한 일이다. 시간을 제대로 조율할 줄 아는 사람만이 시간의 효율성과 시간의 귀함을 안다. 내 시간과 남의 시간도 가릴 줄 알아야 한다. 아들 나이를 사람들은 인생의 황금기라 일컫는다.

4박 5일의 일정을 마치고 늦은 밤에 돌아왔다. 손에는 한라봉이라는 제주도 특산품이 들려 있었다. 이제 컸다고 제법 선물도 사들고 오는 것이 기특하였다. 검게 그을린 얼굴이 청년다운 청년의 모습이다. 비바람도 아랑곳하지 않고 계속 자전거를 타고 페달을 밟았다고 한다. 나는 아들의 그런 용기에 박수를 보내며 크게 웃었다. 아무 탈 없이 돌아왔다는 것이 얼마나 감사한 일인가. 친구들과의 자전거 여행은 어쩌면 처음이자 마지막이 될 수도 있는 일이다. 좋은 추억으로 간직하면 훗날 눈감고도 선연히 떠올릴 영상으로 만족할 수 있을 것 같다.

사람이 할 일을 다하고 산다는 게 그리 쉽지만은 않다. 다만 열심히 최선을 다하여 보람으로 안았을 때를 동경하며 그런 진실된 복을 누리기 위하여 인간은 꿈을 꾸는 것이다.

아들과 함께 지내는 하루하루가 참으로 소중하다. 스물일곱이 되도록 한 집에 기거하며 한 솥의 밥을 먹는 모자母子 사이지만, 사실 서로 얼굴을 마주볼 수 있는 시간이 얼마나 되었을까? 무슨 대화를 얼마큼 나누었을까. 각자가 해야할 일 속에 묻혀 서로를 얼마나 배려하였을까. 가족의 화목을 마음의 공원으로만 그리지는 않았는지…. 좁은 공간에서 스적일 때마다 아들의 체취가 묻어난다. 때로는 남편의 향기로….

천국에서 사색을

　사람은 어머니의 자궁에 잉태되는 그 순간부터 모성과 교감을 하며 숨을 쉰다. 교감이란 서로의 뜻을 느낀다는 것이다. 모성은 아들이나 딸 구별 없이 자식에게 필요한 어떤 원동력을 끊임없이 제공하여 줄 수 있기를 소망한다. 생명의 가치와 존엄성을 가르친다. 신생아기와 유아기, 아동기, 소년과 청년의 기간을 거치면서 교육을 통하여 인격을 형성시키는데, 모성은 불가분의 관계를 유지시키는 역할을 도맡아 하게 된다. 모성의 관계란 그런 범위 안에서 지속되어지는 가정적 또는 사회적인 대칭 관계로 맥을 이어가는 것이다.
　모성의 입장에서 아들을 객관적으로 바라보기는 쉽지 않은 일이다. 대중이 함께하는 사회 속에서 반듯하게 활동할 수 있는 한 사람의 인간으로 성장시키기 위하여 모성은 무한한 노력을 바칠 수밖에 없는 것 또한 숙명적 관계다.

나는 지금 미국으로 떠나려는 비행기에 탑승하였다. 엔진소리가 요란하게 기체를 흔들며 활주로 위를 서서히 움직인다. 창밖의, 지상의 모든 것들이 한국의 땅임에 틀림없는데 오늘따라 그리 생소하게 비칠 수가 없다.

나는 왜 비행기를 탔나? 자신에게 질문을 던지며 지그시 눈을 감았다. 옆자리 앉은 아들의 숨소리가 마치 내가 숨을 쉬듯 크게 들린다. 아들과 나란히 앉아 미국으로의 여행을 환상으로 그렸던 것이 바로 어제 일만 같은데…. 25년이란 세월을 경유하여 오는 동안 고대하던 꿈의 보상을 받은 기분이다. 오늘 꿈결처럼 이상적 실현의 그 현장에 앉아 있는데 불현듯 아들이 탄생하던 날이 생각난다. 오늘 같은 날을 맞이하기 위하여 아들은 나의 태반에서 생명의 탯줄을 붙든 것일까.

무더운 여름날이었다. 진땀을 뻘뻘 흘렸고, 진통의 시간은 길었다. 칠월 초삼일 첫 새벽 축시에 첫울음을 터뜨렸었다. '개구쟁이라도 좋다, 튼튼하게만 자라다오' 이렇게 나의 기도 속에서 아들은 나날이 성장하였다. 위로 세 누나들 틈 속에서 고추 하나를 달고 나와 얼마나 많은 미소를 짓게 하였던가. 아들은 이미 그때 나에게 할 수 있는 효孝를 다하였고, 모성의 계산을 끝낸 셈이다. 무엇을 바라봐 그처럼 신명나게 웃을 수 있었겠는가. 아들에게 걸었던 무수한 꿈들이 하나둘 되살아나고 있었다.

다섯 살 적이다. 어느 아는 분으로부터 꼭 '꼬마박사' 같다는 칭찬을 들은 기억이 지금도 역력하다. 그날 아들 손을 잡고 오면서 아들을 꼭 박사로 만들고 싶은 소망을 기도하였다.

그리고 6학년 겨울 방학, 아버지 몸에 병이 생겼다. 생활이 많이 우울하였던 걸로 기억되어지고 아들은 그때부터 본의 아니게 조숙해지기 시작하였다. 비행기는 어느새 구름 위를 날고 있었다.

아들의 손을 꼭 잡았다. 꼬마의 손은 청년의 손이 되어 무쇠처럼 단단해졌다. 어른이 다 되었다기보다 훨씬 그 이상의 어떤 강렬한 에너지의 원천을 소유한 기분이 가슴을 꽉 메운다.

하늘에서 보는 또 하나의 하늘은 나를 숨막히게 한다. 여명을 알리는 천상의 바다는 붉은 물감을 풀어놓은 듯 아름답다. 하늘 신神에 홀려 숨통이 조여들 듯이 대자연의 신비감과 오묘함 황홀경에 그만 넋을 잃고 말았다. 아들이 곁에 있으므로 하여 내 눈앞에 펼쳐진 천국의 한 마당이 내 품안에서 놀고 있었다. 꿈꾸던 것들이 나의 것이 되었음에 한없는 기쁨이었다.

앞으로 아들은 여러 인종들과 어깨를 겨루며 지성의 전당에 몸을 담고 또 한바탕의 전쟁 같은 열정을 바쳐야 한다. 누구도 보살펴 줄 수 없는 미국이란 곳에서 자신과의 투쟁을 통하여 자아의 세계를 구축해 가야 한다. 청소년 시기를 역경을 헤치면서 극기한 경험을 망각하지 않는다면 아들은 어떤 험난한 고비도 뛰어넘을 수 있을 것이다. 한국의 세계인으로 거듭 태어날 것을 믿어 의심치 않는다.

아들과의 교감은 태어날 때부터 지금까지 시도 때도 없이 줄기차게 나누며 살아 왔다. 비록 아들과 떨어져 산다 해도 모성적 영혼의 교감은 죽는 날까지 어디로 도망가지 않을 것이다. 아들을 따라서 MIT 대학을 견학하러 가는 중에 하늘 위에서 잠시 잠깐 사색에 젖어 보았다.

　미국 여행을 마치고 돌아오는 그날부터 나는 어쩌면 아들과 이별한 공간 속으로 홀로 들어가게 된다. 연인 같은 아들에 대한 그리움이 슬픔으로 나를 괴롭히겠지만 견딜만한 가치가 있는 고통이다. 희망처럼 사람에게 신바람을 불러일으키는 건 없다. 더 큰 이상적 실현을 위하여 도약하는 희망아들의 앞날에 건강과 발전을 위하여 기도할 일이 아직 내게는 남아 있다. 모성의 기氣는 그대로 아들에게 전달될 수밖에 없다. 간절히 기도하는데 어찌 통하지 않고 배기겠는가.

　옛일은 언제 돌이켜도 아름다운 시간 속의 수채화였다. 음식과 주거생활, 사고방식과 언어 등 모든 환경이 확연히 다른 미국 땅에서 새로운 문화를 접하며 고국의 동방예의와 가문의 숭고한 정신을 망각하지 말라 이를 것이다. 설령 아들이 늙는다 해도 내 눈에는 아들일 뿐일 테니까. 아들과 내가 모성으로 인연의 혈통을 나누고 이보다 더 행복할 수는 없는 일이다. 혹여 아들이 불효하는 일이 생긴다 해도 예전에 받았던 효孝만으로도 충분히 만족할 수 있겠다 싶다. 그때의 효孝를 떠올리며 넉넉한 마음으로 편안하게 둥지를 지켜나가리라. 나는 아들 덕분으로 지금 천국에 앉아서 지나간 흔적을 돌아보며 사색하는 중이다.

하면 되는 것보다
안 하면 안 되는 것이 있다

나는 아들에게 하면 되는 것보다 안 하면 안 되는 것이 있다고 들려주었다. 아들의 의지력이 새삼스럽게 생각난다. 이런 내 말의 뜻에 대하여 단 한 번도 반박을 해본 일이 없다. 수학 올림피아드 대표로 선발되었다 하더라도 아들이 공부한 대가로 선물이나 어떤 보상도 따로 요구하지 않는다는 점이다. 누구나 대가를 바라고 공부하진 않겠지만 만약 그걸 바란다면 그 공부는 헛공부라 할 수 있다. 열심히 노력한 공부의 결과는 자기 자신만이 가질 수 있는 것이지 나를 주는 것은 아니다. 잘못된 습관에 젖으면 허욕을 꿈꾸는 나쁜 습성에 길들여질 수 있다. 물욕을 얻어내기 위한 헛공부가 될 수도 있다는 말이다.

나도 간혹 아들이 원하는 걸 해주고 싶을 적이 있었다. 때때로 아들이 대견하여 그 무엇도 아까울 것이 없다. 이런 점에 대하여 경제적 이유도 있겠지만 심정적으로 자제하기 힘들었다. 아들이 어른이 되어 자식을 낳고 부모가 되었을 때를 생각하면 지금 인성의 중요성을 가르쳐야 할 시기에 서로가 냉정하게 이성적으로 판단할 줄 알아야 한다. 참되고, 반듯하고, 정의롭고 그리고 강인한 체력을 바탕으로 하여 좋은 성품을 기르도록 해주는 것이 나의 역할이다.

누구나 인생이 순항일 수만은 없다. 아들도 마찬가지다. 인생이라는 여정은 출발부터 단추를 차례대로 끼워야 그 다음이 순탄한 법이다. 살아오는 동안 수없이 많은 시험을 거쳐 자신을 검증해야만 하는데 그럴 때마다 옵션 같은 대용품으로 마음을 채워주려 한다면 그건 나의 교육이념에 위반되는 사항이다. 공정성을 유지하면서 어느 한쪽으로 기울지 않게, 치우침 없는 모성을 펼치는 것 또한 쉽지 않은 일이다.

아들은 안 하면 안 된다는 자세로 임할 수밖에 없었다. 가족이라고 하여 아들을 거들어 줄 수가 없다. 오직 스스로 갈고 닦지 않으면 자립과 성공이라는 열쇠가 타인의 쪽으로 흘러갈뿐더러 그 모두가 아들에게서 달아나고 있다는 인식을 심어 주어야만 하기 때문이다. 속으로는 피울음을 삼켜 내면서 정신적 포만감을 확인할 수 있는 땀방울을 바쳐야만 했다. 꿈을 좇아 그 화려한 이상을 소유하기 위하여 보이지 않는 것들과 끝없이 투쟁하였다.

아들은 목표를 정하면 정신없이 그 일에 정진하는 습관이 있다. 인생에 있어서 성취감을 맛보기란 그리 쉬운 일이 아니다. 그 한순간을 안으려고 아들은 어릴 적부터 꾸준하게 정열을 쏟으며 충분히 그 대가를 치러냈다. 한국인으로 일 년에 한 명 갈까 말까 한 MIT 공과 대학원 컴퓨터 공학과의 티켓을 따내었다. 떠나기 전 교수님까지 내정되었다. 교수님이 내정되었다는 것은 석사 공부를 병행하면서 교수님의 고용인으로 월수입이 보장된다는 이야기다. 봄 가뭄을 해갈하는 단비가 내린 직후, 햇살이 눈부시게 화려한 오월에 그 소식을 접하였다.

나는 베란다에 서서 하늘에 대고 마치 정신병자처럼 큰소리로 웃음을 날렸다. 복이란 꼭 복 받을 행동을 하는 자에게만 돌아온다는 평범한 진리를 확인하였다. 나는 요즘 거리를 다닐 때도 흥얼흥얼 콧노래를 부르며 혼자 웃는다. 이런 나 자신을 이해할 수 있었다. 내가 이럴 때 아들은 오죽이나 좋겠는가. 그런 모습이 어쩌면 진정한 승자의 웃음일 것이다. 희열의 가치가 남과 다를 수밖에 없다. 역경을 헤쳐 온 아들의 인성과 체력, 보람 등이 나에게는 아주 특별하고 귀할 수밖에 없다. 아들의 흔적들을 고이 접어서 내 가슴의 영원한 전설로 깊이 간직할 터이다.

천하를 얻은 기쁨이 이런 거구나 하는 걸 느꼈다. 인간이 꿈꾸는 이상적 삶이란 게 도대체 무얼까? 행복하기 위하여 꿈을 좇는다면 그 행복은 어디에서 찾아야 하는가? 어떤 것들이 우리들 가슴에 행복을 가져다주는 것일까? 돈, 명예, 사랑, 이상, 성공, 그 무엇을 좇든 간에 양심에 부끄럽지 않다면 무슨 상관이겠는가. 사람은 행복하기 위하여 버둥대는 동물이지 싶다.

아들은 아버지 안 계신 자리에서 많이 고독하였다. 홀어머니인 나를 지켜보면서 말 한마디도 늘 조심스럽게 하였다. 겉으로 드러내지 않으면서 어미에게 '성공'이라는 이름을 달아 주었다. 아들의 성공은 곧 나의 성공이기 때문이다. 아들로 하여금 누리는 대리 만족감을 뭐라고 다 표현할 수 없다. 설령 이 다음에 아들이 내게 불효하는 일이 생기더라도 나는 아들에게 미리 받은 것이 너무 많아 그 어떤 불효도 용서하리라는 마음의 준비가 되어 있다. 다른 어머니들이 평생을 걸쳐서 받을까 말까 하는 정신적 보상을, 희열을 넘치도록 누리게 해준 아들이다. 물질과 비교될 수 없는 정신의 배부름이다.

하면 되는 것보다 안 하면 안 되는 것이 아들의 현실임을 일찍이 터득한 아들에게 감사하다. 꿈은 클수록 좋은 것이다. 아들 덕분에 나에게도 꿈이 생겼다. 박사가 되어야 한다는 막연한 그런 꿈 말이다. 어린 아들 앞에서 '너는 박사가 될 거야'라는 말을 자주 들려주었다. 의도적인 세뇌일 수도 있지만, 이십육 년 동안 아들을 거두어 내면서 단 한 번도 나의 꿈이 이루어질 수 없다는 실망스러운 생각을 해보지 않았다. 생존해야 하는 현실도 깨우쳐 주면서 한편으론 꿈을 좇아 도전하도록 용기를 돋우어 주어야 한다. 끝까지 한 우물을 파는 끈덕진 근성을 어머니 자신이 보여주어야 한다는 말이다.

아들이 유학길에 오르는 것은 미지의 세계에 도전장을 내는 것이다. 또 다른 시작이다. 어쩌면 내 곁에 있을 때보다 더 피나는 노력을 기울여야 할 것이다. MIT로 간다고 하여 장래가 결정난 것이 아니라는 뜻이다. 세계라는 고지에 한국의 깃발을 아들을 통하여 꽂을 수 있다면 그 이상의 영광이 어디에 있겠는가. 한국인의 정신과 두뇌와 기상, 석학의 꿈을 만방에 드높이려면 다시 한 번 무장을 해야 할 줄로 안다. 모든 생활 수단을 자급자족해야 하는 현실에 돌입하게 된다. 손수 밥을 지어먹고 세탁하면서 학문의 수련을 쌓아야 한다. 아들의 강인한 정신력으로 충분히 이겨낼 것을 믿어 의심치 않는다.

문화와 정서가 다른 타국에서 건강하기만을 기도할 것이다. 아직도 내가 아들을 위하여 기도할 여력이 남아 있음에 항상 감사함을 간직할 것이다.

어느 강의에 동참한 적이 있다. 그분이 말하기를 공부란 쉽게 말하면 세수할 때 코 만지기와 같다고 한다. 제대로 만지기만 하면 지름길이기 때문이란다. 공감하는 부분이다. 욕심을 채우려면 눈이 어두워진다. 모든 조화를 이루기 위해서 공부한다고 생각하면 편하게 할 수 있는 것이다. 공부를 얕잡아 보면 성취할 수 없다. 또한 공부를 허술히 생각하면 모래 위에 집을 짓는 격이 된다. 만약 열심히 공부하여도 뜻을 이루지 못한다면 그것은 자기에 대한 확신이 서 있지 않기 때문이다. 목표를 정하고 3년을 정진한 사람은 뭔가 이룰 수 있고, 십 년을 쉼 없이 행동으로 옮긴 사람은 인생을 성취할 수밖에 없다.

가르침을 주는 사람은 모두가 스승이니 존경해야 한다. 초, 중, 고, 대학의 선생님들이 스승이지만 가정에서 사물의 이치를 바로 알게 파헤쳐 주는 어머니는 가장 큰 스승이란 이야기다. 주변의 작은 사랑을 모르고 지나치는 사람은 설령 눈앞에 대승大勝이 놓여 있다 해도 놓칠 확률이 높다. 소승小勝에도 만족할 줄 아는 심덕을 기르라는 말을 하고 싶다. 차근차근 쌓는 공부를 하는 것은 행복으로 가는 최고의 길이고 최고의 재산이라 할 수 있다. 내 것으로 소화시킨다면 충분히 인생 최고의 가치를 누리게 된다.

집중력이 없기 때문에 바람이 가슴에서 끓는 것이다. 산중의 그 어떤 큰소리에도 놀라지 않는 사자처럼 진흙에 물들지 않는 연꽃처럼, 초지일관 뜻을 굽히지 않고 흔들림 없이 정진해야 하는 공부의 중요성을 강조한다는 뜻이다.

제 5부

―

모자의 환희

정신력과 체력의 싸움이다

아들이 고교 1학년 시절, 우리 집에는 커다란 우환이 덮쳤다. 둘째 누나의 건강에 빨간 신호등이 켜졌다. 척추에 이상 증세가 생겨 많은 시간을 서울대학병원에 입원하고 투병하였다. 온 식구의 기도와 정성으로 보살폈다. 아들이 누나의 병실에 들를 때마다 얼굴엔 근심이 가득하였다. 건강이 얼마나 중요한가는 이때 충분히 깨달았을 것이다. 건강이 받쳐 주지 않으면 천하에 일인자가 된다 한들 아무 소용이 없다는 것을 말이다.

공부는 정신력과 체력의 싸움이다. 도서관 그늘 속의 불빛에만 익혀지면 때때로 두통이 온다. 온몸이 꼬이고 뒤틀린다. 혈액 순환의 활동이 원활하지 못할 수 있다. 기분이 가라앉을 수 있다. 틈틈이 새로운 산소를 호흡해 주어야 한다. 몸처럼 정밀한 기계도 없다. 내 몸은 내가 알아서 챙겨야 한다. 신선한 공기와 태양열의 자연 방사선을 몸 안으로 주입시켜 주어야 한다. 가슴속까지 전달되는 그 느낌이 무언지는 해보면 알 수 있다.

꿈의 계획표 속에는 체력 보강 프로그램이 반드시 삽입되어야 한다. 건강이 그냥 따라 붙지는 않는다. 오직 본인이 노력으로 감당해야 할 몫이다. 구릿빛 남아의 얼굴은 그 자체로도 젊음이 넘치는 패기다. 보는 이들을 기운 나게 하는 아름다움이다. 근육을 탄탄하게 길들이기 위하여 힘차게 뛸 때 엔돌핀이 솟는다. 엔돌핀이란 기분이 좋을 때만 생산되는 체내의 생체 물질의 일종으로 화학적 반응이다. 땀방울의 의미는 노폐물을 몸 밖으로 배출해 신체와 정신의 영양 가치를 드높여 준다는 뜻이다.

공부하는 데 있어 이 두 가지 조건을 결합시켜 나간다면 이보다 더 좋은 찰떡궁합은 없다. 몸이 거뜬하면 공부의 질이 향상된다. 미래에 대한 당당함을 수반해 줌은 두말할 여지가 없다. 인생을 자신감 있게 이끌어 갈 수 있는 제일의 조건이다. 꾸준히 지속하여 슬기롭고 건강한 모습으로 닦아 나가야 한다.

아들은 스스로 체력의 중요성을 알고 펼쳐 왔다고 해도 지나치지 않는다. 누나의 건강이 위태로울 때 온 집안은 먹구름으로 가득 찼었다. 힘에 겨워하는 나의 모습을 지켜보면서 함께 고민하였다. 아들의 일거수일투족이 역경의 청소년들에게 희망의 등불로 밝혀지기를 바라 마지않는다.

어려운 가정환경을 탓하면 아니 된다. 극기하는 자세로 바꾸어야 한다. 그런 다음 아들처럼 화려한 명분으로 되돌려 소유하는 기쁨을 누린다면 더없이 좋은 일이다. 현란한 세상 위에 놓인 만큼 허위에 물들지 말라는 뜻이다. 운명이나 팔자는 생각 하나로 충분히 헤쳐 나갈 수 있다. 내가 아들을 MIT 대학으로 보내게 되었음은 성실히 노력하면 반드시 그 대가를 얻을 수 있음을 증거 받은 것이라 할 수 있다.

비자 서류 도착하던 날

우린 요즘 MIT 대학으로부터 비자 신청할 자격을 갖춘 서류가 당도하기를 기다리는 중이다. 7월 말경 방위산업에서 해제되고 나면 곧바로 떠날 준비를 하고 있는 중이다.

아들과 이십육 년을 동고동락해 왔는데 이별을 해야 하는 나도 마음이 착잡하다. 짝을 지어 혼인시켜 떠나보내는 심정과는 사뭇 다르다. 모든 생활을 홀로 닦아야 하는 새로운 국면에 봉착하는 것이다. 나의 힘이 닿을 수 없는 곳이어서 미력이나마 이제는 보탬이 되지 못한다. 곁에 있는 동안 영양 안배를 위하여 이것저것 해 먹이는 것이 고작이다.

우편함에 꽂힌 항공우편만 봐도 나는 가슴이 설렌다. 이번에 도착한 우편물이 그 서류라면 아들 떠나는 문제가 바싹 현실로 다가오는 것이기 때문이다.

아니나 다를까, 외출하고 돌아온 아들이 항공우편 한 통을 들고 들어왔다. 가슴이 뛰는 것을 진정하며 옆에서 들여다보았지만 영어로만 적혔기 때문에 내가 해독하기에는 난감한 글씨들로 꽉 차 있었다. 아들의 해설을 하나씩 들으며 가슴 싸한 알 수 없는 두려움이 밀려들었지만, 우린 곧 흐뭇하게 미소를 지었다. 고대하던 서류가 틀림없었다. 내용은 대충 이랬다.

아들이 미국에서 공부하는 동안 학교에서 요구하는 학자금과 기숙사비, 의료 보험료 등 필요한 자금이 적혀 있었다. 모든 지원금은 장학 재단에서 해결해 주지만 나는 나대로 따로 마련할 것이 있을 성싶어 아들에게 물었다. 돈이 필요하면 망설이지 말고 말하라고 일렀다. 점점 현실화되어 간다.

베란다 밖으로는 어느새 어둠이 깔리고 있다. 외곽 도로 가로등이 드문드문 박혀 숲 속의 그림을 아름답게 수놓는다. 초하初夏의 계절이 싱그럽기 그지없어 온갖 설렘을 가져다준다. 마치 아들의 젊음처럼 무한한 희망의 상징처럼 비친다. 바람이 수풀을 흔들어 댄다. 숲은 조용히 있고 싶지만, 숲의 뜻과 상관없이 바람이 숲을 흔들듯이, 지금 내 마음도 바람 앞에 촛불처럼 이리저리 쏠리듯 한다.

저기 질주하는 자동차의 여정을 밝혀 주는 등불 같은, 나의 길도 알려 주는 등불이 그립다. 낭만적인 밤, 홀로 서서 상념에 잠긴다. 오늘같이 좋은 날에 남편이 곁에 있다면 얼마나 좋을까…. 남편의 환영이 떠오른다. 세월이 깊어 갈수록 그의 기억이 점점 희미해져 간다. 슬픔이 왈칵 목울대를 적신다. 복이 짧은 사람, 늠름한 아들의 모습을 함께 보지 못하니 그의 빠른 죽음은 비극이다. 가슴을 저민다.

그래 나는 이제 정말 홀로 남는구나. 내 인생의 시작은 어쩌면 이제부터인지 모른다. 곁에 아무도 없는 빈 공간에 남게 된다. 스스로 채워 가야 한다. 고독한 삶을 나는 과연 얼마나 슬기롭게 헤쳐 나갈 수 있을는지, 지금은 나 자신도 모르는 숙제다. 닥쳐 보면 실마리가 풀리겠지라는 막연한 위로를 하며 잠시 상념에 젖었다.

의식주, 즉 몸뚱이 하나 먹고, 입고, 눕힐 정도가 되면 만족 할 수 있기를 기도하리라. 모자의 인연을 묶어서 경계를 잘 지켜나가야 한다.

아들은 서류를 확인하고 룰루랄라 발걸음 가볍게 바깥으로 나갔다.

나는 다시금 그 서류를 주워들었다. 아들의 몸통을 대하듯이 손이 가늘게 떨린다. 이 몇 장의 서류들이 내 아들의 미래를 열리게 하는 우주라는 생각을 하였다. 인생이란 참으로 기기묘묘하다는 생각을 했다. 종이 쪽지 하나가 모자母子를 웃게 하고 방향을 좌우하게 하는 결정판의 역할을 해주니 말이다. 해독하지 못하는 서류를 훑어보면서 아들 인생에 덤으로 얹혀 행복의 바람을 타는 나를 본다.

파이팅 코리아!

　월드컵이 세계를 뒤흔들고 있다. 60억 지구촌 가족들 모두 몸부림이고 신바람이다. 축제의 전파다. 화려한 개막식 퍼레이드는 세계 속에 한국을 알리는 절호의 기회다. 남녀노소 불문하고 축구의 열풍은 애국의 열기로 번져 나간다. 선수나 응원전사들이나 모두의 함성은 하나다. 필승 코리아의 염원이다.
　아들은 축구를 관전하기 위해 입장권 두 장을 예매해 두었다. 청년의 혈기가 TV 앞에서만 관전할 수 없음인가 보다. 현장에서 온몸으로 응원하며 볼 참이란다. 식탁에서 아들은 월드컵에 대한 이런저런 이야기를 쏟아 놓는다. 16강을 향해 일조해야 한다는 결의에 찬 표정이 나조차 어떤 힘을 받게 한다. 축구 때문에 온 나라가 들썩인다. 한국 축구의 역사를 바꾸는 절체절명의 찬스다. 오직 한마음으로 승리만을 기원하리라.
　그런데 어느 날 아들에게 어처구니없는 일이 터졌다. 양복 주머니에 넣어둔 표를 지하철 안에서 잃어버린 것이다. 실망이 가득한 아들의 얼굴은 거의 울상이다. 다시 살 수 있으면 사주겠다고 했지만 그렇게 안 되는 모양이다. 잃어버린 표에 대한 미련을 빨리 접게 하는 방법이 무얼까 궁리하다가 나는 이렇게 말해 주었다. 잃은 사람이 있으면 주운 사람이 있는 법, 그 표는 주운 사람의 몫이라고. 그 사람의 복이니 잊어버리라고, 네가 어떤 사람에게 복을 주었다고 생각하라고….

그 일이 있고 나서 이틀인가 지났다. 아들이 퇴근하면서 댓바람에 "엄마, 입장권, 찾았어요!" 한다. 몹시 상기된 얼굴이다.
"아니 어떻게 찾았어?"
믿어지지 않는 말을 급하게 중얼댄다. 전화가 왔다고 한다. 표를 주웠으니 내일 찾아가라고.
"주웠으면 주운 사람이 월드컵 보러 갈 일이지 돌려주긴 왜 돌려준다니. 어지간히 착한 사람이네. 그 사람 그냥 주지 그랬어?"
웃으며 이렇게 말하는 나를 바라보면서 아들은 입장권에 구입한 사람 이름과 주민등록번호 등이 모두 인쇄되어 있어서 다른 사람이 가지고 있어봤자 보지 못한다고 말해 준다. 월드컵 경기는 누구나 보고 싶은 경기다. 세상이 험하다고 떠들어도 선한 사람이 더 많은 세상이다. 아들은 표를 다시 돌려받고 겸손하게 사양하는 그분에게 약간의 사례금을 전달하였단다. 잘했다고 칭찬해 주었다. 그 덕분에 나도 월드컵 표가 어떤 건지 보게 되었다. 월드컵에 푹 빠진 아들이 여러 가지 재미난 에피소드를 둥지로 물고 와 나도 어느새 축구 팬이 되었다.

수원종합경기장에서 한국과 프랑스 평가전을 할 때다. 아들은 빨간 티셔츠를 챙겨 입으며 12시에 집을 나섰다. 경기 시작이 오후 6시인데 너무 일찍 가는 게 아니냐고 했더니 실전에선 2시간이지만 4시간 동안 응원 연습을 할 거란다. 목이 터져라 "대~한민국"을 외쳐 대겠구나라고 짐작해 본다.

그날 아들은 늦게 귀가하였다. 싱글벙글이다. 붉은 악마로 변신, 열띤 응원에 신이 났었단다. 우리 선수들이 입는 빨간 유니폼과 머리띠를 내놓는다.

"엄마, 멋지지 않아요? 선수들과 똑같은 이 유니폼 입고 응원했어요."

나는 아들이 옷까지 사 입을 줄은 몰랐다. 아들이 유니폼을 입고 응원하는 모습을 상상하며 우린 함께 웃었다. TV 앞에서 마음 조이던 나도 손뼉 치며 힘찬 응원을 보냈는데 애들이야 얼마나 신바람이 났겠는가.

그날 프랑스전戰을 보면서 우리 선수들 체력이 얼마나 강해졌는지 한눈에 보였다. 선수들의 승부에 대한 집념은 곧 애국이고 민족의 자존심이었다. 운동장에서 뛰다 죽을 각오로 결연한 표정이었다. 3:2로 진 게임이었지만 평가전일 뿐이다. 이기는 것도 중요하지만 페어플레이 정신으로 손에 손을 잡는 아름다운 광경을 보여주었다. 자랑스러운 태극 전사들이었다.

응원전사들의 열광적이고 역동적인 모습 또한 믿음직하였다. 월드컵 열기를 만방에 떨치기로 선수들 못지않았다. 배달민족의 단결력은 방방곡곡 위성을 타고 송출되었다. 선수들이 공을 따라 구장을 이동할 때마다 운동장과 거리를 가득 메우는 붉은 응원전사들의 열기 또한 그들을 따라

다녔다. 붉은 물결, 붉은 함성, 정정당당 코리아, 열광의 도가니였다.

바로 오늘 저녁이다. 아들은 오자마자 대뜸 내 어깨를 힘껏 감싼다. 어찌나 힘이 센지 붙들리면 나는 꼼짝 못한다. 무슨 좋은 일이 있기에 또 이러느냐고 물었다.

"엄마! 나 일요일에 대구 가요!"

"아니, 대구는 왜?"

"한국과 미국 경기 응원하러 가요!"

미국전 표는 예매를 못했는데 그 경기가 꼭 보고 싶어서 「코리아 팀 파이팅 응원전사 모집」에 응모하였단다. 250명 선발에 합격했다는 낭보였다. 너무 보고 싶었던 경기에다가 일등석이란다. 값으로 치면 아마 오십만 원쯤 할 거란다. 얼굴과 몸에 바디 페인팅을 하고 응원할 거라며 아들은 벌써부터 대구로 달려가는 기분이다. 목이 터져라 함성을 지를 아들의 모습이 상상된다. 아직 2주일이나 남았는데 지금부터 나도 신이 난다. 태양이 작렬하는 성하의 계절에 진땀을 뻘뻘 흘리며 온 힘을 다 바쳐 태극전사들을 응원하다니, 이 얼마나 강렬한 젊음인가!

한국 대對 폴란드, 월드컵 첫 경기가 열리는 날이다. 출근하려던 아들이 유니폼을 챙긴다. 잠실구장에서 응원할 거란다. 늦을 거라며 휑하니 나간다. 온 국민의 성원을 담은 한판 승부의 날이다. 온 나라가 들떠 축제의 분위기다. 대한민국 국민들 모두 뜨거운 한마음 한뜻이 되리라.

드디어 6시다. 웬만한 경기는 심장이 조여들어 잘 안 보는 편인데 어찌 한국의 16강 첫 도전의 장면을 놓칠 수 있겠는가. 나도 TV 앞에 앉았다. 운동장이 터질 것 같은 응원전사들 함성이 하늘을 찌른다. 폴란드를 이기면 다음 차례는 미국이다. 경기가 끝나 봐야 알 수 있지만 경기 종료 휘슬이 울릴 때까지 "필승 코리아"를 부르짖을 참이다.

  붉은 악마들은 선수들의 몸놀림 하나 하나에 숨을 죽이고 환호와 함성으로 "대한민국"을 외쳐 댄다. 손짓, 발짓, 터질 것 같은 함성 속에는 긴장과 초조의 빛이 역력하다. 월드컵 역사의 새로운 이정표를 창출하는 막중한 순간순간이다. 7천만 국민이 하나 되는 순간이다.

"대~한민국 짝짝 짝 짝짝"
  대한민국의 리듬을 타며 숨막혔던 두 시간의 경기가 끝났다.
  월드컵 사상 48년만의 첫 승! 온 국민이 하나가 되었다. 정말이지 모두가 똘똘 뭉쳤다. 결속력, 단결력, 어떤 표현으로도 모자란다. 월드컵 출전 반세기만에 폴란드를 꺾고 감격의 첫 승을 이뤄낸 것이다. 우리 선수들 힘차게 맞서 잘 싸웠다. 선수들의 땀에 젖은 얼굴과 거친 숨소리로 운동장을 누비는 동안 붉은 악마들이 보여준 지칠 줄 모르는 응원의 성과를 빼놓을 수 없다. 우주가 흔들리는 폭발적 환호성이었다. 선수와 붉은 악마는 세계를 놀라게 하고 말았다.
  꿈의 16강, 장도의 첫발은 국민의 화합이었다. 경기가 끝이 났는데도 국민의 열기는 가라앉지 않는다. 잠실구장, 상암구장, 삼성역 광장, 시청 앞 광장이든 어디든 간에 그 자리 선 채로 서로를 얼싸안고 춤을 추었다. 광분의 도가니 속에 분명 아들도 있을진데…. 아니나 다를까 전화벨이 울린다. 목이 잠긴 아들의 목소리가 전파를 탔다.
  "엄마, 한국이 이겼어요!!"

라고 하는데 목이 쉰 소리를 낸다.

붉은 악마들의 응원이 대표팀을 지켰다. 폴란드전의 승리를 등에 업고, 4일 후면 아들은 또다시 더욱 강렬해진 붉은 함성을 토해내기 위하여 대구로 발길을 옮길 것이다. 유학을 앞에 둔 아들은 지금 맘껏 자유를 누린다. 놀 때는 확실하게 노는 성격이다. 얼마 후면 눈에서 불이 나도록 책과의 전쟁을 치러야 할 형국이 곧 닥치지만, 그 일은 그때 가서 하면 되는 일이다. 오늘, 아니 지금 앉은 꽃자리를 최대한 자기 것으로 소화할 수 있어야 한다. 지금 할 수 있는 즐거움을 놓쳐버리면, 그 지금은 다시 오지 않는다. 사람이 제 할 일을 예비해 두고 삶의 여백을 즐길 줄 앎은 축복이다. 아무도 채워줄 수 없는 인생의 공간적 활용을 잘하고 있음이 마음 놓인다.

아들은 평생을 두고두고 기억할 추억을, 재산을 장만하고 왔다. 응원 전사로 변신한 아들의 모습에 내가 감격하듯이, 훗날 아들도 제 자식에게 지금의 들뜬 심정을 전설처럼 전달하겠지.

2002년 월드컵 경기 주최국이 한국이었노라고, 아버지가 대한민국 응원전사, 붉은 악마였다고, 울긋불긋 온몸에 바디 페인팅을 하고 사지를 뒤흔들며 다섯 박자 손뼉에 맞춰 "대~한민국"을 외쳤노라고. 그러면 손자들은 까르르 웃겠지….

지금 내가 행복한 이유는 강남 갔던 제비가 박씨를 물어 오듯이 아들이 물어 온 월드컵에 얽힌 에피소드가 주렁주렁 가슴 속에 복福을 매달아 활기를 불어넣기 때문이다.

대한민국 만만세! 정정당당 코리아! 붉은 악마 파이팅!

아들은 열두 번째 선수,
태극전사다

토요일은 생전의 남편 생일날이다. 61세로 회갑을 그냥 넘기기는 섭섭한 일이다. 아내의 도리나 자식 된 예의가 그게 아니다. 죽은 자_者도 사갑_{死甲}을 치러준다는 어른들의 뜻은 우리나라 고유의 전통이다. 하여 가족들과 의견을 모으고 절차대로 선산으로 향하였다. 아들, 딸, 사위를 앞세워 그의 생애를 추모하였고, 옷 한 벌 태워 천상으로 올리는 재를 마쳤다. 남편 육신은 이미 고인이 되었지만 가문의 정신적 지주로 살아 있다. 하나뿐인 아들 가슴에 영원한 아버지로 각인되었을 것이다. 영혼을 향한 애경심과 단합의 의지가 여전하였다.

가정의 대, 소사를 통하여 기초 사회, 울타리 안을 굳건히 지켜 내듯이, 국가도 국민이 지켜 내야 함은 자명한 사실이다. 월드컵 미국전을 앞두고 태극 전사가 된 아들의 몫도 그중 하나다. 열띤 기운과 함성, 응원전 역시

민족적 거사임에 틀림없다. 단군의 자손, 배달민족의 한뜻을 만방에 증명하기로 이만한 찬스도 없지 싶다.

아들은 국운國運을 짊어진 열두 번째 선수다. 월요일6월 10일 미국전에 합류할 응원전사다. 우리 선수들에게 힘을 실어주기 위하여 한바탕의 굿판, 광분이 벌어질 판국이다. 젊음의 열기를 발산할 차례다.

일요일 새벽, 대구행 열차를 타려고 신발 끈을 맨다. 나도 덩달아 응원전사가 된 듯이 흥분을 감출 수 없다. 아들 하는 일은 무조건 믿는다. 어떤 일이든 간에 아들의 편이 되어 준다. 정의에 앞설 줄 알고 불의와 타협하지 않는 성품이다. '코리아 파이팅'을 외치며 현관 밖으로 등을 떠밀었다. 온 국민의 열망 16강 진입은 이렇게 출발되었다. 따 놓은 당상처럼 아무 의심이 없다.

이번 월드컵 경기를 시청하면서 이런 생각이 들었다. 응원전에 더 많은 관심이 기울었다는 점이다. 축구 경기도 중요하지만 한국인이 보여준 응원 문화가 60억 세계인들 가슴에 월드컵을 더욱 뜨겁게 달궜음을 말이다. 응원만큼은 선진국을 앞질렀다는 자긍심이 크다. 우리가 행복한 이유는 자유민주적 발동이었던 점을 꼽을 수 있다. 자발적 행동이었다. 하나가 되어 웃음과 설렘, 미래가 넘실대는 볼거리를 제공하였다. 경제적 부가 가치와 선진국 대열에 성큼 들어선 느낌이다. 응원전사들의 공로는 해도 해도 넘치지 않는다.

10일 오후 3시, 드디어 결전의 시각이 다가왔다. 방송사마다 응원전사들의 힘찬 모습을 앞다투어 방영한다. 처음엔 아들을 찾지 못하여 두리번

거리는데, 둘째에게서 전화가 왔다. 아들이 화면에 떴다는 것이다. 화면에 눈을 고정시키고 브라운관이 뚫어져라 보는데, 아니나 다를까 아들의 모습이 한눈에 확 들어왔다. 커다란 태극기 아래 6명의 청년들이 각각의 몸에 '코·리·아·파·이·팅'을 한 글자씩 써넣었는데 '파'자가 아들의 몫이었다. 열렬히 흔들어 대는 태극기의 펄럭임과 몸통의 '파'字를 찾아낼 수 있었다. 전반전에 네댓 번 정도 눈에 띄었다.

'녀석, 신나게 응원하고 있구나.'

자꾸 웃음이 나왔다. 응원전사들 젊음의 패기는 하늘을 찌를 듯하였다. 그 기운이 선수들에게 전달되어 코리아의 승리로 이어지길 염원하였다. 대한민국 건아들이여, 최후의 순간까지 방심하지 말고 뛰고 뛰어 승승장구하기를 빌었다. 마치 아들이 선수인 양 결의에 찬 얼굴이 남아다웠다. 응원으로나마 대한의 건아임을 떨치는 순간순간의 역동적 작업은 귀감이 아닐 수 없다. 활력 그 자체였다. 건강한 아름다움이다.

전반전, 미국에게 한 골을 기습당하고 말았다. 그러나 위축될 필요는 없는데 실점을 보인 선수들의 사기가 약간 저하되어 안타까웠다. 실수는 빨리 잊고 다시 본연의 자리로 돌아와 고군분투하는 길이 최선이다.

틈틈이 아들 얼굴이 화면에 비친다. 카메라에 자주 잡히는 걸로 보아 아낌없이 온몸을 던지는 것이라 여겼다. 동서나 친구에게 전화를 하였다. 초대형 태극기 아래 아들이 있다고. 빨간 색과 흰색 축구공 모양의 가발을 뒤집어 쓴 응원전사가 아들이라고. 얼굴에 태극무늬를 그렸고, 몸에는 '파'字를 큼직하게 그렸다고. 내 말을 듣는 이들은 놀랍고 재미있다는 듯이 알았다고 대답을 한다.

월드컵 경기는 국운을 짊어진 자존심의 대결이고 냉정한 승패의 세계다. 선수들이 최우선의 관심 대상이지만, 응원전사들의 혼신을 다하는 신바람 장면도 놓칠 수 없다. 온 국민이 한마음 한뜻으로 단결하여 흥을 돋군 행사로, 해방 이후 오십 년 역사상 전례 없던 일이다. 태평성세를 의미하지 않을까.

오전에 한국고등교육재단에서 전화가 왔었다. 내일11일 유학생 모임에 꼭 참석하여야 한다는 전갈이다. 나는 아들이 대구에 내려간 입장을 설명드렸다. 수화기 저쪽에서 '응원 전사에요?' 좀 놀라는 음성이다. 전천후 아들, 환경에 구애받지 않고 자신이 할 수 있는 몫을 챙겨서 한다. 일꾼이다. 열정적 신명을 바칠 기회를 놓칠 리 없는 아들이다. 애국심이 그 정도라고 팔푼이처럼 은근히 자랑을 하였다.

딸에게서 또다시 전화가 왔다. 동생이 자주 화면에 뜨는 장면을 녹화하였단다. 후반에 안정환의 헤딩 슈팅이 골인하였다. 골 세레머니 또한 일품이었다. 쇼트트랙에서 억울하게 놓친 보상을, 금메달 그 이상의 효과를 획득한 셈이 됐다. 나는 시청하던 중 방방 뛰었다. 응원전사들이 클로즈업 되었는데, 파이팅 세 글자가 나란히 서 있었다. 아들은 양 볼에도 물감을 발랐다. 목이 터져라 함성을 지르는 패기가 내 맘에 쏙 들었다. 건장하고 활기찬 아들의 웃음과 몸짓, 손놀림이 여실히 나타났다.

응원의 열기는 온 국민을 달아오르게 했다. 세상과 단절된 구치소나 교도소에서도 제소자의 함성과 손뼉이 터졌다. 산중의 스님들의 이색적인 제스처가 더 활짝 웃음보를 터트리게 한다. 승복 차림으로 방방 뛰는 선방의 특별한 모습이 카메라에 잡혔다. 천금 같은 동점골, 안정환의 빛나는 장면은 보고보고 또 봐도 화려하기만 하다.

오늘 경기는 16강 진입에 가능성을 높여 주었다. 동서남북으로 들썩였다. 울릉도, 백령도, 마라도. 독도가 그냥 있을 리 없다. 남극의 세종 기지에서도 환호성이 터졌다. 대관령 기상대 꼭대기에서도 16강의 염원이 간절하였다. 월드컵 응원의 열기는 뜨겁게 달구어졌다. 섬사람들에게도 한 골의 화답은 천금 그 이상이었다. 무승부로 화답한 선수들의 노고에 감사 또 감사다. 대한민국 민족의 함성은 끊일 사이 없이 방방곡곡으로 전파되었다.

선수들 참으로 잘 뛰었다. 슈팅 찬스가 미국보다 훨씬 앞섰는데 골인으로 연결짓지 못한 아쉬움이 있지만 선수들 노고에 아낌없는 치하의 박수를 보냈다.

스물여섯 살의 아들, 마치 돌덩이 같은 팔다리의 근육을 만져보면 젊음의 황금기를 실감케 된다. 그 열정으로라면 다가올 그 무엇도 못 해낼 게 없을 성 싶다. 나라가 부강해야 국민이 활개 칠 수 있다. 월드컵 개최국에 태어난 자긍심이 크다. 지구상에는 우리보다 못 사는 나라가 수없이 많다. 대한의 아들로, 태극무늬를 온몸에 그린 응원전사로. 열전의 한마당을 맘껏 누빈 모두에게 감사의 박수를 보냈다. 앉았던 자리와 주변을 마무리짓는 예의도 출중하였다. 쓰레기를 줍는 모습 또한 골인 그 이상의 금메달이었다.

6시 반쯤 아들에게서 전화가 왔다. 7시 열차로 대구를 출발한다는 소식이다. 자신의 사명을 다하고 돌아온단다. 목소리가 많이 지친 듯하다. 사람은 환경에 따라 울고 웃을 줄 알아야 한다. 선수가 진땀을 흘릴 때 응원전사의 진땀도 더불어 가치가 넘쳐났다. 좋은 감정은 노출시킬수록 엔돌핀이 솟구친다. 함께 나누는 사람이 인간적이다. 건강한 얼굴로 돌아온 아들은 지우지 않은 '파字'를 보여주었다. 까맣게 그을린 몸통과 하얀 글자가 대조적이다.

두 달 후 MIT로 떠나기 전, 아들은 준비해 둔 미래와 현재의 공간 활용을 멋지게 장식하였다. 삶의 여백을 만끽하였을 것이다. 아무나 그렇게 할 수 없는 것이 인생사다. 월드컵 응원의 기회를 만들었음은 평생에 한 번 있을까 말까 한 특별한 복이다. 후끈 달아오른 아들의 몸통은 작렬하는 태양열 못지않았다. 한국인의 잠재력과 용기, 꿈의 원천이다. 세상에 이끌려가기보다는 이끌어 가는 편이 용감하고, 남아답고, 현대인답다. 개인적 동작은 작은 것에 불과하지만, 한마음 한뜻으로 뭉치니 거대하고 폭발적인 용광로였다. 인간 파도로 출렁거렸다.

시간을 조율할 줄 알면 인생의 반은 이미 성공하였다고 확신하여도 좋다. 들러리보다는 주인공으로 살아야 하지 않을까. 주체적인 의식으로 자신의 부가 가치를 드높일 수 있다면 이는 본받아 옳은 귀감 되는 행위다. 결과 없는 행동은 있을 수 없다. 아들의 응원 덕분에 나도 열전의 용사처럼, 손바닥에 불이 나도록 박수를 쳐댔다. 월드컵 16강의 염원과 응원전사들 열정은 두고두고 잊지 못할 추억의 장으로 남게 되었다. 이 좋은 느낌이 계속 이어져 포르투갈전에서 기어이 16강 진입이 확정되기를 빌어 마지않는다.

세계 속에 한국인이여, 사랑한다.

60억 지구인들이 공통적으로 소유한 것이 있다면 그것은 시간과 생각일 것이다. 성공의 기준이 천차만별일 수 있겠지만, 뜻한 바 마음먹은 대로 이루어진다면 그것이 곧 성공으로 가는 길이다. 인간의 욕망에는 정점이 없기 때문에 순간순간 만족을 느낄 줄 알아야 한다. 선수들이 스포츠로 나라의 위력을 떨친다면 아들은 지성의 전당에서 세계의 두뇌들과 연구에 몰두하며 위상을 세워야 할 것이다. 한국 과학의 미래가 아들이다.

처음 한 골을 내준 후 숨죽이던 사천만의 얼굴, 얼굴들을 잊을 수 없다. 후반 33분 안정환의 곱슬머리 휘날리는 바람 같은 골인으로 민족의 사기는 다시 살아났다. 무승부로 비기던 접전 장면, 온 국민의 안도의 숨소리, 이 모두 화색이 돌게 하는 긴장감이다.

월드컵을 향한 한국 축구, 아직은 한 번도 패배하지 않았다. 다음 포르투갈과도 싸워 이길 것을 확신한다. 활활 타오르는 인간 용광로에 불이 꺼지지 않는 한, 응원의 열기는 끝까지 타오를 것을 의심치 않는다.

국위를 지키는 자존심, 골문을 향한 선수들의 지침 없는 행진은 영원할 것이며, 2002 월드컵 개최국 응원전사들의 붉은 함성은 세계를 압도할 것이다.

오, 필승 코리아! 오, 필승 코리아! 오, 필승 코리아!

16강의 환희, 감격, 열광
응원전사 아들 덕분에 이런 글을 쓸 수 있게 되어 무척 기쁘다

출국할 날짜가 꼭 두 달 남았다. 방위 산업체 근무도 한 달이면 마무리 된다. 유학 가기 전까지의 황금 같은 시간이다. 아들이 살아온 날 중에서 가장 마음놓고 휴식할 수 있는 기회다. 월드컵과 MIT. 대외적으로는 무관한 것 같지만 개인적으로는 상관관계가 있지 않나 싶다.

월드컵은 국가의 위신이고 꿈이다. 아들이 가슴에 MIT를 품었듯이 대한민국 국민도 16강의 염원을 품어 왔었다. 14일은 축복의 날이다. 히딩크는 그의 말처럼 세계를 놀라게 했다. 밤하늘에 축포를 터트리게 하였다.

'말이 씨가 된다'는 옛 성현의 말씀이 그르지 않다. 마음먹은 대로 바르게 행하면 이루어질 수밖에 없는 것이 성공으로 가는 길이다. 히딩크가 엄선한 기용과 용병술을 성공의 열쇠로 꼽을 수 있겠다.

'이기자, 이기자, 싸워서 이겨야 한다.'

월드컵이든 MIT든 간에 꿈을 향한 도전은 자신과의 싸움이다. 상아탑을 쌓아올리며 목표를 정하고 싸워서 반드시 이겨야 한다. 14일, 인천 문학 경기장은 인산인해였고, 축제의 땅으로 돌변하였다. 대망의 16강을 향한 결전의 용사들 용맹성을 떨쳤다. 노구로 응원하시던 대통령도 기립 박수로 환호하였다.

이날 아들은 제주도로 떠났다. 한국 축구대표팀에 '거스 히딩크' 감독이 있었다면 아들에겐 음양으로 진로를 일깨워 준 교수님이 계신다. 오래 전에 그 교수님과 서귀포 구장에서 독일과 파라과이 경기를 함께 관전하기로 약속하고 표를 예매해 두었다. 포르투갈전戰은 먼 제주도에서 교수님과 함께할 참이었다.

요즘처럼 민심이 훌륭하기도 처음이다. 세상이 온통 붉은 아름다움이다. 전국이 가득 태극기로 펄럭이는 광경을 일찍이 본적이 없었다. 우리 앞에 펼쳐진 현실이 감격스럽다. 건국 이래 오늘처럼 뜨거운 날은 없었을 것이다. 히딩크는 우리의 영웅이 되었다. 두 주먹을 불끈 쥐고 몸을 틀며 한 손을 힘차게 올리는 '어퍼컷' 세레머니는 대한민국 국민의 가슴에 영원히 기억될 포즈다. 모두 함께 한마음으로 그 멋진 동작에 기뻐 날뛰었다.

지구촌의 잔치, 한국 축구는 물론이고 세계 축구 역사의 획을 새롭게 그었다. 태극 전사들과 열두 번째 선수, 응원전사들이 기어이 해내고 말았다. 16강의 열정, 땀방울이 수정처럼 빛났다. 온 세상이 발칵 뒤집혔다. 강한 투지로 맞서 대한민국의 혼을 불태웠다.

16강 자축연은 흥분의 도가니였다. 그러나 이제는 8강의 고지가 또 있다. 산 너머 산이란 말이 있다. 하나를 이루고 나면 항상 더 높은 고지가 눈을 부릅뜨고 기다린다. 정신을 가다듬고 처음처럼, 또다시 시작하는 맘으로 힘을 모으라는 뜻이다. 스포츠든 인생살이든 수레바퀴 돌 듯 하는 것이 삶의 이치인가 보다.

붉은 물결의 흥분은 감추어지지 않는다. 웃고 또 웃어도 넘치지 않는다. 대한민국, 그렇게도 바랐던 순간이 눈앞에 성큼 와 버렸다. 태극 전사들의 힘과 지혜가 넘치는 경기였다. 한국인의 투혼으로 신화를 창출하였다. 신화라기보다 기적이었다. 포르투갈전戰의 조마조마하던 긴장이 환호성으로 터져 나왔다. 48년만의 숙원을 이루었다. 자신감 있는 경기였다.

아버지의 뒷받침 없이 스스로 역경을 딛고 일어선 아들의 MIT 티켓도 기적이라 아니 말할 수 없다. 위기를 희망으로 몰고 갔다. 위기를 희망으로…. 아들이 그랬다. 가문을 명문으로 만들어 갔다. 월드컵이 국가의 자존심이듯이. 아들의 일거수일투족은 곧 가문의 자존심이었다. 다섯 식구 똘똘 뭉쳐 각자의 일에 성심을 다하며 서로에게 격려를 아끼지 않았다. 약사와 교사, 작가로 하나같이 제자리를 굳혔다. 올바른 정신이 매우 중요하다. 그리고 실천으로 자신의 사주팔자를 만들어 갈 줄 알아야 한다. 다함께 한국의 과학자를 탄생시키는 데 온 힘을 기울였다.

추억해보면 남편이 두 눈을 감을 땐 세상이 어둡게만 비쳤었다. 엊그제 큰딸과 저녁을 먹는데 감회 어린 표정으로 이런 말을 꺼낸다.

"엄마, 아빠가 눈감으실 때 세상이 멈추는 줄 알았는데, 우리가 여기까지 왔네요."

라고. 희색이 만연한 큰딸의 얼굴이 환하고 믿음직하였다. 최고의 경지와 진수를 음미하였다. 나를 보살펴 주던 아들을 떠나보내고 없더라도 아들을 대신하여 나를 기대어도 좋을 넉넉한 벽임에 틀림없었다.

사람만한 예술품도 없지 싶다. 허공을 가르는 태극 전사들 멋진 폼이 그러하였고, 아들의 멋진 인생이 그러하다. 2002년, 월드컵 16강 진출과 아들의 MIT 입학은 내 생애 최고의 기쁨이며, 국가와 가문의 쾌거라 아니 할 수 없다.

경기가 끝나자마자 전화가 왔다. 아들의 목소리다.

"엄마, 보셨죠. 우리가 이겼어요. 잘 싸웠죠!"

"그래, 정말 우리 선수들 멋있어. MIT로 가는 우리 아들도 멋있어."

아들은 멋쩍게 웃으며 "엄마, 감사합니다. 엄마 덕분이에요"라면서 수화기를 놓는다.

사람이 하루를 살더라도 자신의 자리를 닦으며 살 줄 알아야 한다. 아들이 한국을 떠나는 것은 훗날 돌아오기 위함이다. 더 큰 세상에서 더 큰 공부를 하여 더 크게 국가에 이바지하기 위함이다. 아들은 26년을 살면서 주위 사람들과 맺어 온 인간관계를 돌아보는 중이다. 인연이란 게 떠난다고 해서 아주 끊어지는 것이 아니다. 사람의 자리란 있을 때는 없을 때를, 떠날 때는 돌아올 때를 대비하는 준비성을 갖추고 살아가야 한다.

14일은 대한민국의 기상을 만방에 떨친 날이다. 꽃피운 날이다. 환희, 감격, 열광의 날이다. 마치 해방된 민족처럼….

쓰고 단맛을 우려내며 우리는 앞으로도 다함께 이런 모습으로 인연의 고리를 엮어갈 것이다.

유학생활을 준비하면서

아들의 짐을 꾸리기 시작하였다. 챙겨야 할 것들을 대충 머릿속에 그리면서 하나씩 모아갔다. 가족이 함께 살 때는 모든 생활용품들을 공유하면서도 불편을 몰랐었다. 기숙사에서 살아야 할 아들에게 필요한 물건을 사들이는데 마치 신접살림을 내보내는 것과 다를 바가 없다. 혼자 살아도 있을 건 다 있어야 한다. 거의 다 되었구나, 안심하고 뒤돌아보면 또 빠진 것이 생각난다.

하루는 둘째와 이마트에 갔다. 딸이 이것저것 눈에 띄는 대로 챙기는데 너무 놀랐다. 누나가 챙기는 기준과 엄마가 챙기는 기준의 차이가 확연하였다. 또다시 그렇게 많은 물건들이 아들에게 필요하다는 것을 알았고, 세대의 차이를 실감하였다.

아들의 살림을 싸면서 나도 또 나대로 혼자 살아가야 할 마음의 준비와 행동을 개시하였다. 우선 버려야 할 것들을 정리하기 시작하였다. 힘 좋은 아들이 곁에 있을 때 무거운 짐을 내버려야 하기 때문이다. 우리 집은 5층짜리 아파트이고, 우린 꼭대기 층에 산다. 엘리베이터가 없기 때문에 모든 물건을 손수 오르내려야 한다.

먼저 내가 쓰던 386 낡은 컴퓨터를 버리는 것이 우선 순위였다. 사실 한 달 전부터 하드에 저장된 원고를 디스켓에 옮기는 작업을 해왔다. 아들 짐을 싸기 전에 나의 것들을 미리 정리해두면 좋을 듯 싶어서였다. 이제 인터넷 할 때만 켜던 아들의 컴퓨터를 내가 사용해야 한다는 두려움이 생긴다. 바깥세상 저쪽을 열어주는 정보의 창고를 클릭하면서 자신의 감각을 현대적인 것으로 무장하는, 한 차원 높은 기능을 익혀야 하기 때문이다. 모르면 모르는 대로가 차라리 나는 편하다고 고집을 부려왔었다. 지금까지 갈고 닦은 나름대로의 내적 가치만 다 활용하여도 충분하다고 우겨오곤 했으니까. 아는 것도 다 쓰고 죽을지 모른다고 말이다.

기능이 복잡하고 다양한 컴퓨터가 나에게는 그리 반갑지 않다. 기계 다루기가 겁부터 나서다. 새잡이로 또다시 새롭게 배워야 하는 일이 번거롭고 무섭고 그렇다. 나이 들수록 단순한 것이 좋고, 또 단순해지고 싶다. 아직도 컴퓨터라는 기계에 공포감이 있는 터에 손때 묻은 물건을 버린다는 아쉬움이 있는가 하면, 세대와 차별 없는 세상을 들여 다 볼 수 있는 설렘도 없진 않다.

아들의 물건을 빼내는 일은 대이동이었다. 좁은 공간에 이리저리 구겨넣던 살림을 이제는 제자리에 펴서 놓을 수 있다는 장점도 있긴 하다. 사람 몸뚱이 하나에 딸린 물건들이 퍽도 많다는 느낌을 받는다. 큰 가방으로 세 개를 추렸더니 집안이 헐렁해졌다. 이젠 컴퓨터가 있는 아들 방이 내 방이 된다. 책꽂이 한 귀퉁이에 나의 원고지 뭉치를 꽂았다.

아들은 요즘 무척 바쁘게 지낸다. 시간에 쫓기는 아들에게 컴퓨터를 배우기란 여간 어려운 게 아니다. 아들은 아들대로 주변의 인사人事관계를 정리하는 중이다. 이번에 떠나면 한동안 한국에 올 수가 없다. 교수님도, 친척도, 친구도, 회사 사람들도. 즐거운 맘으로 다시 볼 수 있도록 그간의 정情을 갈무리하는 아들을 지켜보면서 반듯하게 성장한 듬직함에 흐뭇하였다.

모자母子가 각자의 길을 걷기 위하여 서로의 길을 닦는 중이다. 외형상으로는 아들의 유학길을 돕는 비중이 더 크게 보일 테지만, 속으로는 어쩌면 나의 홀로서기에 대한 강박감을 감추느라 더 안간힘을 쓰는지도 모를 일이다. 혼자서 애들을 데리고 살아온 날이 분명 힘들었다. 그러나 앞으로 혼자서 살아갈 일은 더 힘이 들지 않을까…. 가족들이 몸과 마음을 스적이며 함께 있을 때가 굉장한 부자였지 않았나 싶다.

사람들이 내게 이렇게 말을 붙여온다. 아들 보내고 적적하겠다고….

그런데 사실 나를 알고 보면 쓸쓸하다거나 적적하다는 표현이 타당치 않다. 애써 의연한 얼굴로 굳이 그렇지 않다고 변명할 필요는 없다. 주변 사람들이 염려하는 것처럼 고독하지 않아도 될 타당한 이유가 있으니까. 자식이란 게 그렇다. 때가 되면 서로에게서 벗어나 주는 것이 가장 편안한 부모 자식의 관계다. 경제적이든, 정신적이든, 현실적이든 간에 자유로울 수 있으면 행복이다.

아들이 아기일 때 그 아이는 나에게 해줄 수 있는 효孝라는 기쁨을 이미 충분히 안겨주었다. 내가 무엇을 바라바 그렇게 꾸밈없고 환한 웃음을 지을 수 있었겠는가. 그것으로 충분하다. 여기까지는 과거지사다.

현실의 아들은 나를 혹독하게 훈련시켜왔다. 남편이 없고 나서야 외로움을 알았지만, 그보다 곁에 있는 아들에게서 받는 외로움의 치수는 남편 부재不在의 고독감과 비교도 되지 않는다. 모성母性은 대부분을 아들 본위와 아들 지향적인 시간표를 계획하며 일상을 그린다. 끝없이 주기만 하여도 모자라는 사랑이 그것이다. 이제 나는 아들에게 해줄 수 있는 게 없음이다. 아무 것도 해줄 게 없을 때의 외로움을 말로 다하지 못하겠다.

그나마 아침 한 술 지어 먹이던 것조차 사라졌다. 출근할 때면 "엄마, 다녀오겠습니다"라는 아들의 목소리를 못 듣게 되었다. 밤늦게 귀가하는 아들을 맞아 문 열어주는 행위도 멈췄다. 새벽에 걸려오는 전화, "엄마, 오늘 동창회 했어요" 또는 "엄마, 오늘 회사에서 회식 있어요"라는 이 말들은 날더러 더 이상 기다리지 말고 잠을 자라는 뜻인데, TV에서 애국가도 끝나고 내 눈에 충혈이 될 즈음에야 안부를 전달하는 얄미운 취중진담이었.

비몽사몽간에 현관문을 열어주면 술 냄새가 코를 찌른다. 아들의 몸 냄새가 화들짝 정신을 차리게 한다. 하루 이틀 훈련 당한 게 아니다.

아들과 둘이 살면서 홀로 고독의 농도와 무게를 신물이 나도록 껴안았다. 이쯤 되면 아들의 유학을 반기고 또 반길 일이다. 신나게 보낼 수 있다. 눈이 빠지도록 기다리지 않아도 되는 안도감을 나에게 줄 것이다. 적적하다기보다 내게 온 프리미엄이 더 엄청나다.

사람은 환경에 따라 시효 적절하게 의식을 바꿀 필요가 있다. 외롭다고 생각하면 이 이상 외로울 수 없는 게 나의 처지다. 하지만 나는 아들을 보내고 어떤 자세로 살아야 할 것인가 고민해야 한다. 참된 고독 속에 행복이 있다 하였다. 고독 없이 존재할 수 없는 것 또한 인간이 아닌가. 아들이 내 곁에 있는 것이 유학 가는 것보다 더 좋을 수 있다면 골백번이라도 붙잡아야 하겠지만, 현실은 그것이 아니기 때문에 아들을 멀리 보내고 나는 다시 기다리는 그리움에 빠지는 행복을 누린다.

생각해보면 처녀적 이후로 내가 내 맘대로 행동할 수 있는 자유를 얻은 게 실로 얼마만인가. 집안 아무 데서나 옷을 훌훌 벗어보는 맛, 모든 생활의 기준을 나에게만 맞추어 나만을 위한 설계도를 그려보는 것, 먹기 싫으면 안 먹어도 괜찮은 느긋함, 자고 싶으면 자고 싶을 때까지 잘 수 있는 여유, 생존하기 위하여 경쟁하지 않아도 되는 편안함…. 자신을 사랑하라는 신의 계시가 아닌가. 근심 걱정 주지 않으니 아들이 효자孝子다.

큰딸이 서른세 살이니까 꼭 삼십삼 년 만에 되돌려 받는 나의 시간표다. 자유에 감격스럽다. 내게로 회귀한 시간표를 아름답게 그릴 것이다. 무엇을 어디서부터 시작해야 좋을지 아직은 모른다. 현재 구체적인 계획은 없지만 환상 같은 노년으로의 황혼을 불러들이고 싶다. 꿈으로만 끝나지 않을….

화려한 출발

이틀 전부터 시집 간 둘째가 와 있었다. 동생 떠나보내는 마음이 서운하여 함께 지내고자 미리 온 것이다. 사방을 기어 다니는 손자 녀석이 제법 사람의 기운을 불어넣는다. 아기 울음과 웃음소리의 교차는 조용하던 집안에 활기 같은 신선한 바람으로 향기롭게 나를 자극한다. 핏줄의 향연이다.

아침 11시 비행기다. 온 식구가 새벽부터 서둘렀다. 아들의 친구가 차를 가지고 도착하여 우리는 두 대의 승용차에 나누어 탔다. 아들을 내 차에 태우고 싶은 맘이 굴뚝처럼 일어났지만 친구의 차에 태웠다.

한두 방울 떨어지던 빗줄기가 제법 세차게 퍼붓는다. 안전운행을 다짐하며 비행기가 이륙하는 순간까지 아무 탈 없기만을 기도하였다. 공항까지는 한 시간 남짓 걸렸다. 인천공항은 국제공항답게 그 면모가 웅대하였다. 피부색이 각기 다른 지구촌 사람들로 붐볐다.

아들이 큰 가방을 수화물 칸으로 보내기 위해 표를 끊는 모습이 멀리서 보이는데 그 순간 심장에서 쿵하는 소리가 내 귀에 환청처럼 들린다. 이제 정말 나의 곁을 떠나는구나…. 개찰구만 빠져나갈 수 있도록 모든 수속을 마치고, 우리는 아침 식사를 하기 위해 식당으로 갔다.

나는 아들의 몸에서 한시도 눈을 뗄 수가 없었다. 이십칠 년을 동고동락해온 모자母子다. 길고 긴 이별을 하기 위하여 오늘처럼 마음을 졸인 적이 일찍이 없었다. 아들의 눈을 부딪치기가 어색하다. 눈과 눈이 마주치면 금방이라도 눈물이 쏟아질 것 같아 마음의 눈은 아들 쪽을 향하면서도 눈동자는 다른 곳을 보는 척 하였다.

식사를 주문하고 나서 집에서 돈부콩 삶아 온 것을 내놓았다. 가장 한국적인 음식 중 하나다. 마지막 어머니의 손길로 아들에게 기억되었으면 하는 맘으로 준비하였다. 앞으로는 아들에게 해주는 것들이 사실 별로 소용 닿지 않는 것들이 될 수도 있다. 오늘부터는 나를 떠나 아들 몫의 주관적인 생활을 해야 하기 때문이다.

부모와 자식은 끊어지지 않는 천륜의 관계다. 사랑이 진할수록 애착의 고리를 분리하고자 하였다. 품 밖으로 밀어내는 작업은 빠르면 빠를수록 좋다고 여겼었다. 그러나 막상 그 오늘이 눈앞의 기로에 서고 보니 참 많은 상념들이 스친다. 아들은 온전한 나의 작품이다.

갑자기 그 생각이 났다. 중학교 입학식 날, 수많은 학부모들이 운동장에 가득하던 그날 아버지라는 이름조차 입에 담기가 슬펐던, 나는 하늘을 올려보는데 아들은 발로 흙을 툭툭 차던…. 이를 앙다물고 아들을 잘 키워 내리라 마음먹었던 그때. 역경 속의 과거가 주마등처럼 떠올랐다.

밥순갈을 뜨는 아들을 향해 나지막이 이름을 불렀다. 그리고 말했다.

"대현아, 진심으로 고맙다. 네가 화려하게 나의 곁을 떠나주어서."

나는 그 말을 반복하여 두어 번 더 해주었다. 서로가 오늘 같은 자유를 얼마나 갈망하여 왔던가. 아들 덕에 나는 기어이 빛나는 어머니가 되고 말았다. 나처럼 자식의 등을 황홀하게 떠미는 어머니가 몇이나 있겠는가. 감개무량할 뿐이다.

시간이 점점 다가왔다. 그 사이 몇 번이나 비행기 표와 짐표를 확인시켰다. 가슴이 자꾸 울렁댄다.

열 시가 되었다. 국제선 개찰구에 사람들이 늘어섰다. 아들도 저 대열에 합류해야 하는구나…. 처음엔 줄 앞에 섰다가 다시 뒤로 가서 줄을 선다. 그리고는 또다시 뒷줄로, 뒷줄로 간다. 저 문을 빠져나가면 한동안 이별이라는 아쉬움이 아들의 발을 떼지 못하게 한다.

그만 들어가라는 눈짓을 보냈다. 식구들마다 눈동자에 이슬이 맺혔다. 눈물을 보이지 않으리라 하던 다짐이 어느새 허물어진다. 저도 나도 눈시울이 붉어졌다. 여권에 도장 받는 차례 중에도 아들은 가족들과 눈을 맞추기 위하여 자꾸만 돌아본다. 그러기를 몇 번, 이제 아들이 보이지 않는다.

그렇게 아들을 비행기에 태우고 집으로 돌아왔다. 행복한 이별도 이별이다. 오롯이 내 손으로 키운 아들. 한바탕 통곡하고 싶은데 둘째가 내내 나를 따라다닌다. 효심이 갸륵한 딸이다. 모자母子만 살던 집, 동생을 보낸 후 나를 두고 차마 훌쩍 가지 못하는 눈치다. 사위가 기다릴 텐데, 행여 딸의 발목을 붙드는 약한 모습을 들키지 말아야 하는데….

보스턴까지 열네 시간이 걸린다고 하였다. 시계로 자꾸만 눈이 간다. 혼자서 얼마나 지루할까. 낯선 땅에 도착하면 두렵지 않을까. 아무 도움도 안 되는 괜한 기우인지 알면서도 마음이 쓰인다.

전화 오기만을 뒤척이다 깜빡 잠이 들었다. 이튿날 아침 여섯 시쯤에 전화가 왔다. 잘 안착하였다는 반가운 소식이다. 먼저 간 친구 방에서 전화를 한다고 하였다.

유학생으로 미국 생활에 적응할 아들, 지금부터는 세계 속의 한국인으로의 삶을 살아가야 한다고 일렀다. 어떠한 상황에 처하더라도 몸 건강에 유념하라고. 공부도, 명예도, 행복도. 건강이 따라줄 때 누릴 수 있는 거라고….

인사人事, 만사형통萬事亨通

　가족들이 한자리에 모였다. 떠나고 보내는 아쉬움이 우애를 불러일으킨다. 사랑을 돈독히 다져주는 인연의 고리인 듯싶다. 그날도 큰사위가 자리를 마련하였다. 헤어지기 전에 한 잔 술을 기울이며 정담을 나누자는 뜻이다. 만날수록 깊어지는 사이다. 보기만 해도 흐뭇하다. 내 한 몸 뿌리 되어 어느새 이처럼 가문의 생명력으로, 줄기에 열매가 주렁주렁 매달렸다.
　아들이 꼴찌로 등장했다. 술잔을 치켜들고 아들의 장도를 축하해 주었다. 나도 아이들이 따라주는 대로 마셨다. 정감이 교차하는 풍경, 즐거운 표정이다. 행복은 날 잡아서 오는 것이 아니다. 공식처럼 절차대로 따라 주는 것도 아니다. 규격에 맞춰지는 것도 아니다. 인격의 높고 낮음과 상관없는 일이다. 식솔들 웃음으로 충분하였다. 때때로 느끼면 된다. 아늑한 평화의 잔치를….
　얼굴이 빨개진 아들이 입술을 달싹이며,

"매형, 저는요. 인사가 만사형통이라는 걸 열아홉 살 때 배웠어요"라고 한다. 느닷없는 말이었는데 풀이하자면, 내가 헌집을 헐고 신축할 때 노동자들에게 인간적 예우를 하는 모습을 보면서 사람과 사람의 관계, 즉 사람이 왜 상부상조하면서 사는지를 알게 되었다는 것이다.

그 집을 짓고 몇 년이 지나도록 예기豫期한 상태나 결여된 일이 한 건도 발생하지 않은 걸로 보아, 주인과 일꾼들의 합작으로 성공적이었던 것이다. 나도 처음 듣는 소리였는데 기분이 좋았다. 그냥 지나쳐 버릴 수 있는 작은 행동을 허술히 넘기지 않았었나 보다.

지혜란 지식과 다르다. 나를 보면서 내적인 덕목을 수양하였다니 고마운 일이다. 아버지의 가르침과 남아의 기상, 내가 대신해 줄 수 없는 점이 늘 안타까웠다. 타인의 좋은 점을 자신의 재산으로 쌓는 것도 기술이다. 나의 근면勤勉함을 자기 수신修身으로 소화시키며 사회생활에 접목시킬 줄 알게 된 아들이 새삼 달리 비쳤다. 제법 성인다운 구석을 식구들에게 열어 보인다. 이젠 나의 그늘을 벗어나 보호자 없이도 충분히 세상을 헤쳐갈 수 있을 것 같다. 성큼 성장한 막내, 혈혈단신으로 지구촌 어느 곳에 가도 그만한 정신력이면 제 발등에 불은 끄겠다 싶어 믿음직하다.

다음 날 아들은 백부님과 숙부님께 인사를 여쭙기 위해 고향으로 발길을 돌렸다. 꿈의 도약. 큰일을 눈앞에 둔 터에 운전대를 맡기고 싶지 않았는데 아들이 운전을 할 수밖에 없는 상황이었다. 아들을 앞세우고 새벽에 출발하였다.

먼저 선산으로 갔다. 아들의 금의환향을 그의 영혼은 반겼을 것이다.

우리는 큰절을 올렸다. 그에게 마음속으로 '감사해요…' 되뇌고 또 되뇌었다. 어린 아들을 남겨두고 차마 눈을 감지 못하던, 그의 눈꺼풀을 쓸어내리던 기억이 스쳤다. 잘 키울테니 부디 극락왕생하시라 이르는데, 마지막 연민의 눈동자가 아직도 뇌리에 박혀있다. 그의 동공은 억만 겁의 심중을 토할 듯이 나를 뚫어지게 보고 있었다. 저승사자에게 이미 혼을 내주고 난 뒤, 억장 무너지는 애달픔이었다.

그렇게 작별은 찰나에 끝나버렸다. 젊은 나이에 흙 속에 눕고 얼마나 억울했으면 핏줄을 이렇게, 오늘처럼 크게 보살펴 주었겠는가. 열네 살 아들에게 '역경을 이겨내야 한다'라고 의지력을 심어준 사람은 바로 남편이었다. 그의 유언과 아버지 된 공로를 사는 날까지 인정해 드릴 것이다.

아들이 중3 시절. 몸이 게을러지고 정신이 나태해질 때면 아버지가 내려다보고 계신다는 것을 느끼기 위하여. 아버지의 사진을 천장에 붙여놓고 공부하였다. 아버지의 희망이고, 어머니의 소망이고, 누나들의 바램이고, 또한 자신의 꿈이었던 것을 성취하기 위해서였다. 희망이 하는 일에 절망이 없었다.

지난해 해외 유학 장학생 선발 시험에 합격하여 세계 랭킹 1위인 미국의 명문대학 MIT공대로 몸통을 돌렸다. 전액 장학금의 혜택을 받는다. 나의 경제력으로는 엄두조차 낼 수 없는 현실이다. 그 속에서 아들은 소리 없이 내일을 준비하며 전쟁 같은 생존의 벽을 기어이 뚫었다. 남모르게 흘린 땀방울의 귀결이었다. 아들이 MIT로 가기까지가 산 사람의 뜻대로 된 듯싶지만, 하늘에서 보살펴주었음을 내 어찌 망각하겠는가. 그의 산소 앞에 질펀하게 앉아 두 다리를 폈다. 참으로 오랜만에 남편과 술잔

을 기울이는데,

"아들아, 장하고 또 고맙구나. 그리고 당신, 수고했소…."

하는 환청이 어디선가 당장이라도 터져 나올 것만 같았다. 탁 트인 들판과 저 멀리 지평선, 눈부신 햇살, 두둥실 떠가는 구름의 행렬과 더불어 가족이 합세한 천국의 뜰이다. 가장家長이란 정신적 지주를 잃고 인고의 세월을 뛰어넘어 지금 여기에 모였다. 뜨거운 것이 볼을 타고 흐른다. 그가 미처 거두지 못한 식솔들의 특별한 만남을, 광활한 무대가 열렬하게 환영해 준다. 누리에 축포를 쏜 듯이 핵폭발 같은 운무가 탄성을 지르게 한다. 신비하고 오묘한 풍광의 극치. 자연과 인생이 어우러진 한마당은 가히 장관이었다.

산소를 시발점으로 다섯 분의 어른들을 차례로 찾아뵈며 혈연의 순례 같은, 저버릴 수 없는 천륜의 고리를 더욱 단단히 옥죄게 하였다.

고속도로를 달리는데 팔월의 장대비는 폭우로 쏟아졌다. 하늘이 구멍 난 것 같다. 유리창의 와이퍼가 신나게 춤을 춘다. 1박 2일의 짧은 여정 속에서 아들은 대대로 이어져 내려오는 가문의 핏줄, 그 커다란 나무의 한 줄기 끝에 자신이 있음을 깨달았을 것이다. 인척이든 남남이든 사람의 관계는 존중되어야 한다. 21세기가 최첨단 정보화로 인해 개인화로 치달린다 해도 사람 됨됨이의 근본성신을 외면하면 아니 된다. 가정은 만년교육萬年 敎育의 장場이라 했으니 집안 간의 교감과 교류가 끊어지지 않도록 챙겨야 한다.

가깝게는 가족이, 주변에는 스승과 친구가, 멀리에는 친척이 있다. 어느 누구도 소홀히 대할 수 없는 귀한 분들이다. 아들은 한국을 떠나기에 앞서 초, 중, 고교 시절 담임 선생님들께 인사를 올렸다. 아들에게 인사人事가 만사형통萬事亨通이란 의미가 확실하게 입력되어 키운 보람이 크다.

척박하거나 풍요롭거나 혹은 부유하거나 가난하거나, 삶이라는 자체는 개개인의 몫이다. 아들도 나도 긴 한숨이 있었는가 하면 함박웃음도 있었다. 변화무쌍한 시간 속을 누벼왔다. 인생이란 먼 미로를 더듬대던 모자母子의 건강한 외로움이 일치된 목적지를 제대로 찾아내어 기쁘다.

자식은 품 밖으로 밀어내는 게 상책이다. 독립은 빠를수록 좋다. 고민도 젊었을 때 하게 해야 한다. 그래야 목표 지점을 향해 열정을 바치게 된다. 그것이 아들을 사랑하는 지름길이다. 누가 누굴 위하여 세상을 살아주는 게 아니란 걸, 아들은 일찍 터득하였다. 한때는 모자母子의 가슴을 썩이던 눈물도 있었지만, 세상에 도전하지 않고 성취되는 건 아무 것도 없었다.

아들은 동양에서 서양으로 몸을 틀고 눈부시게 손을 흔들며 인천공항을 빠져나갔다. MIT로 내딛는 걸음이 겉보기엔 분명 부러움의 대상임에 틀림없다. 남편과의 약속, 나의 속앓이는 접어놓고, 모성적母性的 책임을 다했나 싶어 나도 이보다 더 좋을 수 없었다. 질곡의 세월을 건너와 보니 묘미 같은 생애를 뒤돌아 보게 한다.

꿈을 가진 대한의 청소년들이 무럭무럭 자라나 반듯한 한국인이 되어 세계 속에 널리 퍼지기를 소원하면서 아들 키운 발자취를 이제는 글로 옮겨 좋은 기氣를 세상에 전파하고픈 사명감이 생긴다. 종이와 연필을 붙들고 지천명의 여유를 누려볼 심산이다. 자유롭게….

미국 땅은 다국적 사람들이 모여 사는 나라다. 아들도 인도인 교수님과 그리고 세계에서 온 젊은이들과 함께 연구하게 된다고 한다. 피부색과 문화가 다른 토양이지만 사람의 향기는 다르지 않을 것이다. 공생공존共生共存의 원칙을 지키며 이익을 도모圖謀하기 위해 서로에게 기대어 사는 게 무언지 아들은 알고 있다. 타국 사람과도 우호적인 관계를 만들어 가리라고 내다본다. 또 한바탕 인사人事가 만사형통萬事亨通임을 깊이 느끼면서 탐구와 인人의 전쟁을 겪어내야 할 것이다.

우리네 정서로는 자신을 낮추는 것이 미덕이지만 미국은 아니라는데…. 사람이, 사람으로 살기 쉽지 않다.

어머니와 아들

척박하거나 부유하거나 혹은 가난하거나
삶이라는 자체는 개인의 몫이다
아들과 어미에게
긴 한숨도 있었고 함박웃음도 있었다
변화무쌍한 시간 속을 누비며
인생이란 미로를 더듬대던
모자母子의 건강한 고통이,
일치된 목적지를 찾아내어 기쁘다

자식은 품 밖으로 미는 게 상책이다
독립은 빠를수록 좋다
고민도 청소년 때 하게 해야 한다

그래야 목표를 설정하고 열정을 바치게 된다
그 길이 자식 사랑하는 지름길이다
누가 누굴 위하여
공부하여 주는 것이 아니란 걸
어린 아들은 기어이 터득하고 말았다

미국이란 나라에서 아들을 기다린다
화려한 몸짓으로 손을 흔들고
인천공항을 빠져나간다
부러움의 대상임에 틀림없는데
홀로 남은 어미가 눈물을 훔친다
제 갈 길로 가니 고맙다 하면서…
행복하게

억장 무너지고 통곡할 적에
잘 키울 테니 부디 극락왕생 하시라 하였다
남편과의 약속, 모성적母性的 사명을 다했나 싶어
나도 이보다 더 좋을 수 없다

질곡의 세월을 건너와 보니
묘미 같은 생애를 뒤돌아보게 한다
아들 키운 발자취를 이제는 글로 옮겨

좋은 기氣를 누리에 전파하라 한다
종이와 연필을 들고 지천명의 여유를 누려볼 심산이다
자유롭게……

아버지와 아들

아들 앞세우고 선산으로 갔다
아들의 금의환향을 영혼은 반겼을까?
그에게 큰절 올리고 감사 기도를 올렸다

어린 아들 남겨두고 차마 눈감지 못하던,
그의 눈 덮개를 쓸어내리던 기억이 스쳤다
연민의 눈동자가 아직도 뇌리에 박혀 있다
그의 동공은 억만 겁의 심중을 토할 듯이
나를 뚫어지게 보고 있었다
저승사자가 몸통을 데려간 뒤
억장 무너지는 애달픔이었다
그렇게 작별은 찰나에 끝나버렸다

젊은 나이에 흙 속에 눕고 얼마나 억울했으면
핏줄을 오늘처럼, 이렇게 크게 보살펴 주었겠는가
열네 살 아들에게
'역경을 이겨내야 한다'고 유언을 했다
의지력을 심어준 사람은 바로 그였다
그의 아버지 된 공로를 사는 날까지 인정할 것이다

아들은,
몸이 게을러지거나 정신이 나태해질 때면
아버지가 내려다보고 계신다는 걸 느끼기 위하여
아버지의 명함판 사진을 천장에 붙여놓았었다
희망이 하는 일에는 절망이 없었다
장학금 혜택받고 MIT 대학으로 꿈을 실었다
엄두조차 낼 수 없는 현실 속에서
소리 없이 내일을 준비하며
전쟁 같은 생존의 경쟁을 뚫은 아들
남모르게 흘린 땀방울의 귀결이다

아들이 미국으로 가기까지가
산 사람의 뜻대로 된 듯 싶지만
그가 도와주었음을 내 어찌 망각하겠는가
그의 산소 앞에 질펀하게 앉아 두 다리를 폈다

오랜만에 남편과 술잔을 기울이니
'아들아, 장하고 고맙다 그리고 당신 수고했소'
하는 환청이 어디선가 금방이라도 들려올 것만 같다
고향의 들판, 눈부신 햇살, 두둥실 구름 행렬과
더불어 가족이 합세合勢한 천국의 뜰이다

가장이란 정신적 지주를 묻고
인고의 세월을 뛰어 넘어 지금 여기에 모였다
뜨거운 것이 볼을 타고 흐른다
핏줄의 순례 같은 가족 나들이
저버릴 수 없는 천륜의 고리를 더욱 옥죄게 한다
그가 미처 거두지 못한 식솔들의 아주 특별한 만남을
광활한 무대가 열렬하게 환영하여 준다
누리에 축포를 쏜 듯이 핵폭발 같은 운무가 탄성을 지르게 한다
신비하고 오묘한 풍광의 극치,
자연과 인생이 어우러진 한마당이
가히 장관이다

아버지의 육신은 가고 없지만
아들에게,
그는 살아 있는 생명으로 충분하였다
사람이, 사람으로 살기 쉽지 않다

MIT공대로 띄우는 첫 편지

너 없는 집안이 텅 빈 느낌을 주는구나. 그날 마지막 출구에서 몸을 틀고 뒤돌아보던 모습이 아직도 선연하다. 손을 번쩍 든 작별의 인사는 기어이 코끝을 시큰거리게 하고 말았단다. 누나들도 마찬가지였어. 생각해 보면 그렇게 너를 보내는 일이 엄청난 일이었더구나. 우리들의 둥지에서 몸을 틀고 사는 날들이 점점 사그라지고 있다는 점이다. 부모 자식도 때가 되면 이별해야 하는 것이 순리더구나.

의젓한 나의 아들아, 지구촌 어느 곳에서든 너를 사랑하는 가족들이 있다는 점을 잊지 말거라. 몇 발짝 등 뒤에 서서 듬직한 어깨를 바라볼 적이면 괜스레 미소가 번지며 가슴이 꽉 차오르곤 하였다. 네가 주는 믿음이 그것 아니겠니. 웃음이란 행복의 0순위라 하였다. 너를 떠올리면 저절로 행복해지는 걸 어떡하겠니. 어린 시절 역경을 극기하고 당당한 청년의 모습으로 우뚝 일어섰으니, 왜 아니겠니. 꿈으로 향한 너와 나의 건강한 외로움이 일치된 목적지를 제대로 찾아내어 이보다 더 좋을 수는 없단다.

그래, 밥은 어떻게 끓여 먹겠더냐? 제아무리 좋은 게 있다 한들 자기 몸보다 더 소중한 것은 없단다. 그곳 문화에 적응하기가 아직은 서투르겠지. 하나씩, 서서히 배워나가렴. 한꺼번에 네 것으로 만들 수는 없을 게야. 이십수 년간 길들여진 환경과 습관을 단번에 어찌해 볼 수도 없을 것이다. 너의 텃밭으로 가꾸려면 거기에 따르는 노력이 필요할 것이야.

미국이란 토양이 다국적 민족들로 뒤섞여 있으니 세심한 관찰을 하거라. 피부색으로 차별 대우를 받지는 않겠지만, 가끔 뉴스를 접해보면 황색인종들 주눅 들게 하는 장면이 나오더구나. 어느 곳에서든 나하기 나름이란다. 주변 사람들과 사귀면서, 특히 지도 교수님과 외국 친구들에게 각별하면 좋겠구나.

그동안 너로부터 많은 전화를 받았다. '고맙다'는 말밖에는 다른 말이 생각나지 않았다. 어느새 내 아들이 미국에 안착하여 안부를 전하다니. 마음은 네 속에 있는데 몸은 태평양 건너 한국이잖니. 수화기를 놓을 적이면 가슴이 찡하고 벅차단다.

홀로 독신 생활하려니 부지런을 떨어야 할 게야. 아침 짓기 어려우면 인삼가루와 녹차를 마시거라. 과일 챙기는 것도 꼭 시간표에 넣고. 기름진 음식은 건강에 해를 끼치니 적당히 섭취하도록. 젊을 때 관리에 소홀하면 늙어서 병이 날 수 있단다. 이 점 특별히 유념하거라. 목욕을 자주 해주면 감기 몸살 예방에 도움이 된다.

나는 너를 떼어내고 넘치는 자유 속에 파묻혀 있다. 네가 없으니 너를 향한 봉사의 일손이 갑자기 멈춰버려 한동안 허퉁하기 이를 데 없었다. 막상 현실에서 넘치는 자유를 안아보니 그 또한 힘들다는 걸 깨닫게 되더구나. 사람에게는 적당한 구속과 적당한 관심이 보약 같은 사랑이란 걸 알게 되었다.

그러나 인생이란 어차피 홀로 가는 길이란 걸 일찍이 너의 아버지가 일러 주셨잖니. 내가 나를 조율하며 잘 지낼테니, 이 어미 걱정은 하지 마라. 점차 독거獨居 현실에 적응되어 가고 있다. 문학 활동을 하면서 제일 큰 성과는 좋은 사람들을 만날 수 있는 점이란다.

'친구 같지 않으면 차라리 홀로 가라' 하지 않던.

9월 4일 개강하고 많이 바빠졌지? 방송에서 본 MIT 대학의 일정은 책벌레들의 움직임이더구나. 내 아들도 그 속에 섞여 있을 텐데. 아무 도움이 못되어 마음만 탄다.

아들아, 나는 너의 중학교 입학 할 때가 머리에서 떠나지 않는다. 아버지는 투병 중이었고, 입학식장에는 수많은 아버지들이 웅성거렸었지. 나는 하늘을 올려보고 있는데 너는 고개를 숙인 채 발로 땅을 툭툭 치고 있었다. 가슴이 시큰한 게 어린 너에게 참 많이 미안하였다. 건강한 아빠 손을 잡고 함께 왔으면 얼마나 좋았을까.

설움을 안으로 감추고 세상 앞에 우뚝 선 너는 장하고 위대한 청년 이야. 앞으로 낯선 땅에서 인생과 향학의 바다를 동시에 항해해야 하는 너는 그때를 돌이킨다면 어떤 장벽도 두렵지 않을 게야.

고마운 아들아, 9월 3일 미국 대사관으로 비자 인터뷰하러 가기 직전에,

여행사 직원이 약간 긴장감을 주더구나. 숨을 크게 쉬고 들어가 창구에 섰는데, 여행의 목적을 묻더구나. MIT 대학교 방문이라고 답변을 하였더니. 더 이상의 질문이 없었다. "그만 가서도 좋습니다"라는 말에 얼른 그곳을 빠져 나오는데 발걸음이 가뿐하였다. 어떤 사람은 질문이 꽤 길었거든.

이튿날 아침 아홉 시쯤이었다. 전화가 왔는데 오전에 비자 택배 도착이라는 거야. 신속한 행정 처리에 깜짝 놀랐지. 아들의 신분을 실감하기도 했다는 거지. 미국이란 나라가 멋지고 미국 사람들의 판단력이 멋졌어. 실력으로 사람을 평가하고 인정한다는 점에서 선진국의 위상을 확인한 셈이거든. 물론 내가 불법 체류할 사람이 아니라는 점을 인식하였겠지.

아무튼 그날 엄마 기분 좋았던 거 말로 다할 수 없었단다. 여기저기 전화로 이 사건을 풀풀 날렸지. 9·11 테러 이후 몇 달이 걸려도 비자 받기가 어렵다는데 말이다. 그 기분이 일주일도 더 가더구나. 보물 같은 아들 덕분 아니겠니.

마음에 근심. 걱정 없으면 날마다 좋은 날이라 하였다. 건강하게 반듯하게 자라준 너희들 덕택에 나는 날마다 좋은 날이란다.

아들아! 공부도 좋지만 운동하는 것 잊지 말거라. 건강보다 더 위대한 예술은 아마 없을 성싶다. 몸 보존에 유념하길 바란다. 네 몸 사랑이 곧 어미 사랑이란다.

밥 잘 먹고 잠 잘자고 대소변 잘 보는 것이 진짜 진리야. 알았지?

너를 사랑하는 엄마가

제 6부

나의 편이던 당신, 지금도 나의 편입니다

기억 저편의 그 곳

남편에게 내려진 병명은 그의 생명이 시한부임을 알리는 사형선고였다. 생사의 갈림길에 서서 허망과 애착을 부둥켜안고 갈등했다. 어디에서 정답을 찾아야 할지 막막했었다. 의사의 말 한마디는 우리를 한순간에 무기력한 동물로 만들어 버렸다.

얼마 후, 우리 부부는 무작정 집을 나섰다. 삶의 의욕을 상실했고 온몸이 무거웠다. 버스정류장에서 머뭇거리다 아무 차나 타기로 했다. 저만치서 바람을 몰고 달려오는 일반 버스가 발치에 정차한다. 목적지 없이 탔다. 행선지는 보지 않았다. 그냥 버스가 데려다 주는 곳으로 가고자 했다. 우리는 앞, 뒤로 앉았다. 서로 차창 밖으로 내비친 세상에 눈길을 주었다. 활발하게 오가는 타인들의 동작을 응시하며 우리 부부도 저들처럼 활보하던 때가 아주 먼 옛날처럼 느껴졌다.

버스는 교문리를 지나 논밭이 보이고 산과 들이 펼쳐진 어디인가로 달렸다. 전신의 피돌기가 정지된 것 같은 어두운 맘이 우리를 지배하고 있었다. 사거리도 지나고 구불구불 시골길로 접어들어 가기도 했다. 목장이 있고 젖소들 엉덩이가 한눈에 들어왔다. 전원풍경을 대하면 항상 고향에 계신 어머님을 떠올리던 정서마저 마른 듯 감정이 죽어있었다. 두 사람 가슴은 먹구름에 휘감겨 있었다. 종점이라는 안내방송을 듣고서 내릴 생각을 했다.

주변에는 산자락이 둘러쳐 있고 조그만 절도 보였다. 우리는 손을 잡고 사찰 쪽으로 갔다. 법당에 들어가 향을 사르어 올리는 손이 바르르 떨렸다. 그는 가부좌를 하고 눈을 감았다. 나는 부처님 앞에 엎드려 "부처님, 제발 남편을 살려주세요. 앞으로 잘하고 살게요." 그동안 잘못 살아온 죄를 참회하고 새 출발을 할 수 있도록 한 번만 기회를 달라고 애원했다. 북받치는 흐느낌 소리가 참았던 남편의 애간장을 터뜨리고 말았다. 그의 울음이 법당 안을 울렸다. 남자의 그 소리는 거목이 뿌리째 흔들리며 쓰러지는 것처럼 처참하게 들렸다. 그날 우리는 어린 자식들 앞에서 울 수조차 없었던 통곡을 기어이 쏟아내고 말았다. 숨통을 조이던 답답함이 트이는 듯했다.

사십 대 중반이 되도록 둘이서 여행을 다녀본 기억이 없다. 아이들 키우는 일에 쫓겨 생활의 여유를 부리지 못했었다. 목숨이 막다른 길목에 닿고 보니 누리고 넘어 가야 할 것을 챙기지 못한 후회가 막심했다. 나머지 시간으로는 모든 것이 짧기만 했다. 무엇부터 정리해야 마땅할지 도무지 가닥이 잡히질 않았다.

지금 돌이켜보니 그나마 그때 그렇게라도 나섰던 나들이길이 추억의 한마당이 되었다. 그가 생각날 적이면 으레 떠오르는 곳이다. 다시 불러 볼 수 없는 여보, 당신이라는 이름을 마지막 외쳐댄 곳이기도 하다. 그 후로 부부라는 존재와 가치를 영영 잃어버리고 말았으니까.

담담한 심정으로 고향 선산에 그를 묻었다. 홀로 저승길로 보내고. 산 사람은 살아야 하는 거라고 나는 이승 쪽으로 발길을 돌렸다. 매몰찬 자신에게 스스로 놀라웠다.

세월이 한참을 정신없이 흘러갔다. 삶의 고비 고비가 나를 힘들게 할 적이면 그곳을 찾아야겠다는 간절함이 솟구쳤다. 그와 동행했던 곳, 어디쯤이었을까? 보내기 싫고 떠나기 싫은 두 마음을 보듬던 곳.

불가항력 앞에 무릎을 꿇을 수밖에 없었던 곳. 그의 영혼과 영접할 수 있는 유일한 장소다. 버스의 번호도, 행선지 글씨도 보아두지 않았던 것이 이제와 못내 안타깝다.

나는 그곳 찾는 일을 숙제처럼 여겼다. 틈틈이 망우리 너머로 가는 버릇이 생겼다. 이곳저곳 행선지를 바꾸어 가보지만 허탕치기 일쑤였다. 그리고 머릿속에는 '토평동'이라는 이름이 맴돌곤 했다. 하여 토평동 종점을 수차례 갔지만, 아니었다. 찾을 날이 오겠지. 시간이 흐를수록 포기되지 않았다. 내 기억 속의 그곳은 또렷이 살아 있었다.

며칠 전이다. 남양주 등기소에 볼일이 있어 갔다. 서류를 떼기 위해 접수하고 기다려야 하는 시간이 지루했다. 낯선 곳이 무료해 차도로 나왔다. 도농 삼거리 정류장에서 멈췄다. 마을버스 한 대가 스르르 멈춘다. 행선지는 호평동 옆에 천마산이라고 쓰여 있었다. 갑자기 '토평동'이 아닌 '호평동'일지도 모른다는 생각이 스친다. 접수된 순서는 아직 20분이 남았는데… 잰걸음으로 등기소로 가 접수표를 내밀었다. 조금 더 기다리라는 안내를 받고 예정된 시간에 서류를 건네받았다.

나는 아까 보아둔 마을버스를 탔다. 앞자리에 앉아 길목을 더듬거려야 한다. 전혀 알지 못하는 길로 갔다. 부대 앞도 지나고 금곡을 거쳐 호평동 사거리 팻말 앞에서 좌회전 신호를 받는다. 입구에는 신축건물이 서 있다. 오늘 또 헛걸음하더라도 실망하지 않을 것이다. 헛걸음 일 삼은 것이 한두 번도 아니고 그렇다고 조바심 내지도 않는다. 언젠가는 찾게 될 거라는 믿음을 가졌다. 가봐서 그곳이 아니면 허탈하긴 하지만 그것에도 익숙해지니 견딜 만했다. 마을버스가 동네 깊숙이 들어갈수록 어떤 동요가 일었다.

어! 여긴가? 사방을 휘이 둘러보니 눈에 젖은 곳이다. 틀림없다는 느낌이 온다. 머리끝이 쫑긋하며 생기와 긴장감으로 휩감겼다. 저 멀리 보이는 산자락하며 구부렁한 길이며 목장이나 젖소는 사라졌지만 산 아래 절은 있을 거라 믿고 싶었다. 급한 김에 운전기사에게 물었다.

"아저씨, 이 근처에 절이 있지 않습니까?"

"네, 있습니다."

손가락으로 절이 있는 곳을 가리키는데 바로 그와 내가 잠시 머물며 소망을 기도하던 곳이 틀림없었다.

맞구나. 여기였구나. 여기에 놔두고, 그 긴 세월을 누비며 찾아 헤맸단 말인가. 가슴이 두근대고 참으로 어처구니없다는 생각까지 들었다. 찾아냈다는 성취감과 허무감이 교차했다. 그리움이 목메게 하는 반면에 갈증이 단번에 가시는 후련함을 맛보았다.

칠 년의 숨바꼭질을 마치고 얻은 것이 무엇일까? 형용할 수 없는 싸늘함이 엄습해 왔다. 나의 두 발목은 꼼짝 못하는 장승처럼 서버리고 말았다. 미친 여자처럼 헛웃음이 터져 나왔다. 인간의 삶이란 게 이런 건가 하는 회의가 들었다.

그날이 떠올랐다. 맥 빠진 남편의 손목을 붙들고 "당신은 살 수 있어요. 용기를 가져요." 희망, 사랑, 아들딸들을… 애를 태우며 끄집어 낼 수 있는 말을 온통 들먹여 그를 위로했던… 그 자리에 지금 나홀로 서있다.

그 산은 천마산이었고, 절터는 신축 중이라 어수선했다. 시골 마을은 낯선 사람이 나타나면 눈길을 받는다. 나를 보고 운전기사가 말을 붙인다. 어느 댁으로 가시냐고. 그냥 종점 따라 왔노라고 시시한 대답을 하고 싱겁게 웃어주었다. 오직 나만 당하는 고통으로 여기고 천지가 암울하게 비쳤던… 그가 내 곁에 버텨줘야 한다고 몸부림쳤던 그 마당.

그와 함께 섰던 자리가 엄청나게 변해 있었다. 산자락을 배경으로 고층 아파트가 즐비하고, 사방으로 길이 뚫리고… 옛 길목은 인적이 드문 채로 저만치 그대로 있었다. 호평동을 토평동으로 혼돈하며 수년을 걸어왔다. 그의 체취를 음미할 수 있는 곳이다.

절에서 나와 산모퉁이에 주저앉아 그는 '생자필멸生者必滅'이란 말을 뱉어내고 하늘을 올려보며 애써 초연하려 했었다. 죽음 앞에서 그처럼 의연

할 수 있었을까. 이제 그만 생활인의 짐을 벗고 가겠다는…. 흐트러진 모습을 보이지 않으려 의지를 지켰던 강한 정신력의 소유자가 그였다.

하얗게 바랜 아내의 머리칼이 당신의 가슴을 저미게 한다던… 당신의 죄인 양 미안해하던… 날더러 용서해 달라던… 그래야만 당신이 편히 눈을 감을 수 있다던… 가라앉은 그의 음성이 메아리로 남아 있는 곳이다.

젊은 날은 희망으로 살고, 나이 들면 추억으로 산다 했던가. 내 기억 저편에 머물렀던 소중한 기억들이 행여 지워질까 두려웠다. 한때는 지어미와 지아비로 지고지순한 사랑을 나누던 사람이었다.

내 어찌 그 사랑을 망각하겠는가.

스승의 날과 어떤 제자

1992년 5월 15일.

저녁을 막 뜨려는데 전화벨이 요란스럽게 울려댄다. 수저를 들려던 큰딸이 받는다.

"여보세요, 죄송하지만 누구신지요? …네, 그러시군요."

그리고 침묵이 흐르더니 딸은 무거운 입을 연다.

"선생님께서는 재작년에 병환으로 돌아가셨습니다."

수화기 이쪽과 저쪽에서 서로 간에 말문을 열지 못하고 있었다. 잠시 후 우리 집 약도를 알려드렸고, 딸은 굳어진 표정으로 내 옆자리에 와 앉는다.

"엄마, 85년도 광진중학교 아빠 제자래요."

친구에게 선생님 소식을 듣고, 설마 하면서 114에 문의하여 전화번호를 알아내고, 전화를 하게 되었다고 한다.

한 시간쯤 지났을까, 다시 전화가 왔다. 우리 집 근처라는 확인전화를 받고 내가 나갔다. 은행 정문 앞에서 어떤 청년이 꾸벅 인사를 한다.
"찾아주셔서 고맙습니다."
라고 청년의 인사를 받았다. 그 청년은 어떤 말을 해야 할지, 어찌할 바를 몰라 했다. 이렇게 빨리 가버리시면 어떻게 하느냐고 비통한 슬픔을 토해 낸다.

선생님 사진 앞에 바싹 다가앉아 눈을 떼지 않고 바라본다. 헛웃음 반, 울음 반으로 허허거리며 선생님과의 지난날을 내게 들려준다.
"사모님, 우리 선생님은 저희 담임 선생님도 아니었어요. 제가 중3 때 학교에서 소문난 말썽꾸러기였거든요. 선생님한테 맞은 매를 생각하면…."

청년은 말꼬리를 잇지 못하고 울먹거린다.
"담임 선생님도 '너란 놈은 틀렸어' 하고 포기했던 저에게 무수히 많은 매를 때려 주신 분이 바로 임재록 선생님이었습니다."

그 청년은 스승과 제자의 추억 속의 사연을 낱낱이 들려주었다. 지금은 어엿한 청년으로 장성하여 모 화장품 회사에 근무하고 있다고 한다. 사회 생활하면서 어렵고 힘든 일에 부딪칠 때마다 이상스럽게 선생님 생각이 나곤 했으며 참고 견디어내는 슬기가 생겼다고 한다.
"체구도 작은 선생님께서 그 작은 손으로 회초리를 휘두를 때는 어찌나 그 손이 크게 보였던지…."

그 회초리가 아니었다면 지금도 철부지였을 거라고 말한다.

"사모님, 술 좋아하시는 선생님께 이다음에 제가 꼭 술대접하기로 약속했었거든요. 몇 년을 벼르다가 늦게나마 찾아오니, 선생님은 아니 계시고…."

하면서 또 울먹인다. 중학교 졸업한지 10여 년이 지난 지금에야 그 회초리가 사랑의 매였다고. 다시 한 번 그 매를 맞을 수만 있다면…. 흘러버린 세월을 아쉬워한다.

오늘은 스승의 날.
행복의 꽃다발을 안아야 할, 하필이면 그 스승의 날에 눈을 감으신 것도… 제자들 한 번 더 보고 싶은 스승의 제자사랑 때문이 아닌가 싶다. 지금은 가고 없는 남편이지만 해마다 이맘때가 되면 한 두 사람씩 다녀간다. 날이 갈수록 제자들 기억 속에 점점 잊혀져 가는 남편이지만, 사람 됨됨이를 가슴에 못이 되어 박히도록 이야기해주신 선생님의 옛정을 되새기는 제자들이 있어, 그의 아내로서 뿌듯하다. 남편의 사제의 정을 기억하는 제자들을 바라보면서, '남자는 죽어서 10년 후에 빛이 난다'는 말을 실감하기도 한다.

스승의 날에 제자가 바치고 간 선물과 막내딸이 사온 꽃다발을 그의 사진 앞에 놓아드리니. 스승과 제자의 향기가 솔솔 피어나 방안에 가득히 차오른다. 못내 아쉬운 여운을 남기고 그 제자는 대문 밖으로 나선다. 전화벨이 또 울린다.

"사모님, 여기 공중전화예요. 여름방학이 되면 선생님 아들과 함께 우리 선생님 산소에 가렵니다. 이제라도 못난 제자, 사람 만들어 주신 은혜의 술 한 잔 올리고 싶습니다. 회초리에 담은 사랑의 빚을 꼭 갚아 드려야 하고, 선생님과의 약속도 지키고 싶습니다. 그럼 안녕히 계세요."

나는 수화기를 놓고 표현할 수 없는 기쁨으로 가슴이 꽉 차는 것을 느꼈다. 산소에서 상봉하는 스승과 제자의 만남을 떠올리면서… 올해는 또 어떤 제자가 선생님을 잊지 않고 찾아 줄는지… 작년 스승의 날에는 경택이와 윤상이가 다녀갔었는데.

추억의 보너스

　12월과 보너스를 떠올리면 20여 년 전 흐뭇했던 추억이 되살아나면서 남편의 얼굴과 제자였던 인원이의 얼굴이 동시에 보입니다. 인원이는 중3이었고, 남편은 그 아이의 담임 선생님이었습니다. 교문리 밖에서 어머니와 돼지를 기르며 살고 있는 인원이는 늘 어두운 표정이었고, 수업료는 1기분도 내지 못했었습니다.
　한 학기가 거의 끝나갈 무렵부터 고교 진로 문제로 학부모님 상담이 있었습니다. 마지막 날짜에 맞추어 남루한 옷차림의 어머님 한 분이 남편을 찾아오셨습니다. 얼른 보기에도 왼쪽 눈이 장애이신 그 어머님께서는 선생님 손을 꼬옥 잡더니 아들만 맡겨놓고 찾아뵙지 못해 죄송하다는 말씀부터 하시며 연신 허리를 굽실거렸답니다.
　마침 수업도 끝났고, 퇴근해도 괜찮을 시간이어서 남편은 인원이 어머님을 모시고 근처 식당으로 갔습니다. 따끈한 국밥 한 그릇 드시게 하고,

남편은 보리차를 마시며, 그 속에서 피어오르는 물안개 속으로 당신의 어린 시절 어머니의 옛 모습을 보는 듯해 눈시울을 적셨답니다.

얼굴이 불그레하니 달아오르신 인원이 어머님께선, 몇 해 전에 남편을 잃은 슬픔을 안고 생계수단으로 돼지를 키우며 외아들 인원이를 가르치는 것을 낙으로 삼고 계셨습니다. 헌데 추운 겨울에 돼지 먹이를 가지러 이웃 동네에 다녀오시다가 빙판 길에 미끄러져 다친 것이 그만 영영 시력을 잃어버리는 지경이 되었다고 말씀하시며 눈가에 맺힌 이슬이 볼을 타고 흘러내렸답니다.

남편은 어머님께 인원이의 장래에 대하여 크게 걱정 마시라고 안심을 시켜 돌아가시게 했지만 인원이의 성적은 반에서 중하위였고, 공부할 시간은 불과 두세 달밖에 여유가 없었습니다. 형편이 어려운 인원이를 공업고교에 진학시켜 기술을 습득하게 해야만 했습니다.

남편은 그때부터 인원이에게 매달리기 시작했습니다. 아이들이 모두 귀가한 뒤 인원이는 교실에 남아 공부를 했고, 남편은 어둠이 깔린 후에 인원이와 함께 교문 밖을 나와 각자의 집 방향으로 헤어지곤 했었습니다.

이듬해, 인원이는 성동기계공고에 장학생으로 들어갈 수 있었고, 선생님의 노고에 진심으로 고마워하는 표정을 역력히 읽을 수 있었습니다. 사람이 세상에 태어나서 청소년 시기에 왜 공부를 해야만 하는지 더욱 깊게 깨달은 인원이는 빠른 속도로 발전해 나갔습니다. 계속 장학생으로 공고를 졸업하고 분발하여 대학에 들어갔고, 아르바이트로 학비를 벌면서 자신을 책임질 줄 아는 청년으로 성숙했습니다. 인원이는 학생들을 지도하는 입장이 되고 나서 더욱 중3 때 담임 선생님을 존경하는 성인이 되어갔습니다. 군대에 가서도 휴가를 나오면 제일 먼저 찾는 곳이 저희 집입니다.

남편은 교사로서 보람을 느낄 때가 바로 이런 모습을 볼 때라며 뿌듯해 합니다. 스승님께 절을 올리며 마치 아버지로 여기며 의지해 올 때 남편은 진심으로 좋아했습니다.

"역시 나는 교사가 천직일 수밖에 없어."

하면서 너털웃음을 보이곤 합니다.

제대 후 인원이는 국비 유학생으로 선발되어 미국에서 공부할 수 있는 훌륭한 사람이 되었습니다. 인원이는 미국에 도착하여 맨 처음 보내온 편지 속에는 이렇게 쓰여 있었습니다.

"제 평생 다하는 날까지 잊을 수 없는 선생님, 그때 제가 중학교를 졸업할 수 있었고 고등학교에 진학할 수 있었던 것은 선생님께서 때려주신 회초리의 참사랑 교육 덕분입니다. 그리고 그때 내주신 수업료가 없었더라면 오늘의 제가 있을 수 있었을까요. 선생님, 진심으로 감사드립니다."

그 글을 읽고 보니 기억이 떠올랐습니다. 20여 년 전 처음 보너스가 지급되었던 시절, 그해 12월 보너스에 기대를 걸고 설렘으로 월급봉투를 받아든 저는 자꾸만 세어보아도 보너스는 들어있지 않았습니다. 남편은,

"여보, 미안하오. 이번 보너스는 없었던 걸로 합시다"라는 것입니다. 저는 남편에게 아무 것도 묻지 않은 채 그 일은 묻어두었습니다.

3개월이 지난 후에야 동료 교사로부터 남편의 선행을 듣게 되었습니

다. 작은 불빛으로 큰 제자를 길러낼 수 있었던 교사라는 남편의 직업이 제 눈에는 크게만 보였습니다. 인원이도 남편처럼 슬프고 가난한, 어둠의 저편에 있는 사람들에게 가슴을 열어줄 줄 아는 등대의 역할을 할 것은 분명하지 않을까요.

그래서 교육은 '백년지대계百年之大計'라고 했나 봅니다. 교사의 아내라는 것이 행복했습니다. 나는 참교육의 빛은 영원할 것임을 믿어 의심치 않습니다.

가정방문

　　남편의 직업이 교사였기에 아내로서 바라본 가정방문 이야기를 쓰겠습니다.
　　몇 년 전, 남편은 여러 날을 밤늦게 돌아오곤 했습니다. 처음에는 일이 있어 그렇겠거니 했는데, 자주 늦는 것이 이상하여 어느 날 물었습니다.
　　"어디에 예쁜 여자라도 있어요?"
　　"으응, 그게 아니고. 반 학생 집 가정방문하고 오느라고."
　　저는 적이 놀랐습니다. 왜냐하면 선생님이 가정방문을 하면 고운 시선으로 보는 학부모도 없을뿐더러, 거부반응부터 보이기 때문입니다.
　　"돈 봉투 생각이 나는 모양이지?"
　　이런 말을 쉽게 내뱉는 세태 속에서 남편의 가정방문은 여간 조심스러운 게 아니었습니다. 저는 남편에게 웬만하면 그만둘 것을 권유했습니다. 하지만 남편은 그 학생의 집을 계속 방문했습니다. 이유는 이런 것이었습니다.

준기는 방과 후 하교 도중에 친구들이 싸움하는 틈 속에서 구경을 하다가 같이 휘말려 경찰서에 잡혀갔답니다. 중3 가을이니까 졸업을 몇 달 앞두고 너무 큰일이었지요. 상담을 하기 위해 어머니를 불렀지만, 그 어머님께선 학교에 방문하기를 완강히 거부하셨습니다. 아들이 전에도 싸움질을 한 적이 있기 때문에 포기한 자식이라며 그냥 내버려 두라는 것이었습니다.

중학시절은 인생의 초석이 되는 가장 중요한 때인데, 이대로 내버려 두면 준기의 앞날이 영영 엉망이 될텐데…. 남편의 마음은 조급해졌고, 형편이 거꾸로 바뀌었습니다. 준기 어머님을 설득하기 위해 가정방문을 하기로 했습니다.

서너 차례 방문한 후, 준기 어머니는 그 아들을 데리고 재혼했다는 사실을 털어놓았습니다. 새 남편에게 준기의 이런 사실을 알리고 싶지 않다는 어머니의 마음은 이해할 수 있었습니다. 남편은 준기의 새아버지를 만나지 않으면 일이 해결되기가 어렵겠다고 판단했습니다. 몇 번이나 만나 주십사 간청을 하고 나서야 겨우 만나 뵐 수가 있었습니다. 준기의 장래를 위하여 부모님께서 협조해 주실 것을 단단히 부탁했습니다.

사태가 복잡하게 얽혀 버려 싸움패와 한 묶음이 되어 소년원에 넘어갈 위기에 있는 준기를 구출하는 일은 쉽지가 않았습니다. 남편은 목격자를 찾아내고 법원에도 몇 차례 출두했습니다. 법이 우선이어야 하는 검사님께 전후 사정을 말씀드리고 담임으로서 최선을 다해 바른 길로 이끌도록 지도에 힘쓰겠다는 각서를 썼습니다. 하지만 부모님 서명 없이는 법은 쉽게 용납하지 않았습니다. 대수롭지 않게 생각하는 새아버지는,

"선생님은 그만 손을 떼세요. 이젠 끝났습니다."

라고 했지만 남편은 새아버지를 설득하기 위해 가정방문을 멈출 수가 없었습니다. 계속된 방문 끝에 결국 도움을 얻을 수가 있었습니다. 선생님과 새아버지가 연대로 책임을 지겠다는 서명을 했습니다.

그 후 준기는 소년원에서 다시 학교와 가정의 품으로 돌아왔습니다. 다른 친구들은 연합고사를 치르고 고교 진학이 결정되었지만, 준기는 그렇지 못했습니다. 졸업은 할 수 있었지만 준기가 갈만한 고등학교는 없었습니다. 엉뚱한 사건으로 때를 놓친 준기가 안타까웠고, 남편은 난감했습니다. 궁리 끝에 지방에서 농업고등학교 이사로 계신 학부모 한 분을 생각해 냈습니다. 그 학부모께 앞뒤 사정을 말씀드리고, 인간방생 하여주십사 간곡히 청을 올렸습니다.

"참, 임 선생은 못 말려."

하시면서 늦게나마 입학을 허락해 주셨습니다.

준기는 부모님과 헤어져 기숙사 생활을 하면서 방학이 되면 남편을 찾아옵니다. 실습장에서 재배한 무공해 야채도 가져오고 남편이 우환 중일 때는 그 병에 좋다는 굼벵이도 구해서 가져옵니다. 군대에 가서도 꼬박꼬박 남편의 안부를 챙기고, 제대 후엔 흙과 함께 농촌에 정착하겠다는 꿈을 펼쳤습니다. 성실한 청년으로 대한민국 일꾼이 되었습니다. 그때 가정방문을 하지 않고 포기했더라면 준기는 지금쯤 어떤 모습으로 변해 있

을까요? 가끔 생각이 나곤 합니다.

몇 달이 지난 이듬해 봄이었던가, 동부지원에서 소액환 사례금이 전달되었습니다. 청소년 선도에 사명감이 투철하신 선생님의 노고에 감사드린다고 검사님이 직접 하신 사인이 적혀있었습니다. 국가에서 드리는 작은 금액 8천 원짜리 소액 우편환과 함께. 그 후 동부 경찰서에서 청소년 선도 위촉장을 보내왔더군요. 남편은 가정방문으로 하여 교사로서 참사랑을 실천했고, 선생님의 본분을 충실히 해냈던 것입니다.

한 사람의 교육은 그 씨앗이 싹터서 열매를 맺도록 힘껏 도와 나라의 진정한 일꾼을 탄생시키는 중대한 일입니다. 가정방문, 그릇된 눈으로만 보지 말고, 교사와 부모와 자녀가 삼위일체의 공감대를 만들어 갈 수 있는 기회로 만들면 이보다 더 큰 교육 사업은 없을 것입니다.

술친구, 당신이여

당신이여! 아득한 옛일이 어쩌면 한 폭의 그림으로 남겨져 있습니다. 친정 식구들은 술을 일 모금도 못하는데, 시댁에선 잔치마다 진수성찬도 술을 빼면 헛것이라고, 외칠 정도로 애주가들이었습니다. 생각나네요, 결혼예식을 마치고 고향으로 갔을 때 폐백인사 올리는 자리에서 말입니다. 신부는 입술에 대기만 하면 되는 줄로 알았는데 기어이 목으로 술을 넘기게 하고 새빨개진 얼굴로 시어른들께 인사를 끝까지 못했던 것이… 이제와 하나씩 들추어보는 일이 아름다운 추억입니다.

신혼부터 당신은 퇴근 후에 으레 맥주 한 병씩 사들고 왔습니다. 드라마 연출가처럼 방안의 전등을 끄고 둥근 차상에 촛불을 켰어요. 크리스털 잔을 챙기고 우리는 마주 앉았습니다. 맨 처음에는 내 잔에 3분의 1컵을 따라주었습니다. 그리고 날더러 당신 잔에 술을 따르라 했지요. 맥주는 거품 내어 붓는 게 멋이라 하면서 잔을 비스듬히 기울였습니다. 워낙 술과 무관하던 나는 손이 바르르 떨렸습니다. 괜찮다면서 내 손목을 붙들던 당신이었습니다. 그 밤에 한바탕 소동을 피었던 기억이 생생합니다. 속이 울렁거리며 저녁에 먹었던 음식을 모두 토해냈으니까요. 나는 그때, 나에게 술을 가르치겠다던 당신의 생각이 바뀔 줄 알았어요.

    그런데 당신은 여전히 술병을 달고 퇴근했습니다. 하루, 이틀, 일주일, 한 달… 당신 말처럼 조금씩 조금씩 받아 마시던 술이 서서히 몸에 배어들었습니다. 어느새 한 잔을 거뜬히 마실 정도로 늘었습니다. 우리들에게 저녁식사 후 맥주 한 컵은 여러 가지 의미를 담아냈습니다. 바깥과 집 안에서 지내는 두 사람의 일과를 그 시간을 통해 주고받는 대화의 장이였으니까요. 신체와 정신의 소화제 역할까지 톡톡히 하곤 했습니다.

    세월이 얼마큼 흘렀을 때는 당신이 챙겨들고 오지 않더라도 내 손으로 맥주를 준비하게 되었습니다. 내가 처음으로 술을 준비하던 날 우리는 두 병의 맥주병을 상위에 놓고 웃음을 터뜨렸습니다. 그날은 특별한 밤이 될 것 같은 느낌 때문에 더욱 분위기에 말려들었습니다. 당신은 이런 때 쓰는 말이 있지요. '우리 천국 가는 날이야' 라고. 부부가 평생을 살아가려면 취향이 중요하다고 누누이 강조했습니다. 함께 누릴 수 있으면 금상첨화라 했습니다. 생활사에 있어서 좋을 때나 싫을 때나 뭐든 가슴에 두지 말고 마음 문을 열 수 있는 기회로는 딱 한 잔의 순간이 그만이었습니다.

당신이여! 그렇게 배운 맥주가 지금은 정량 두 컵이 되었습니다. 물처럼 맑은 액체를 입안에 넣으면 온몸의 핏줄이 전파를 타는 듯 합니다. 씁쓸하면서 쏘는 맛이 전신을 진저리치게 하는 고역을 느끼게도 했습니다. 그런데도 술잔을 기울이는 시간이 싫지 않았습니다. 당신이랑 얼굴을 맞대고 마주앉아 이야기를 나누는 조촐한 기분이 참 좋았거든요. 나이 들면서 한 달에 서너 번 정도 자리를 마련했습니다. 나도 차츰 술의 양이 늘어갔습니다. 알싸한 기분에 젖으면 당신의 얼굴이 환하게 보였습니다. 내 곁에 있는 남자, 내 말을 잘 들어주는 남자, 나를 여왕처럼 대접해 주는 남자, 그리고 나를 사랑해 주는 남자가 항상 있어 황홀했습니다.

나는 당신으로부터 술의 맛을 배웠고, 술의 예술을 알아냈습니다. 혀끝으로 싸안아 꿀꺽 삼키면 닫혔던 가슴이 열렸습니다. 억제했던 감정이 말로 풀고 싶어 입이 달싹거려졌습니다. 하나, 둘, 술술 토해 내게 되었습니다. 당신도 나랑 같아져갔습니다. 생활인의 애환이야 비슷비슷하겠지만 우리는 아이들의 장래 문제를 제일 많이 들먹였습니다. 성품이 깔끔한 큰딸은 치과의사로 만들고, 글 쓰기 좋아하는 둘째는 작가로, 명랑하고 쾌활한 셋째는 초등교사로, 막내아들은 과학자로 키우자고… 미래를 계획하고 아이들로 하여금 대리 만족을 얻고자 하는 욕심도 감출 수 없는 것이었습니다.

신문에 실린 어두운 기사를 거론하며 사회악은 언제나 근절될지 흥분과 염려를 동시에 했습니다. 특히 비행청소년 문제는 심각하게 토론했지요. 당신은 당연한 고민이라고 나의 뜻에 동조해 주었습니다. 때로는 엉뚱한 상상을 펼치곤 했습니다. 며칠 전에 샀던 복권이 만약에 당첨이 된다면… 그런 허세를 떨기도 했습니다. 술기운은 손 끝에 닿을 수 없는 꿈들이 마치 현실로 오는 착각을 일으키게도 했습니다.

당신이여! 술상에 오르는 단골 화두로는 뭐니뭐니 해도 처녀, 총각시절 얘기가 재미있었습니다. 결혼식만 올리면 의식주는 저절로 해결되는 줄 알았던 어리석음을, 어리석음이라 여기지 않고 당당해 했던 것이 돌아보면 부끄럽습니다. 행복은 따 놓은 당상처럼 핑크빛 베일만 노래하던 그때를 무슨 수로 지울 수 있겠습니까. 불그레한 내 얼굴이 예쁘다고 헛소리하는 당신에게 나는 맞장구를 쳤습니다. 당신도 정말 미남자라고 말입니다. 사실대로 말한다면 우리는 그저 보통의 인물을 가진 남녀였습니다. 그런데도 술의 힘은 우리에게 용기와 자신감을 불어넣는 묘약 같은 것이었습니다.

중년이 되어서도 부부가 얼굴을 맞댈 수 있는 시간으론 가끔 당신 술잔에 사랑의 마음까지 함께 다라 부을 수 있는 그 시간이었습니다. 마음 터놓고 큰소리로 웃었습니다. 술의 힘은 눈치 볼 것 없이 속가슴을 표현하게 했습니다. 당신이 석 잔을 마시는 동안 나는 한 잔을 꽉 차게 마십니다.

낭만적인 당신이여! 때로는 밖으로 불러내 주는 당신으로 하여금 행복의 수치와 인생살이 동행의 의미를 강렬하게 받았습니다. 하루하루 가버리는 젊음에 대한 아쉬움이 있긴 했지만, 그래도 아직 우리가 둘이 앉아 술잔을 기울이는 열정이 남아 있음에 얼마나 감사했었습니까. 세상만사 순리에 순응하며 살자고 여유를 부리기도 했었습니다. 음악이 흐르는 전원 카페에서 유리창으로 반사된 샹데리아 불빛에 하염없이 젖던 그 집은 영원한 감동의 마당이었습니다. 오죽하면 이웃에 성철 엄마가 당신 같은 남자와 하루만 살아봤으면 좋겠다는 농담을 했겠습니까. 그런 당신은 애들 말처럼 킹카였습니다.

　당신이여! 우리에겐 아이들이 세상에서 제일 무서운 감독이었습니다. 집으로 오면서 두 사람은 손을 꼭 잡았습니다. 부모 노릇 잘하자고 다짐 다짐 했습니다. 부부는 침묵할 때보다 사랑의 이야기를 나누는 한 때가 더 행복합니다. 말을 안 하면 서로의 속마음을 알 수 없는 것이 부부 관계라고 했습니다. 농담도 진담도 구애받지 않고 털어놓았습니다. 술김에 실토하면 허물도 덮어지고 용서가 되었습니다. 술은 묘술 또는 마술입니다. 인간의 진실성을 솔직히 드러내게 합니다. 나는 당신에게 배운 한 모금씩 음미하는 술을 사랑합니다. 골치 아픈 일상을 견뎌내도록 희석시켜 주는 소중한 계기도 만들어줍니다. 당신은 틀림없는 내 인생의 동반자였습니다. 그렇게 시작한 술버릇이 14년이 되었습니다.

　당신이여! 이제 당신은 내 곁에 없습니다. 몇 해 전 천상으로 훌쩍 날아간 남자가 당신입니다. 그럼, 누구랑 마시냐고요? 홀로 마십니다. 당신 향한 그리움이 밀려들 때 술 생각이 납니다. 나의 의지대로 감성조율이 안될 때도 있습니다. 설움에 복받쳐 우울증에 휘감기면 조용히 술 한 잔을 따릅니다. 생활이 내 손으로 내 잔에 술을 붓게 합니다.
　나 아니면 안 되는 것 투성입니다. 불가항력의 벽이 내 앞을 막을 때도 있습니다. 미치고 싶은 충동이 일 때면… 하늘로 오르든지, 땅 속으로 숨든지, 그런데 어느 것도 나에게 선택의 여지가 없을 때도 술 생각이 납니다. 가여운 자식들을 잘 보살피고 싶습니다. 어떡합니까, 책임감을 저버리면 누가 거두겠습니까. 큰일납니다. 나의 몸은 이미 내 것이 아닙니다. 아버지 없는 불쌍한 애들의 것입니다. 짝지어 시집, 장가보낼 때 보호자 한 사람은 있어야지요. 예식장이 썰렁하지 않게 말입니다.

그래서 나는 아주 중요한 인물입니다. 애들이 내게 보물이라면 애들에게 있어 나는 신 같은 존재입니다. 짐을 다 벗고 나면 그 나머지가 바로 내 인생이 되는 것입니다. 그때 가면 나 홀로 어이할지, 생각하기 싫습니다만 현실을 피해 달아나려 하진 않겠습니다. 술친구, 당신이 보고 싶습니다.

애들은 각자 제 일에 바쁩니다. 여왕은커녕, 내 말에 귀 기울일 시간조차 내주지 못합니다. 자식은 자식일 뿐입니다. 하루 온종일 전화 한통 없는 날도 있습니다. 외롭지 않은 척 가면을 씁니다. 웃는 낯으로 대하려 합니다. 하지만 그건 거짓으로 꾸밀 적도 있습니다. 가슴을 탁 트고, 술 한잔 나눌 당신이 그립습니다. 휑한 구멍을 메우려고 술을 따릅니다. 이제는 나를 달래려는 진정제로 마십니다.

당신이여! 당신이 부재중인 동안 애들이 반듯하게 자랐습니다. 생전의 당신 뜻을 받들려고 음으로 양으로 아버지의 정신을 심어주었습니다. 당신의 당부를 큰딸부터 실천에 옮겼습니다. 당신 임종하면서 유언으로 남긴 그 말씀 말입니다. "역경을 이겨내라, 대학 입학금은 부모가 주지만 졸업은 본인이 스스로 해결하라"는 것을, 당신의 교육정신은 위대한 힘을 발휘했습니다. 막내까지 등록금 달라고 손벌리는 일은 절대 없습니다. 장학금을 타거나 아르바이트로 자신의 일을 헤쳐가고 있습니다. 시대상황이 IMF라지만 사실 우리 가족에게 더 이상 줄이고 늘릴 게 뭐 있겠습니까. 부지런과 알뜰 가계로 꾸려갑니다.

참, 큰딸 혼인시켰어요. 딸은 약사가 됐고, 사위는 재경행정고시에 합격한 5급 공무원입니다. 당신 덕분으로 나의 자리만 빛이 나서 죄송합니다. 이 좋은 잔칫날에 만약 당신이 있었다면 싱글벙글 우리 함께 축배의 술잔을 높이 쳐들었을 것입니다.

당신이여! 오늘은 아들이 일찍 귀가했습니다. 뒤이어 약속이라도 한 듯이 딸들이 들어왔습니다. 아주 귀한 순간입니다. 아들이 냉장고 문을 열더니 술병을 챙깁니다. 당신 모습을 보고 배워 남자 몫을 하는 아들이 의젓하고 마치 당신 같습니다.

"엄마, 술 한 잔 하시겠어요?"

"어! 녀석 봐라. 너 언제부터 철 들었냐?"

"엄마, 아빠도 그러셨잖아요. 앞으로는 제가 이렇게 해 드리겠습니다."

아들이 대학 다니더니 부쩍 성숙해졌습니다. 당신께 결재 올릴 사항이 또 있어요. 녀석이 기어이 S대학 전자공학에 합격했어요. 나를 믿고 두 눈을 감던 당신께 확실한 아들로 보답하고 싶었습니다. 술병을 받쳐들고 술 따를 자세를 취하는 녀석을 보니 제법 자란 것 같습니다. 당신의 분신으로 듬직한 구석이 있어 보입니다. 오늘은 예전의 왕비마마가 아니고 '어마마마'로 용상 위에 앉았습니다. 약간 머쓱해진 분위기를 아들이 얼른 전환시킵니다.

아들의 학교생활과 성적 관리가 나의 관심사입니다. 내 맘을 그 애는 알고 있습니다. 걱정 끼치지 않으려고 하나에서 열까지 설명합니다. 1학기말고사는 대체로 만족하게 나왔다고 보고합니다. 2학기도 성실하게 해나갈 의지를 내 앞에 보여줍니다. 일일이 확인할 수 없는 궁금증을 풀어줍니다. 이보다 더 좋은 시간은 없습니다. 아이들은 바로 당신과 나의 '희망' 그것이었으니까요. 교만하지 말라고, 겸손하게 행동하라고, 정의로운 일에 젊음을 아껴선 안 된다 라고 타이릅니다. 험한 일에 물들지 않고 꼭 당신만큼 품이 넓었으면 좋겠습니다.

당신이여! 당신은 빈집에서 오랫동안 시달려 본 기억이 있습니까? 비나 눈이 내리는 날에 울고 싶은 자신을 발견한 적이 있었습니까? 이 마음을 전하고 싶은데… 당신은 가버렸습니다. 현실의 무게가 나를 짓누릅니다. 가슴에 찬바람이 일고 두 눈에 이슬은 왜 고인답니까?

당신이여! 어쨌거나 오늘은 아이들과 건배를 들었습니다. 당신 성품을 닮은 녀석을 바라보면서 기분은 최상으로 달아올랐습니다. 좋은 밤입니다. 당신 꿈을 꾸면서 내일 기적처럼 떠오는 태양을 보기 위해 잠자리로 들겠습니다. 죽은 듯이 잠들었다 아침이면 눈뜨는 생명력 앞에 복종하며 살겠습니다. 열심히 살아 내고자 내 안의 힘을 기르겠습니다. 생존 경쟁

문제는 각오를 단단히 해야 합니다. 사노라면 희로애락은 늘 뒤섞여 우리들 속으로 파고들더군요. 살아 있는 자만이 받을 수 있는 삶의 증거라 생각합니다.

아이들은 제 각각 방으로 갔습니다. 어둠 속에서 깊은 생각에 잠깁니다. 오늘은 어제의 연장이고, 내일은 오늘의 상속이라 했던가요? 나에게 있어 술 한 잔의 의미는 어제를 돌아보고 오늘에 충실하자는 다짐과 내일의 꿈을 향해 가자는, 자신을 걸러내는 정화작업 같은 것이었습니다. 어쩌면 약보다 더 나은 사색의 명약으로 존재한답니다. 술의 값어치를 바르게 전수시킨 당신의 인격을 잊지 않을 것입니다. 당신과 나 그리고 술, 삼위일체의 공감대를 형성하는 필연으로, 우리들 삶을 엮는 수필 같은 것이었습니다.

당신이여! 오늘은 특별한 소식을 올리겠습니다. 당신의 아들이 MIT대학으로 유학길에 오릅니다. 우리가 그처럼 염원하던 일들이 하나 하나 이루어져 왔습니다. 인천 국제 공항 7번 게이트 앞에 아들이 섰습니다. 헐렁한 걸음 몇 발자국 찍고 잠시 멈칫 하는 아들의 몸짓이 눈속으로 박힙니다. 갑자기 눈가에 이슬이 핑그르 돌았습니다. 아들에게서 눈을 떼지 못하는 찰나에 행여나 하고 가슴이 뛰는데, 고개 돌려 뒤돌아보는 아들과 눈이 마주쳤습니다. '그래, 잘 가거라' 이렇게 중얼거렸습니다. 아들과의 이별 장면이었습니다.

당신이여! 사위 셋에 손자가 넷이 되었습니다. 딸들은 시댁 가문의 혈통을 잇는 역사적 서사시를 창출하였습니다. 하나같이 사랑받는 며느리로 어른들 사랑을 받습니다. 또한 지어미로 모성으로 훌륭히 각자의 가정을 이끌어가고 있답니다.

그러니까 꼭 십이 년이 되었나봅니다. 사 남매를 맡기고 황망히 떠나버린 당신입니다. 다섯 식구 생존해야 하는 치열한 경쟁 속에서도, 저는 저대로의 꿈을 접을 수 없었습니다. 몇 상자의 종이를 찢어내면서 낙서를 하였습니다. 인천공항을 빠져 나와 아들이 날아갈 하늘을 올려보는데, 그 때 창공을 비행하는 새 한 마리를 보았습니다. 문득, 저 새의 형상이 어쩌면 내가 아닐까? 라는 상념이 스쳤습니다. 자유를 품고 거침없이 춤을 추는 새의 형상이 그리 아름다울 수 없었습니다. 새처럼 살아 갈 것을 자신에게 다짐하였습니다.

집으로 돌아왔을 때 아들의 빈자리가 휑하였습니다. 이제부터가 진정한 나의 시간이구나. 정작 홀로된 자신과의 투쟁이 시작된 것입니다. 낮 시간은 지낼 만 합니다만, 밤이란 어둠은 무섭고 두렵습니다. 새벽을 기다리는 시간은 왜그리 더딘지요. 기다림은, 기다려 본 사람만이 알 수 있습니다. 그 기다림이 얼마나 초조하고 불안한가를 말입니다.

태양이 어디쯤 나를 향해 오고 있을 거라는 상상의 나래는 끝이 없답니다. 집이라는 공간이 아이들이 북적거릴 땐 외로움을 의식하지 못하였는데… 아들 없는 둥지는 수시로 고독감이 엄습해옵니다. 특히 해가 지는 어슬녘이면 온몸이 오그라드는 느낌입니다. 자식 넷을 생산하였는데 지금 내 곁에 아무도 없다는 현실이 믿어지지 않습니다. 갈등이 '나의 존재'를 다시 확인하게 합니다. '나로의 변신이 필요하였습니다. 어떤 질적인 변화가 일어나지 않고는 바람직한 나의 모습을 이룰 수가 없었습니다.

    당신이여! 생각을 바꾸었답니다. 지구촌에 나만한 부자가 어디 있겠습니까. 당신 생전에 꿈이었던 아들 유학도 성취하였는데요. 넘치는 행복이라 생각하니 금방 얼굴이 환해지네요.
    당신이여! 예전처럼 안방을 굳건히 지켜내기 위하여 노력할 것입니다. 강물처럼 흐르는 순리의 기운을 찾아내기 위하여, 저는 과천 도서관에 등록하였습니다. 어느 교수님의 강의를 신청하였습니다. 어릴 적 문학 소녀의 꿈을 되찾을 것입니다. 내 곁에 아무도 없다고 당신께 넋두리를 하였습니다만, 이렇게 들어주는 당신이 계신데, 더는 불평을 말아야겠습니다.
    이런 글을 쓸 수 있도록 하늘이 정해준 진정한 나의 시간을 만들어 갈 것입니다. 보상으로 여길 것입니다. 막내아들이 화려하게 내 품 밖으로 나가주면서 꼭 33년만에 나만의 자유의 시간을 황홀하게 되돌려 받았으니까요. 늦게라도 나를 위하여 나에게 열정을 바칠 수 있고 나를 사랑할 수 있어 나에게 감사할 것입니다.
    당신이여! 언제나 내 편이든 당신은 지금도 나의 편인 걸 믿습니다.
    당신이여! 이곳에서 못다 한 복록 부디 누리시고 평안하소서.

                        이천 동짓달 열 하룻날에 당신의 아내가

나의 딸들

큰딸

팔월 초순, 큰딸이 사회 초년생으로 첫 휴가를 받던 날이다. 그날 아침 딸은 내게 이것저것을 챙겨 묻는다.

"엄마, 생리의 흐름은 어떠세요?"

뜻밖의 질문에 나는 엉거주춤했다.

"응, 저... 지난달부터 날짜가 오락가락하는데?"

"엄마, 그럼 이제부터는 몸 관리 잘 하셔야 해요. 무거운 것 함부로 들지 마시고, 식사는 제 때에 하시고, 꼭꼭 씹어서 잡수시고, 과식은 절대 금물이에요. 네?"

라고 다짐을 한다.

"알았어요. 약사 따님 분부대로 하겠습니다."

이렇게 우리 집은 모녀의 살뜰한 대화와 웃음으로 하루 시작의 물꼬를 튼다. 딸이 현관에서 '다녀오겠습니다.' 인사말을 여운으로 남기고 돌아서 간다. 저만치 골목 모퉁이를 돌아설 때까지 그 애의 뒷모습을 보고 있으면 코끝이 찡하니 시큰해 온다. 어쩌다가 맏이라는 굴레를 쓰고 태어난 딸이 안쓰럽다.

내 곁에 널려있는 삶의 조각들을 함께 거들어 주는 큰딸이다. 세 동생들의 철없는 행동을 분별 있게 타이르고, 눈에 거슬리는 일은 가차없이 나무라고, 또한 잘한 것에 대한 칭찬과 격려를 아끼지 않는다. 내 몫의 궂은 일을 스스로 나누어 가지며 맏이의 역할을 톡톡히 하고 있다. 우리 집의 울타리임에 틀림이 없다. 그 애가 때로는 남편의 기둥처럼 기대고 싶어지는 큰 나무 같은 느낌을 받곤 한다.

밤 9시면 어김없이 대문 벨소리가 난다. 나는 총알처럼 튀어나간다.
"수정이니?"
"네, 엄마."
큰애의 피곤한 음색을 확인하고 반갑게 맞는다. 오늘은 어깨에 매달린 핸드백이 제멋대로 흔들린다. 양손에 짐이 가득 들려있다.
"아니, 이게 모두 웬 거니?"
짐 보따리는 커다란 수박 한 덩이와 링겔 영양제 두 병이다. 내가 다시 들어보니 엄청난 무게다.
"많이 힘들었겠구나."
"엄마, 오늘 휴가비 나왔어요. 이 약은 엄마에게 주사할 영양제구요. 수

박은 시원하게 됐다가 내일 먹으려구요. 마침 내일이 중복이고, 대현이 집에 오는 토요일이잖아요."

동생들이 '우와, 우리 언니 멋지다!' 한다. 두 여동생들이 감탄사를 연발하며 언니를 하늘로 둥둥 띄운다.

"얘, 나 아직 건강한데 무슨 영양제를 맞니?"

"엄마, 여자 나이 쉰 살이면 갱년기 관리를 잘 해야돼요. 그래야 우리 엄마 곱게 늙지요."

나는 그만 눈물이 쏟아질 뻔했다. 딸 앞에서 애써 표정을 감추려고 부엌으로 갔다. 수돗물을 틀고 설거지할 그릇을 달그락거렸다. 이빨이 없으면 잇몸으로 대신 산다더니… 옛말이 진리였다. 남편의 빈자리를 이렇게 큰딸이 메워준다. 나의 깊은 속까지 헤아려주는 딸의 맘씨가 곱기만 하다. 그날 밤, 나는 편안한 자세로 팔뚝에 굵은 주사바늘을 꽂았다. 딸자식 키운 보람을 효도로 받으면서 울컥 목이 메었다.

'그래, 내 딸아, 고맙구나.'

혼잣말로 중얼거렸다.

"엄마, 잠 오면 맘놓고 주무세요. 제가 알아서 할테니까요."

사랑이 넘쳐나는 딸의 목소리를 아련히 귓전으로 느끼며 나는 단잠 속으로 빠져들었다.

딸이 대학 2학년 때다. 생각해보면 응석만 부리고, 만족보다 불만이 더 많을 어린 것이 갖고 싶고, 입고 싶고, 하고 싶은 것 등을 불평 한마디 없이 절제하곤 했다. 내 앞에서는 감추고 환하게 웃음만 주던 순간 순간이 있었다. 그럴 때면 말로 표현 못하는 감동을 받곤 했다.

동생이 소풍가는 날이면 특별히 용돈을 나 몰래 챙겨주고, 나의 부담을 덜어주는 딸이다. 때로 가슴 미어지는 아픔과 뜨거움, 애처로움, 미안함이 뒤범벅되곤 한다. 장학금 타며 공부하랴, 과외지도 하면서 나를 도와주랴, 하루가 남들보다 짧은 아이였다.

수정아, 너를 사랑한다.

작은딸

영어강사가 된 딸은 오후에 출근하고 밤늦게 귀가하는 것이 내 맘에 들지 않았다. 임용고시 준비를 했으면 하고 바랬지만 공부는 더 이상 할 의욕을 보이지 않는다. 이제 성인이 된 딸을 이래라 저래라 할 수 없는 노릇이다. 본인 편할 대로 놔두는 것이 좋을 듯 싶어 그렇게 했다.

둘째는 월급봉투를 통째로 내게 맡긴다. 비과세통장에 절반을 넣어주고 나머지를 반으로 쪼개어 용돈으로 주고 그 나머지는 내가 쓴다. 딸의 돈을 쓰는 일이 썩 편하지 않다. 왜냐하면 결혼할 때 쏟아내야 하기 때문에 저축을 늘려주는 것이 나를 돕는 일이다.

딸은 퇴근길에 초콜릿을 사온다. 내가 좋아하는 거라고 냉동실에 넣어놓는다. 피곤할 때 하나씩 꺼내 먹으며 둘째의 고운 심성을 생각한다. 작년 늦가을에 큰딸이 결혼하고 나는 은근히 걱정이 되었다. 맏이의 몫이 둘째는 어림도 없다고 지레짐작을 했다. 그런데 이게 웬일인가. 외출하고 집에 올적이면 시장에 들러 이것저것 알뜰하게 장보기를 해오는 것이 아닌가. 이가 없으면 잇몸이 대신한다더니 맞는 말이었다.

　어느 토요일엔 나를 밖으로 불러낸다. 백화점 세일 첫날에 사야 원하는 옷을 고를 수 있다는 것이다. 한사코 마다해도 소용이 없다. 기어이 내가 평소에 입고 싶었던 옷을 사준다. 식당에 가서 맛있는 음식으로 입맛을 돋구어 주기도 한다. 둘째를 따라다니면서 내내 가슴이 아렸다. 덜렁대는 애 인줄만 알았는데 언니가 하던 몫을 차분히 챙기는 것이다.

　여지껏 내놓던 생활비도 대폭 인상시켜 준다. 나는 어이가 없었다. 그애는 내가 물질로 겪는 생활의 근심을 갖지 않도록 하기 위해 음으로 양으로 배려한다.

　지난 가을에 2박 3일 여행 일정이 잡혔다. 모아둔 회비로 가니까 개인적으로 따로 돈을 낼 필요가 없었다. 새벽에 일어나 서둘러 아침 준비를 마치고 나도 떠날 채비를 했다. 둘째를 깨워 냉장고 안의 반찬을 대충 설명해 주었다. 끼니 거르지 말고 잘 챙겨먹도록 당부하고 나서는데 엄마를 부른다. 뒤돌아 봤더니 하얀 봉투를 내민다. 웬 거냐고 물었다.

　"아끼지 말고 맛있는 거랑 사 드세요. 얼마 되지는 않아요."

　나는 코끝이 시큰해 왔다. 항상 어린애로만 여겼는데 제법 속이 찬 행동을 한다. 나는 둘째가 학교 선생님이기를 소망했었다. 그러나 자식일 내 뜻대로만 할 수 없는 일이다. 학원강사를 일 년쯤 하더니 지금은 고등학교 임시교사로 나간다. 나는 날마다 학교까지 딸을 태우고 간다. 나의 건강이 허락하는 한 둘째에게 봉사할 수 있는 여력에 감사할 뿐이다. 나를 아무 불편 없도록 앞, 뒤, 좌, 우로 보살피는 둘째의 맘씨에 비하면 이만한 일은 별 게 아니니까…

막내딸

　막내딸이 집에 있는 날이면 마루 공간에는 음악소리가 요란하다. 성품이 깔끔하고 부지런하여 3일에 한 번은 꼭 대청소를 한다. 일손을 잡기 전에 준비하는 과정이 있다. 오디오를 켜고 신나는 음악을 선곡한다. 어깨가 리듬을 타고 서서히 흔들리면서 율동하기 시작한다. 청소기 소음과 음악소리, 목청껏 돋우는 딸의 노랫소리가 한바탕 어우러지면 젊음의 열정을 태우는 듯한 열기가 집안을 가득 메운다. 손, 발, 머리, 몸통까지 들썩들썩~ 곁눈으로 슬쩍 보기만 해도 나이를 잊게 해주는 신이 나는 광경이다.

　어질러진 집안을 치우고 쌓인 빨래를 하고… 셋째가 집에 있는 날이면 나는 밀쳐두었던 바깥일을 보곤 한다. 열 다섯에 아빠를 잃어버린 슬픔을 체험한 막내딸. 구김살 없이 명랑하게 자라주어 고맙기 그지없다. 해질 무렵, 잰걸음으로 집에 오면 쏜살같이 냉장고로 달려가 먹을 것을 한 대접 들고 나온다. 상냥하기 이를 데 없다.
　"어마님, 우선 목을 축이시와요."
　사과, 참외, 복숭아를 사각으로 잘게 썰고, 요구르트와 사이다를 섞어 만든, 막내딸이 이름 붙인 '우리집표 참맛 특산품'이다. 내 입에는 그 맛이 천하일품이다. 줄줄 흘러내리던 땀방울이 단번에 싹 가실 만큼 시원하다.

"어마님, 제 손맛이 어떠신지요?"

"응, 시집가도 되겠네. 내일이라도 임자만 데리고 와. 언니들 속에 합동으로 끼워줄게."

냉장고 문을 열면 그 참맛 특산품은 식구 숫자대로 예쁜 컵에 담겨 있다. 한사람씩 들어올 때마다 쪼르르 달려가 내오는 푸짐한 셋째의 손길. 엄마를 어마님이라 부르며 막내 특유의 응석을 부린다.

일상의 행동거지가 올바른 셋째는 항상 가족들의 사랑을 듬뿍 받는다. 형제들을 위해 시키지도 않은 일을 선뜻 하는 걸 보면 기특하기만 하다. 프로그램은 저녁밥을 짓는 것까지 책임진다. 설거지와 부엌바닥 닦기까지 끝내면 두 팔을 벌리고,

"어마님, 파이팅!!"

내 손과 짝짝짝 부딪치는 걸로 집안일 봉사를 마친다.

여고생이 되자마자 아빠의 사랑을 잃은 딸이다. 푸르기만 해야할 셋째의 가슴에는 어떤 색의 물감으로, 어떤 모양의 그림으로 꿈 많은 여고시절을 그렸을까? 아빠를 친구처럼, 연인처럼 남자를 배웠어야할 그 딸. 유난히도 어린이를 좋아하고 아이들이 잘 따르는 셋째가 서울교대에 입학원서를 내놓고, 마지막 불꽃튀는 승부를 걸었을 때도 최선을 다하는 모습이 아름다웠다. 아빠의 사진을 책갈피마다 끼워놓고 '게으름 없이 공부하

자!'라는 정신의 목표를 큼직한 글씨로 벽에 써 붙였다. 11시가 넘어 늘어진 어깨로 귀가하고, 다시 오뚝이처럼 책상 앞에 앉는다.

그런 셋째를 보면 대학 합격은 따 놓은 당상이라고 믿었다. 대학 문턱의 고충은 언니들 때 충분히 경험한 바 있지만, 새롭게 셋째 앞에 닥쳤을 때도 불안, 초조, 긴장감이 도는 것은 여전했다. 시험 날 아침, 셋째의 손을 꼭 잡고 지하철에 올랐다. 시험 잘 보라는 열 마디 말보다 체온으로 전해지는 따스함이 더 큰 위로가 될 것만 같았다. 함께 온 언니들과 손을 포개어 얹고, "파이팅!"을 힘차게 외쳤다. 딸은 당당하게 고사장을 향해 갔다. 딸의 뒷모습을 보면서 지나온 세월 자락이 뒤돌아졌다.

셋째를 위해 내가 할 수 있는 일은 새벽에 일어나 더운밥을 짓고, 도시락을 싸주고, "학교 다녀오겠습니다"라고 인사하는 아이의 등뒤에 대고, '오늘도 무사해다오.' 기도밖에는 줄 것이 없다.

온 식구의 가슴을 졸이게 했던 시험은 끝났고, 불안을 감추는 듯한 어설픈 웃음을 띠우며 내 곁으로 다가오는 딸에게, "수고했다"라는 말 외에는 할 말이 없었다. 모두 잊게 하고 푹 재우기로 했다.

홀로 성상을 이루어내고자 하는 안간힘, 밀려오는 나의 외로움, 고충을 딸은 알고 있었을까? 가족사랑이란 무엇과도 바꿀 수 없는 소중한 것이다. 역경 속에서 환한 얼굴로 우뚝 일어선 딸에게 박수를 보낸다. 이젠 어제의 시간들이 그리움 되어 묻혀져 가고 있다.

그 해 겨울은 참으로 행복했다. 딸의 합격 소식은 아빠의 영전에, 또한 내게, 형제들에게 환희의 탄성을 지르게 하는 단란한 한 때를 마련해주었다. 굳은 의지와 착한 성품, 성실과 노력의 대가는 반드시 복이 되어 가족들 곁으로 되돌아오더라는 것을… 막내딸을 통해 또다시 실감했다.

훤칠한 키에 갸름한 얼굴, 청바지가 잘 어울리는 귀여운 여대생이 되었다. 주어진 생활에 이끌려 가기보다는 이끌어 나가려는 진취적인 용기가 현대 여성답다.

지금은 딸 자신이 21세기 주역이면서 새싹들을 가르칠 선생님으로 변신하기 위해 동분서주하고 있다. 과외해서 푼푼이 나를 주고, 장학금 타서 공부하고…. 하루를 25시간으로 늘려도 모자란다. 집안의 작은 일하나라도 자신의 봉사로 화목할 수 있다면 어려움도 마다하지 않는다. 막내딸의 여고시절은 인고의 나날 속에서 우리 가정에 웃음과 행복을 탄생시켰다. 나는 오랜만에 일상에서 벗어나 즐거운 시간을 가졌다. 평생에 처음으로 사 남매를 데리고 2박 3일 여행을 떠날 수 있었으니까. 돌이켜 생각해보면 그때 그 순간들은 영원히 지울 수 없는 감동으로 남아있다.

나도 사임당 할까?

나도 사임당이 될 수 있을까? 엉뚱한 발상이 계속 맴돌면서 며칠 동안 잠을 설치곤 하였다. 그리고 자신이 한 가문의 아내와 어머니로서 걸어온 발자취를 더듬어 볼 필요를 느꼈다.

교사인 남편과 혼인하고 '아들 딸 구별말고 둘만 낳아 잘 기르자.' 라는 운동을 펼치던 시절에 우리 부부는 가족 계획에 실패하였다. 그렇지만 아이들만은 잘 키우자고 맹세를 하였다. 아이들의 재롱과 성장을 지켜보면서 가정이 화목하였다. 남편을 받들고, 아이들 보살피는 일과 집안의 크고 작은 행사에 참여하는 일을 중요하게 여겼다. 그 중에서 자녀를 어떻게 하면 사람다운 사람으로 만들어 갈 것 인가로 번민하였다.

30대 초반이다. 교사 월급으로 여섯 식구 살림 꾸리기가 어려웠다. 주변을 돌아보면 맞벌이 등으로 생활이 윤택한 가정이 부러움의 대상으로 비쳤다. 자녀들 유치원 교육쯤은 당연한 것처럼 기관으로 내보내고 있었다. 나는 가계부를 쪼개고 또 쪼개도 유치원 교육비를 빼낼만큼의 여유가 보이지 않았다. 이런저런 궁리를 하다 돈벌이할 생각을 떠올렸다. 주부 사원 모집 광고를 보고 집을 나섰다. 남편이 잠든 사이에 몰래 쓴, 이력도 없는 이력서를 들고 ○○회사를 방문하여 제출하였다.

그날 건넌방 아주머님께 아이들을 맡기고 한나절 외출하고 돌아왔는데 집안 꼴이 난장판이 되어있었다. 그 순간 번개처럼 스치는 한 가지 생각을 붙들고, 비로소 어머니의 역할에 대한 개념을 정립하였다. 말하자면 소신이 확고부동해졌다. 밖으로 나도는 돈벌이보다 집안에서 능력을 발휘해 보기로 하였다. 남에게 아이들을 맡길 것이 아니라 내 손으로 유치원 교육비 지출을 막는 것이 곧 돈을 버는 셈이었다. 방법을 찾기로 하였다.

아침저녁으로 방영되는 TV 프로그램을 활용하기로 하였다. 그 시간이면 나는 다른 일손을 놓고 아이들과 함께 뒹굴었다. 춤추고, 노래하고, 숫자 놀이, 글자 익히기 등등. 아이들의 눈 높이에 맞추어 나가는 것이 바람직하였다. 큰딸이 취학 통지서를 받고 입학하였다. 가정 환경조사서에 보면 어느 유치원에서 교육을 받았느냐고, 써넣어야 하는 빈칸이 있다. 딸이 말하기를,

"엄마, 저는 유치원에 안 갔잖아요."

"왜 네가 유치원에 안 다녔어? 가정 유치원에서 엄마랑 공부했잖아."

"참, 엄마가 선생님 했었지."

빈칸에는 당당하게 '가정 유치원'이라고 써주었고, 네 아이들 모두 그렇게 유치원을 마쳤다. 속담에 보면 '어머니는 최고의 교사다'라고 했다. 유아 교육에서 학교 교육 기관으로 아이들을 맡기면서 마음이 놓였다. 나에게 배운 것과 선생님의 가르침에 따른다면 아이들은 올바르게 자랄 것이라고 믿었다. 연년생 두 딸이 연거푸 입학하였다. 위로는 부모님을 공경하고, 형제간에는 우애를 하고, 친구간에는 우정을 나눌 줄 아는 그런 아이들로 성장해 주기를 기도하며 돌보았다. 학교에선 선생님 사랑을 받고, 방과후면 내 품으로 돌아온 아이들을 엄마 선생님 입장이 되어 맞이하였다.

모성이란 천륜지간이다. 자녀를 향한 사랑은 주어도 주어도 모자라기만 하였다. 손발을 씻게 하고, 간식을 먹이고, 학교에서 생긴 일은 아이들 입을 통해 낱낱이 들으면서 아이들 행동거지를 하나하나 알 수 있었다. 아이들이 숙제를 하는 동안 나는 책을 보았다. 처음에는 산뜻하게 시작하였는데 시간이 흐르면서 아이들 시간표에 나를 맞추는 일이 지루하고 점점 나태해 질 적이 있었다. 집안일은 온종일 꼼지락대도 별 흔적도 없이 몸을 힘들게 하는 육체적 노동이었고, 아이들을 향한 집념은 정신적 노동이었다.

아침 시간은 일상 중에서 가장 분주한 전쟁이었다. 남편은 직장으로, 아이들은 학교로, 그렇게 휑하니 빠져나가고 나면 널브러진 일감은 모조리 내 차지였다. 나는 게으름 피우지 말자는 좌우명이 있었다. 아이들이 공부는 즐겁게 하는 일상이라는 것을 깨우쳐주는 일이 매우 중요했다. 그러기 위해 나도 아이들과 함께 공부하는 엄마라는 모습을 보여주고 싶었다. 무슨 책이든 손에 들고 있었다. 때로 낮잠이 올 적이면 책으로 얼굴을 덮고 슬그머니 잠들곤 하였다. 육체와 정신력의 한계가 느껴질 적이면 아이들 없는 틈에 휴식을 취했다. 일요일이면 아이들 데리고 동네 책방이나 백화점 서점 코너를 들르는 것이 우리 집 나들이 방식이었다.

아이들은 부모가 하는 대로 따라한다. 오죽하면 '아이는 어른의 아버지'라는 말이 생겼겠는가. 언행을 함부로 해선 안 되는 일이다. 도덕이나 인성에 관한 슬기를 터득하기로는 서예처럼 좋은 공부가 없었다. 고사성어나 옛 성현들의 말씀을 읽고 쓰며, 생활 속에서 실천하도록 하였다.

우리 집에서 특이할만한 사항이 있다면 그것은 종이 접기와 한문공부였다. 색종이나 신문을 오려 여러 모양의 동물 등을 접기 위해 손동작을 놀리면 뇌세포가 빠르게 회전되어, 지능 발달에 가속도가 붙는 것을 알 수 있었다. 하루하루 차이가 나곤 하였다.

그리고 초등학교 때 한문공부를 엄하게 시켰다. 천자문을 열 번씩 읽고 쓰게 하였다. 중학교에 진학하고 새로운 과목을 접했을 적에 전혀 두려움이 없었고, 또래보다 한 차원 앞서가는 공부를 하게 되었다. 모르는 친구들에게 한문을 가르쳐 주면서 마치 선생님처럼 학습에 대한 자긍심과 겸양으로 의젓하게 커갔다.

나는, 아이들이 공부는 왜 하는 것일까? 누구를 위하여 하는 것일까? 이런 의문에 스스로 해답을 깨우치도록 해 주는 것이 바로 나, 어머니가 할 몫이었다. 정답을 알려주는 바보 엄마는 되기 싫었다. 눈으로 보고, 머리로 생각하고, 손으로 만지고, 발로 움직이면서, 자기 자신을 위해 갈고 닦는 수련이라는 것을 알 때까지 가슴에 못이 되어 박히도록 반복해 들려

주었다.

아이들을 키우는 일은 누구나 할 수 있는 일이다. 밥 먹이고, 옷 입히고, 잠재우면 키가 크고, 살도 찌며 자라게 되어있다. 다만 백지와 같은 아이들 머리 속에 어떤 물감으로 어떤 색칠을 하게 하느냐에 따라 아이들의 그릇이 정해지는 것이다. 공식적이고 일률적인 지식을 외우는 일보다, 상상력을 키우고 창조하게 하는 것이 중요하였다. 아이가 잘못을 저질렀을 때 어머니가 전달하는 따끔한 회초리 의미는 사랑이라는 것을 보여주고 싶었다.

그리고 더 중요한 것은 적당한 가난을 체험하게 하고, 적당한 노동으로 집안일을 몸소 거들어야 함을 필수로 가르쳐야 했다. 예를 들자면 아이들이 필요한 물건을 요구하였을 때 즉각 사주는 것보다 꼭 필요한 것인지 알아보고, 아이가 그 물건을 얻기 위해 기다릴 줄 알도록 해주고 어른들 노고에 감사하는 마음이 우러나도록 해주는 일이다. 쉽게 충족시켜주면 돈의 귀함을 상실할 지도 모르는 우를 범하게 되는 것이다.

힘든 집안일은 부모만 하는 것이 아니고 가족이 협동으로 이끌어 가야 함은 두말할 여지가 없음을 알려야 했다. 공부의 중요성과 생활의 굴레를 함께 닦으면서 바르게 살아갈 수 있도록 인생의 안내자 역할을 해주고 싶었다. 헌 물건도 함부로 버리지 말고 재활용하는 슬기와 습관을 길러야 한다. 슬기로운 덕행으로 가문을 번성시키고, 근검절약의 기본 자세를 자연스럽고 당연한 일상처럼 받아들이게 하고 싶었다.

내가 불혹不惑이 되었을 때, 큰아이가 중학생이 되었다. 아이들은 가정과 사회와 학교의 삼위 속에서 생활의 모든 바퀴가 굴러가고 있었다. 아이들은 점차 정신연령이 성숙되어 가는데, 상대적으로 나는 같은 행동과 같은 말을 반복하는, 잔소리하는 엄마로 폄하되어 가고 있었다.

 사람은 항상 새로운 생각과 희망을 생활 속에 접목시킬 줄 알아야하는데, 그 문제로 고민하게 되었다. 이제는 내가 뭔가를 해야만 할 차례가 되었다. 가정에서 가르칠 수 있는 한계점에 도달했던 것이다.

 가정은 행복을 생산하는 곳이고, 행복하기 위하여 우리 인간은 끊임없이 행복을 추구하며 살아가고 있다. 아이들 글 읽는 소리와 가족들 웃음소리, 부엌에서 나는 맛있는 소리, 이 세 가지 소리가 화음을 이룰 때가 평화롭고 화목한 가정이 되는 것이다. 이것을 실어 나르기 위하여 모성은 쉬임 없이 노력을 바쳐도 힘들지 않을뿐더러 그 역할은 주로 어머니의 손에서 이루어지는 것이다. 인성이나 도덕, 이상과 현실, 부와 빈, 마음의 양식 등을 조율하며 공존할 때가 행복이었다.

 그런데 어느 날부턴가 내 가슴 한 편에 구멍이 나기 시작하였다. 홀쩍 성장한 아이들 앞에서 더 이상 나의 교육은 별 의미가 없어 보였다. 과학이 첨단으로 치달리는 시대 앞에서 내가 손댈 수 없는 부분들이 나를 슬프게 하곤 하였다. 아이들이 나보다 위에 군림하여도 나는 말을 할 수가 없었다. 말하자면 컴퓨터 앞에 앉은 아이가 음란사이트를 보는지 정보 통신 학습을 하는지 할 수 없는 것이었다.

 일상에서 탈출하고 싶은 욕구가 꿈틀댔다. 언제까지 밥 짓고, 빨래하고, 청소하고, 그렇게 단순노동에만 매달려 있을 것인가. 이젠 내가 아이들에게 물어보는 것이 많아졌다. 나도 공부를 해야겠구나. 새로운 것을 꿈꾸며, 나에게 맞는 것이 있을 것이라는 막연한 이상을 품었다. 가정에만 묶여 있던 고정관념을 털어 내고 바깥 세상 쪽으로 눈을 돌렸다. 열심히 신문을 뒤적였다. 내가 찾는 길이 있을 것만 같았다.

그 무렵 신문 귀퉁이에 실린 기사 하나가 눈에 번쩍 들어왔었다. '내 집 마련 체험 수기 공모'였다. 갑자기 수기가 쓰고 싶어졌다. 내가 집한 채를 장만하기 위해 허리띠를 졸라맸던 기억들이 생생하게 살아나 단숨에 원고지 15매 분량을 써보내고, 얼마 후 댓바람에 당선의 소식이 날아왔다. 그건 내 생애의 가장 멋지고 벅찬 희열이었으며 아련한 희망을 실어다주었다. 뭔가 하면 될 성싶었다.

그날 이후로 낙서하는 즐거움에 빠져들었다. 나도 모르게 잠재하고 있던 의식을 하나씩 끄집어내는 일에 몰두해 갔었다. 내가 할 수 있는 일을 찾은 것이다. 때때로 남편이나 아이들에게 축하만 해주던 입장에서, 내가 축하를 받고 보니 삶이란 게 보통 신바람 나는 것이 아니었다. 행복의 구성원으로 한 몫을 단단히 챙겼으며, 절정의 묘미를 느꼈다.

아내는 '집안의 해'라는 말이 생각났다. 바로 이런 나의 모습이 해일 것이다. 나는 계속 해가 되고 싶었다. 나로 하여금 가족들이 더 큰 용기를 낼 수 있도록 온 집안을 환하게 밝혀주는 태양이고 싶었다. 색다른 모습으로 가족이나 이웃에게 필요한 어머니로, 여성으로 다시 탄생되고 싶은 열망으로 들끓었다. 자신에게 눈을 떴다는 사실로 인하여 자신을 사랑하게 되었다.

어느 모임에 나가면 나에게 보채듯이 조르는 후배가 있다. 아이들 키울 적 이야기를 들려달라고 말이다. 한 사람씩 붙들고 이야기하다보면 목이 잠기게 되어, 차라리 글로 남기면 여러 사람이 볼 수 있지 않을까 라는 생각이 스치곤 하였다. 내가 걸어온 삶의 흔적들이 진정 옳고 정직했다면, 누군가에게 이 방법을 알리는 일도 꼭 해야 할 숙제처럼 느껴졌다.

목표를 향해 도전의식을 가지게 하는 일이나, 성취의 보람을 안게 하는 일을 통해 행복을 알리고, 행복의 가치를 지향하는 사람들에게 보탬이 되고 싶었다. 나의 이런 생각과 행동이 가족이나 이웃들에게 얼만큼의 영향력을 끼칠지는 모르는 일이다. 어쩌면 자가당착에 빠질 수도 있다. 하지만 나를 믿는 후배에게 좋은 선배로 남고 싶고, 뜻을 살려 열릴 때까지 두드릴 것을 약속하였다.

인생사, 뜻대로 되는 법이 아닌 모양이었다. 남편에게 병마가 덮쳐왔다. 아직 아이들이 미완의 상태인데 세상 짐을 떠맡고 가정이 휘청댔다. 방황과 고뇌가 컸다. 남편이 건강한 몸으로 움직여 주었을 때가 하늘같은 은혜였음을 뼛속 깊이 뉘우쳤다. 우선 마음을 다스리는 일이 급했다. 자꾸 지나간 날만 그리워했고 집안엔 그늘이 졌다.

나는 이때 종교의 필요성을 깨달았다. 누구도 내 편이 없다는 슬픔 때문에, 어딘가 기댈 곳이 필요했다. 동네에 있는 불교 정신 문화원이란 간판이 눈에 띄었다. 토요 법회 시간이 있었다. 그때 스님이 하신 법문 중에 이런 말씀이 있었다.

"우주의 모든 만물은 '마음'이 움직이게 하는 것이다."

그 마음이란 것에 휘둘리는 것이 우리네 사람들이었다. 나는 늘 기도하였다. 스님들 법문을 새겨들으며 행동으로 실천하고 병행되어야 올바른 내가 되는 거라고. 기도할 때의 마음과 기도를 마쳤을 때의 마음가짐이 한결같기를 스스로 굳게 맹세하곤 하였다.

가정에서 할 수 있는 일거리를 찾아 나섬과 동시에 아이들을 지키는 일에 비중을 두었다. 돈을 벌어야 한다는 강박관념이 어깨를 짓눌렀다. 아이들 기둥이 된 마당에 중심이 흔들리지 않아야 했다. 나는 다시 가정 유치원을 경영하던 시절로 되돌아갔다. 그때처럼 열심히 생활을 닦아 위기를 극복하고, 남편의 빈자리를 메우는 일로 온정신을 집중시켰다. 퇴직금으로 몇 년을 버틸지 모르지만 아이들이 바르게 자라도록 깨우치는 일이 가장 중요한 현실이었다.

어느 날 자정쯤이었다. 늦게까지 책을 보던 아들이 화장실에 다녀오다가 안방에 불빛을 보고 문을 열었다. 낙서하는 나를 보더니 눈이 휘둥그래졌다.

"엄마, 뭐하세요, 안주무시고?"

"응, 엄마 일기 쓰는 중이야."

"엄마도 일기를 쓰세요?"

"그럼, 엄마도 하루 일과를 돌아보고 반성해야지. 그러니까 엄마는 일기 쓰는 것이 공부야."

나는 그때 아들이 고개를 갸웃하며 의아해하는 표정을 읽을 수 있었다. 아들에게 들킴 당한 기분이 쾌재를 부르고 싶도록 만족스러웠다.

엄마도 공부를 하고 있다는 인식을 했을 것이라고 믿으며, 나를 보고 아들이 더욱 분발하여 학업에 정진해주었으면 하는 계산을 하였던 것이다. 그 후 아들은 가끔 안방 문을 열어보며, 밤늦게까지 책과 씨름하곤 하였다. 이런 아들의 모습을 대하면서 살아서 꿈틀대는 생명의 가치를 실감하곤 하였다.

가정은 만년 교육의 장이라고 하였다. 탈무드에 보면 유태인들의 가정교육은 16세까지로 정해져 있다. 우리의 환경에 비추면 혹독한 것 같지만 나는 그 편을 택하고 싶었다. 언제까지 아이들을 치마폭으로 감쌀 수만 없는 노릇이었다. 빨리 나에게서 독립시키는 일과 나도 아이들로부터 해방되는 일, 그것이 서로의 자유라고 노래부르듯 하였다. 자식 사랑이 넘치는 우리나라 정서로 보면 이른 감이 있을 것이다. 그러나 고정관념에서 벗어나 부모 자식 서로가 좋을 수 있다면 과감히 그 길로 가야 한다고 주장하였다.

나는 아이들이 열 아홉이 되면 고교 졸업과 동시에 대학 입학금 한번 내주는 것으로써 아이들에게 대주는 학자금의 지원을 끝낸다는 방침이었다. 큰딸부터 철저하게 우리 집의 규정을 지켜 나갔다. 말하자면 입학까지는 나의 책임이고, 졸업은 철저하게 본인의 몫으로 돌려주었다. 아이들은 과외를 하며 동분서주하고, 장학금을 타기 위해 새벽까지 불을 밝히는 일이 허다하였다. 그 애들은 하루를 25시로 늘려도 모자랄 지경이었다. 젊은 날의 고생은 돈주고 사서도 한다는데, 역경에 부닥쳤을 때 이겨내는 훈련을 톡톡히 한 셈이었다. 한눈 팔지 않고 성실하게 해 나갔다.

남편이 가장의 자리를 비운 지 십 년이 되었다. 돌아보면 하늘이 나를 외면하지 않았다. 눈물나도록 감사하고 또 감사할 일이었다. 아이들 넷이 반듯하게 자랐다. 가정의 평화와 영달은 물론이고, 국가에 이익을 보탤 수 있는 사회의 일꾼이 되었다. 나의 뜻에 순응하며 잘 따라주었다. 가족들의 올바른 정신과 건강한 육체, 노력과 협동심 앞에서 그 무엇도 막힘이 있을 수 없었다.

어느 후배가 나에게 이런 말을 한 적이 있었다.

'당신은 자식들 앞에 어머니라는 이름만으로도 위대하다.'

칭찬 받아 기분은 좋지만 다른 어머니들도 나처럼 홀어머니 입장에 놓이게 된다면 그렇게 할 수밖에 없었을 것이다.

아이들 공부하는 틈 속에서 나도 꾸준히 낙서해 온 보람이 있어 예술세계 수필 작가로 등단하였다. 사람이 헛된 것에 종속되지 않는다면 자기실현이 꿈으로만 끝나지 않는다는 것을 체감하였다. 내가 걸어온 길이 신사임당 취지에 맞을지 모르겠다. 묵화나 자수는 하지 않았지만 남편의 헌 옷을 뜯어 고쳐 여성용 투피스로 완성해 놓고 혼자 황홀해 했었다. 모 방송국 재활용 작품 발표회에 출품하여 당당히 대상을 차지한 적도 있다. 셋째 딸이 붙여준 별명은 '우리 엄마는 재활용의 천재'다. 누가 나를 뽑아주지 않더라도,

"나, 사임당 할까?"

MIT공대로 보내기까지

1판 1쇄_ 2003년 01월 15일
1판 2쇄_ 2003년 01월 20일
2판 1쇄_ 2017년 07월 29일
2판 2쇄_ 2017년 08월 16일

지은이_ 차갑수
발행인_ 윤숭천
발행처_ 건강신문사

등록번호_ 제25110-2010-000016호
주소_ 서울특별시 은평구 가좌로 10길 26
전화_ 02-305-6077(대표)
팩스_ 0505)115-6077 / 02)305-1436

값_ 15,000원
ISBN 978-89-6267-097-4 03810

* 잘못된 책은 바꾸어 드립니다.
* 이 책에 대한 모든 판권과 저작권은 저자와의 계약에 따라 모두 건강신문사측에 있습니다.
  허가없는 무단인용 및 복제·복사를 금하며 인지는 협의에 의해 생략합니다.